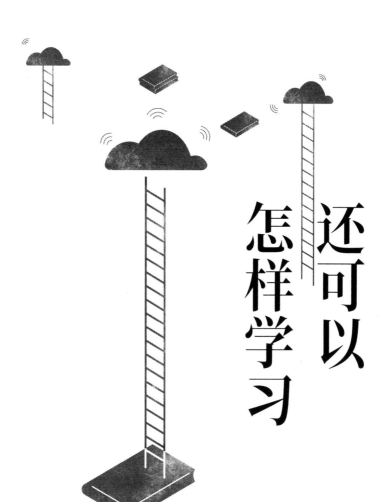

大夏书系·《人民教育》精品文丛

丛书总主编　余慧娟

本册主编　邢星

还可以怎样学习

华东师范大学出版社
ECNUP
全国百佳图书出版单位

人民教育

《人民教育》精品文丛编委会

目录

第四辑　人在技术之上

第五辑　未来学习图景

总 序
办伟大的学校，做伟大的校长和教师

翟 博

《人民教育》编辑部应华东师范大学出版社之邀，出版这套丛书，可喜可贺。

创刊于1950年的《人民教育》杂志，积聚了深厚的历史财富、广博的教育资源、深远的影响力和良好的公信力，被读者亲切地誉为"中国基础教育第一刊"。近几年来，《人民教育》杂志围绕中心，服务大局，坚持"方向性引领、专业化服务"宗旨，着力引领读者深入探讨中国基础教育改革发展的一系列重大课题，并在理论和实践层面作出回应，获得读者高度认可。其中，既有对教育现代化、立德树人、教育公平、教育质量观等重大理论问题的思考，也有校长领导力提升、学校办学的新经验，还有教师发展的新思路，更有最前沿的学习方式的引介，上接天线，下接地气。从《人民教育》近几年发表的文章中，精选、分类结集成册，既充分发挥了文献的长远价值，便于读者系统阅读，也能够更好地扩大传播面。在当前转瞬即逝的刷屏式海量、碎片阅读背景下，高水平的专业文章更能够帮助读者聚焦关注点，提高阅读的获得感，提升专业水平。

具体而言，《人民教育》精品文丛具有如下特点。

第一，丛书立足于新时代中国基础教育的历史使命，对重大教育课题和重点难点问题给出了丰富且可资借鉴的回答，是引领、推动中国基础教育发展的珍贵文献。

党的十八大以来，以习近平同志为核心的党中央高瞻远瞩，提出了一系列重要的教育思想和教育论断，为新时代基础教育发展指明了方向。党的十八大报告首次提出，把立德树人作为教育的根本任务。习近平总书记多次强调，要全面贯彻落实党的教育方针，培养德、智、体、美、劳全面发展的社会主义建设者和接班人；要处理好德与才的关系，解决好德与才相统一的问题；要让学生做到明大德、守公德、严私德；要把立德树人的成效作为检验学校一切工作的根本标准。深刻领会立德树人的丰富内涵，认真探索立德树人的实践路径，深入研究立德树人的理论，是新时代给基础教育提出的重大课题。

在这一背景下，基础教育需要切实承担起一系列重大使命。要把社会主义核心价值观教育融入教育全过程，放在更加突出的位置加以落实，引领学生树立正确的历史观、民族观、国家观、文化观。要植根于中华优秀传统文化的土壤，培育文化自信和中国精神，把中华优秀传统文化融入课堂教学和学校教育全过程，在创造性转化、创新性发展中传承中国人的文化基因。要大力发展素质教育，树立德、智、体、美、劳全面发展的质量观。要重新思考、践行好学校、好校长、好老师的标准。坚持育人为本，转变教育思想观念，认真落实习近平总书记提出的"四有"好老师的要求，进一步提升校长和教师的专业素质。从单纯以学科考试分数为主要评价指标转到全面发展的理念上来；从关注少数尖子生的发展转到关注每一个孩子的发展上来；从过于强调统一步调转到更多关注个性发展上来。

《人民教育》精品文丛，正是站在基础教育改革发展的最前沿，围绕以上重大课题、重要使命，组织国内顶尖专家、优秀校长教师，提供前沿思想理念和脚踏实地的解决方案。《新时代学校使命》一书，由社评和《人民教育》核心议题的前言构成，高度凝练了对当前教育问题的思考，包括教育自信、教育质量观、核心价值观教育、美育、教育活力，等等。《身体教育学》一书，力图借助"身体教育学"这个最新概念，以整体的观念来推动全面发展。《核心素养的中国实践》一书，期待带动整个基础教育质量观的变化，以适应未来对人才和教育的要求。《名校的那些"秘密"》一书，以活生生的案例来展示学校社会主义核心价值观教育、培养文化自信、落实立德树人根本任务的管理、课程、空间设计等诸多实践路径。《还可以怎样学习》一书，聚焦近年来学生发展素养目标的变化，以全球视野介绍更广阔、更多样、更有效的学习方式。《"好校长"是怎样炼成的》一书，专注于校长的价值领导力、课程领导力、教师领导力和沟通领导力等核心要素的实践解读。《老师，你为什么不再进步了》一书，关注教师的成长与高原期突破。《朝向心灵伟大的教师》一书，汇集教育界、文化界及商界名人的成长故事和教育故事，力图为校长教师打开新的窗口，从社会的角度来看教育。

第二，丛书集中展现了中国教育实践经验与智慧，引导读者建立和提升教育自信。

中国教育质量迅速提升的一个重要秘密，就是中小学的每一堂课，都在努力体现国家战略、国家意志，国家顶层设计与一线微观实践高度融通呼应。

对美好生活的渴望，对美好教育的热烈追求，是中国教育成功的重要动力。纵观中国基础教育改革开放 40 年来的历程，对美好教育的追求，成为教育发展、教育工作者改革创造的重要驱动力。这套丛书中提炼的好学校、好校长、好教师的改革经验，无不是在回应广大人民群众对美好教育的殷切期盼。

与时代潮流合拍，创造高品质的教育，是教育改革的重要经验。近年来，中小学涌现了一大批好校长、好教师，就在于他们敏锐地抓住了时代发展的脉搏，大力提升自己的政治素养，养成法治思维，涵养博大的精神世界，从宏观上保障了教育教学改革的正确方向。同时，近年来中国基础教育改革的一个关键突破点，是从主要关注教学方式层面的改进转向学校整体层面的变革，体现了与新时代精神的密切呼应。

从这套丛书中还可以看到如国家认同教育、核心价值观教育、优秀传统文化教育、学校文化、课程构建与优化、选课走班制度等方面的具体操作经验。这些都是我们的中小学扎根中国大地实实在在干出来的智慧结晶，是中国基础教育之所以卓越的重要因素，也是我们教育自信的来源，值得学校校长、教师认真研读、借鉴。

第三，丛书呼吁教育工作者乘着新时代的东风，办伟大的学校，做伟大的校长和教师。

伟大的学校，不是仅仅为升学服务的学校，而是要为学生未来创造美好生活的学校。美好生活，不仅意味着谋生就业能力，也意味着正确的价值观，丰富的精神世界，厚重的家国情怀，强烈的社会责任感，健康的自我调节能力，和谐的人际交往能力。伟大的学校，也不仅仅是学生成长的乐园，还应该是教师的人生幸福所在。教师的幸福与学生的发展密切相关。只有当教师从心底里认同教师职业，才能真正参与到学生的成长之中，也才能获得自身职业价值的实现，收获作为教师的幸福。伟大的学校，善于激发教师的职业热情，帮助教师获得成就感。这也是《名校的那些"秘密"》等书揭示的秘密所在。

伟大的校长，其领导力不仅体现在过硬的政治素质、坚持正确的办学方向上，还体现为优良的道德品质，更要有教育的定力，"习惯于择高处立，寻平处坐，向宽处行，务实，求稳，但内心却向往教育的理想，一切为了民族的未来"。伟大的校长，是善于成就教师的校长。李烈感言："当我哪一天不再做校长时，如果老师们在背后这样说：'李烈当校长的时候，我们是真的在快乐地工作着'，那就是对我最高的褒奖了。"伟大的校长还应是优秀的学习者，善于在繁忙的事务间隙，终身学习，反思完善。在工作中，伟大与平庸的区别往往在于能否不断注入生命的激情，能否不断发现心灵伟大的教师和存在无限发展潜能的孩子。

伟大的教师，首先是一个精神灿烂的人。教师是深度参与学生精神生活的引领者。无论是做"四有"好老师，还是做好"引路人"，教师自身的精神修养是前提，这包括坚定的理想信念、崇高的道德修养、对丰富个性的包容、对人的发展性的充分认识、传递正能量的意识和能力、沟通的艺术、自我情绪管理，等等。善于发现美是他们共同的特质。他们还是一群积极回应环境的人，能够敏锐地发现新问题，通过学习、思考、行动来调整自己，跟着时代一同进步。这些伟大教师的特质，读者可以从《老师，你为什么不再进步了》《朝向心灵伟大的教师》等书中充分感受。

中国社会正处在全面深化改革、实现中华民族伟大复兴中国梦的进程中，社会转型、技术变革等都给基础教育提出了严峻挑战，教育工作者如何看待新情况、解决新问题，考验着我们队伍的素质，更考验我们的学习能力。2013年，习近平总书记在中央党校建校80周年庆祝大会暨2013年春季学期开学典礼上的讲话中指出，"要依靠学习走向未来""只有加强学习，才能增强工作的科学性、预见性、主动性，才能使领导和决策体现时代性、把握规律性、富于创造性"。愿读者在这套丛书中，能够充分感知新时代对我们提出的使命和要求，了解我国基础教育改革发展的基本脉络，把握学校办学的正确方向和科学规律，发展和培育伟大学校、伟大校长、伟大教师成长的"基因"，立志办伟大的学校，做伟大的校长和教师，为伟大的时代贡献自己的价值。

2018年7月

（作者系中国教育报刊社党委书记、社长）

序
勾勒未来人类学习的地图

李政涛

当我们谈到"学习"时，可以谈些什么？对于这个老生常谈且人人皆可谈的话题，在此"未来已来，将至已至"的新时代，会有什么不一样的新视角、新内涵和新图景？《还可以怎样学习》一书，对此进行了聚焦整合式的应答，并借此勾勒出了一幅面向未来的人类学习的地图。

在我看来，这一人类学习地图勾勒的过程，并不全然是一种脱离当下语境的纯粹想象和预测，而是一种基于过往、直面现实与朝向未来交融共生的探究，是对昨天的学习、今天的学习和明天的学习交汇点的驻足——三个时空之间的联结从未像今天这样，如此迅捷、紧密、自然和不可阻挡。

一切都在这样的联结中改变。被改变的首先是时代本身。这是一场由"信息技术""媒介"催生的时代革命，人类已经步入了以"信息化""数字化""互联网+"和"云计算"等命名的新时代。被人类自身改变后的时代，推动了人类学习的诸多变革。

最基础的变革是"学习内容"和"学习目标"的变革。这个时代的教育，什么学习内容和学习目标最重要？换言之，什么教育最重要？书中至少提供了六种答案：

一是媒介素养教育。它着眼于增强学生对于媒介信息和媒介的独立自主的批判能力。媒介素养教育的重点不是信息技术知识、使用媒介的方法，而是要学习如何感知、看待媒介和媒介信息，帮助这个时代的儿童分辨媒介世界里社交和游戏的情感体验是否真实安全，助益他们从娱乐、浅社交等"低水平满足"的媒介使用行为过渡到深度学习、有效互动的媒介使用行为以获得"高水平满足"，让他们明晰媒介世界和真实世界的关系与区别是什么，该如何通过媒介实现终身学习并更好地应对未来。

二是财经素养教育。财经素养是指"一种关于财经概念和风险的知识与理解能力，以及运用这些知识与能力的技能、动机和信心，它可以帮助人们在日渐广泛的财经背景中作出有效决策，在经济生活参与中提高个人和社会经济利益"。它包括人们对"倾向与交易""规划与理财""风险与回报""金融视野"等与个人生活息息相关的概念的认知、理解、分析、推理、评估及运用的能力，涉及人们解决财经问题的整个过程，其核心是个人理财。培养学生正确的金钱价值观、适当的个人消费计划及较强的管理能力、充足的理财知识和较高的理财技能等财经素养，可以帮助学生形成更强的生存本领及更好的生活技能，促进学生身心的全面发展。

三是生态环境教育。生态环境教育包含环境知识、生态伦理、生态美学、环境文化等方面，其本质是价值观教育，即通过教育让人们认识到环境的多元价值，重构生态价值体系。生态环境教育的宗旨在于注重环境保护的价值观、态度、参与意识向人与自然和谐共存、社会经济发展与自然环境保护并重、资源环境和人类社会可持续发展的方向转轨。其大背景就是一系列全球性的现实问题，如"雾霾中国"和"食品安全"等主题。

四是健康与幸福教育。它教给学生"十项生活技能"，都是与健康及幸福生活有关的基本技能，包括：制定健康目标，运用沟通技能，运用拒绝技能，作负责任的决定，分析影响健康的因素，管理压力，解决冲突，实践健康行为，获取有效的健康信息、产品和服务，以及做健康的倡导者。

五是艺术教育。分为音乐与戏剧艺术、造型与绘画艺术，以及世界艺术与文化等，共同目标是发掘学生的艺术感知能力，激发学生的艺术创造力。

六是哲学教育。它事关人性的思考、价值观的思考、批判的思考和创造性的思考。它力图解决这样的问题："今天的时代充满着划不划算、有何成就、过度劳动等问题，哲学的作用在于可以消解焦虑，保留一个不求回报的空间，让年轻人去思考一些人生重要的问题。谁不曾在一生中遇到诸如'什么是幸福''人生有意义吗''正义是否存在'这样的问题，而哲学课的意义就恰恰是避免这些问题被湮没在一件又一件日常的焦虑中，避免人生活得消极、机械、虚浮。"让我们重申哲学教育，通过哲学教育去发现个体、社会和国家最持久发展与最深层的力量。

无论是什么样的教育及其学习内容，都蕴含着共同的培养目标，例如，培养有"新思维能力"的人，包括：自主性思维能力、实践性思维能力、交往性思维能力、情绪性思维能力、审美性思维能力、价值性思维能力等。

最明显的变革是"学习方式"和"学习场所"的变化。对于学习方式而言，生成了所谓"第三种学习方式"，即网络学习和面对面学习相融合，也就是线上线下学习融合的混合学习方式，它着眼于用技术支持学习的个性化和泛在性，深化并拓展了基于课堂的接受式教学和探究发现式教学，并因此会彻底改变"老师教、学生被动听，老师有答案和统一的教学大纲"的传统课堂模式。对于学习场所而言，传统的学习地点往往与校园、教室、教师等关联在一起，信息技术的革命使任何人得以在任何地点、任何时间学习任何内容，网络就是校园，移动终端就是课堂，能者即为教师。因此，学习场所不可避免地从课堂走向"社区""博物馆"，以及"自然天地"之中的任何一个角落，传统教室因而与它们在连接中产生了奇妙的"化学反应"……

最根本的变革是"知识内涵"和"学习意义"的改变。信息技术催生的新时代引发知识概念内涵的变迁："知识不再是客观独立的，而是一种社会概念，是在学习社区内所有成员达成的共识。知识观念的转变对学习方式提出挑战：学习不再是每个学生个人的经历，而是多人之间的共同经历——我们一起思考……原本'分工'的世界正在变得更加'合作'，'一起思考'也许会变得比'独立思考'更接近社会现实，成为更适合组织与当下和未来世界关系的方法。"这样的知识观，从狭义走向广义，它意味着：所谓"知识"，不再拘泥于概念性的原理知识，事实、方法和价值也可被视为知识。如此改变后的知识概念及其学习，因为有了与事实、价值、思维等更多的联系，因而将会让知识的学习变得更"有意义"，有助于使师生头脑中的多重世界变成真正的精神世界，让师生过上真正的精神生活，有利于师生共同发展自己的意义世界，从而实现自我发展和行为的改变。

如上种种改变，既昭示了当下人类学习新的现实图景，也预示着未来人类学习新的可能，这些如此丰富、多变的可能性，绝不仅仅是学习自身的可能性，而且是人类发展的可能性。在这个意义上，人类还可以怎样学习，其实是在说：人类还可以怎样发展……因此，本书既是人类学习的创新实验之汇总，更是人类自身生命实践的创新实验之集大成。

2018 年 7 月

（作者系教育部长江学者，华东师范大学教育学部副主任）

第一辑

还可以怎样学习？

场馆学习：和整个世界站在一起

卢志文

浙江温州翔宇中学，规划在校园里建设博物馆——不是一个馆，而是一群馆。目前已相继建成开放了"翔宇昆虫博物馆""翔宇贝壳博物馆""王羲之书法教育馆""翔宇中华灯谜馆"和"科学体验馆"，很多课程依托博物馆开设。至今，翔宇校园博物馆接待以学生为主的参观者已逾两万人次，好评如潮。除了最先建成开放的，还有"生命教育馆""灵舒创意馆"等正在建设中。

在筹建翔宇校园博物馆的过程中，我们坚持"藏品是基础，展示是手段，课程是载体，学习是中心，教育是目的"的理念，强化博物馆的教育功能，尊重学习主体——学生的发展需求，保证博物馆的内容和形式符合学校课程体系对教育资源拓展的需要，符合互联网时代学生的"胃口"，并且有针对性地对当下教育普遍存在的弊端进行矫正，将博物馆办成青少年与历史对话、与文明携手、与科学亲近的文化客厅、课程基地和探究场所。

很多人问，翔宇博物馆那么多的展品来自哪里？这么专业的博物馆又是怎样设计出来的？当然，也有人不解地问，翔宇为什么要投入巨大的人力、物力、财力在校园里建博物馆？校园博物馆和传统意义上的博物馆有何不同？

做"应然的教育"

　　这是一个知识空前集结的时代，孩子需要掌握的知识总量急剧膨胀。人们需要通过不断提高教育教学的效率，才能把更多的知识快速传递给孩子。于是，人们把知识做成"压缩饼干"，用最快的速度、最高的效率，塞给最多的孩子。

　　这样的教育带来很大的问题——我们可以快速灌输给孩子既有的知识，却使孩子失去了直接面对真实世界探究新知的过程。于是，教育只面对文本，远离了真实的自然和社会。"有知而失智""高分却低能"的学生就必然成为这种教育下的牺牲品。学校培养"高分"的学生，社会需要的却是"会做事"的人。

　　如何走出这种困境？教育需要作出改变。叔本华在他的《论教育》中强调，人类的智慧是在人探索真实的世界中形成的。同时，他也指出"高效教育"易把人的思想引入歧途。为了弥补、修正"高效教育"的缺陷，我们就必须把接触真实世界的机会还给孩子。

　　但是，在现实的办学环境中，带孩子到真实的自然和社会中去还真不是一件容易的事，交通、安全、经费、时间（把时间放在这个地方，那个地方的时间就不够）……怎么办？我们当然可以简单化地略去这一切，甚至完全听从规定连春游都取消，只要把知识灌进去，分数提上来就行了……真正爱孩子的学校，有教育情怀的学校，不会这么做！于是，我们想办法在学校里解决这个问题——做博物馆成为一个选择。

　　我们保持现代博物馆的收藏与研究功能，又特别强化了它的教育功能。在知识爆炸、碎片阅读、虚拟便捷的今天，博物馆的教育功能具有特别的优势。

　　博物馆在其专业领域里，通常具有世界视野的收藏。如我们的翔宇贝壳博物馆，收藏了来自71个国家和地区的2000多种贝壳标本及相关化石，在这里，参观者和学习者几乎可以看到全世界最具代表性的真实标本。他们瞬间就能了解软体动物在全世界的丰富性和多样性，获得有关这一生命群的世界性见识。而这种见识是真实的，它与从书本、屏幕上获得的感受完全不同！

今天，我们常说"多媒体"。教材图例上的一粒贝壳，显然比文字描述中的贝壳形象具体；电脑屏幕上的一粒贝壳，可能是"多媒体"，但至多也仅是动态图像而已，孩子们只能用视觉去感受它。真正的"多媒体"，应该是孩子面前触手可及的一粒真实的贝壳——可以调动所有的感官去感受它，视觉、听觉、触觉、嗅觉……

博物馆，是课堂的有效延伸，是课程的复合载体，是学习的理想场域，对于学校教育，不可或缺。它为孩子的学习和成长，触发动机，创造可能，提供服务。尤其是博物馆课程是跨学科的。比如，在贝壳博物馆上的课不仅有生物课、地理课，还有语文课、美术课，甚至数学课、历史课、英语课……

无论是宏观见识还是直观感觉，博物馆提供了一种传统学校无法企及和难以实现的教育形态——这，才是真正的教育，是"应然的教育"。

从变革课堂，到改革课程体系开发卓越课程，再到以学习者为中心建构学习资源，我们一路探索前行，步伐执着坚定。

让校园成为汇聚美好事物的中心

从教育出发，回归教育本身，校园博物馆建设应该满足以下要求。

1. 博物馆应是快乐好玩的迷宫

玩是人的本性，是生活本身，也是生命的本真。动物世界没有不喜欢玩的，玩先于人类存在，是生命的重要组成部分。

孩子们去博物馆，首先是觉得博物馆好玩，能提供一种有文化内涵的愉快经历，而不是去听说教。既然人天生就有玩的需求和欲望，博物馆就应当创设一种富有趣味性的寓教于乐的环境，让孩子们玩得有文化，玩出学问来。

在翔宇博物馆建设中，我们顺应人的天性，本着以学生为本的思想，运用声光科技等多种现代科技手段链接过去与现在，尽可能提供互动式展览、动手活动，以及与感觉相关的经历和背景，将目的性隐含在达成目的的手段之中，让充满趣味性、创新性的展览魅力成就孩子们有价值的人生。以昆虫博物馆为例，我们有很多其他昆虫博物馆没有的创新之作，如《珍稀蝴蝶分布图》《蝶翅时装画》《昆虫编年史》《甲虫帝国沙盘模型》《469个虫字部汉字中国地图》《昆虫成语摆件》《名虫名言》《308首昆虫诗歌挂饰》……还拥有昆虫艺术区，展出艺术家受昆虫启发而创作的与昆虫相关的各类艺术品。灯谜馆，可以玩猜谜；灵舒创意馆，可以玩各种航模、车模；科学体验馆，可以玩几十种科学游戏；翔宇棋院，可以玩各种棋类竞技游戏……在一个个有趣而好玩的环境中，孩子们通过天马行空的想象力能够产生对活动内容的持久理解。

2. 博物馆应是生活体验的社区

科技改变着人类生活，生活中处处都有科学。翔宇博物馆的设计，强调立足学生熟悉的日常生活，创设以体验为中心的活动平台，营造能够调动已有经验的互动环境，在学习和生活之间架起一座学生能自由行走的桥梁。

温州，地处东海之滨，孩子们虽然每天吃海鲜，但他们对海洋却并不了解。我们选取贝壳作为窗口，让他们见证海洋的博大。温州的孩子们参观贝壳博物馆，面对数千种贝壳标本产生的惊奇，比内陆的孩子更加强烈！

3. 博物馆应成为艺术享受的圣殿

艺术是人类精神的营养品，生命之花离不开艺术的滋养。一个没有艺术的民族和社会是不可思议的。同样，没有艺术的教育是不健全的教育。

校园博物馆，不仅要规划艺术类的博物馆类型，而且要把所有博物馆建出艺术性。

我们依托温州永嘉深厚的书法文化底蕴，开辟了王羲之书法教育馆，展馆面积约1200平方米，由八大展区（商周秦汉书法展览区、三国魏晋南北朝书法展览区、隋唐五代书法展览区、宋元书法展览区、明清书法展览区、近代书法展览区、当代书法展览区、书道雅集区）、三大工作室（藏品室、创作室、书法教室）组成。书法教育馆以"品高、学实、心静、眼宽"为馆风，"润心、养心、立志、正身"为馆训，充分展示了中华民族一脉相承的文字历程、璀璨的书法文化和博大的艺术世界，有助于青少年情感的陶冶与提升，精神的愉快与满足，审美能力的养成与提高。

贝壳馆黑白极简风格的确立、灯谜馆的谜字墙设计、创客中心工具墙的创意、昆虫馆昆虫艺术展区的增设等等，都是一种艺术品位的展现与熏陶。

4. 博物馆是研究探索的工场

校园博物馆提供的探究环境，与传统课堂教学的不同就在于它拥有的教学资源的丰富性。种类繁多的展品，不仅为孩子们提供了可以直接观察和操作的学习对象，更像一个窗口，打开了另一个世界的大门。

在已建成和即将建成的专题博物馆中，都有动手做的"实验与发现"区，让参观者通过观察、提问、测量、推理等多种形式的探求和创造性活动，亲历科学研究过程，训练科学思维方法，获得科学解释和结论，进而在这种个性化和充满乐趣的难忘经历中，拉近与科技的距离，理解科技的本质，培养科学精神，提高科学素养。这种让孩子探索真实世界的体验才是真正"应然的教育"。

5. 博物馆还应成为建构学习的课堂

翔宇博物馆不同于一般博物馆之处在于：一切资源建设和活动设计都是以学生为中心、以学生知识建构为旨归展开的，包括为方便学生自主学习，博物馆设置了很多凳子、软椅，提供了大量的手工作品、影视经典、图书资料、课程介绍等。同时，博物馆还配合学校课程，提前发布主题式活动，补充课堂教学的不足，使博物馆成为名副其实的第二课堂。

昆虫博物馆，展出来自全球各地的昆虫1500多种。是不是只有生物老师才能带孩子们在昆虫馆学习，抑或孩子们在昆虫馆只能学习生物知识？当然不是。语文老师可以带孩子们观察蝴蝶破茧成蝶的过程，以开展作文教学；美术老师可以带孩子们素描写生讲色彩搭配……更多情况下，各种兴趣小组、社团、选修课程的研修者可以在博物馆开展各种各样的自主学习。

博物馆作为课程资源，是立体、多元、丰富的。一个博物馆，就是一个课程群。

比如"昆虫视界"课程群："蝴蝶传奇""昆虫星球""甲虫帝国""神奇的昆虫生态""昆虫的近亲""昆虫编年史""昆虫标本的采集""昆虫标本的制作""珍稀昆虫的保护""昆虫与人类文化""昆虫与创新发明""昆虫艺术无极限"……

6. 博物馆更应成为灵魂洗礼的殿堂

有人说，文化是博物馆的灵魂。博物馆不是冷藏知识的冰窖，而是充满活力的人文精神的交流广场。因此，博物馆应当是人与物的统一。在博物馆中，不能见物不见人，即使在自然博物馆中，也要看到人的存在，否则展品就是一堆僵死的标本。博物馆凸显的应是人文关怀的时代精神，这种精神是社会主义精神文明在博物馆的具体化，它能在博物馆中产生强大的凝聚力和向心力，使博物馆时刻充满生机和活力，我们的博物馆建设所遵循并表现的正是这样的文化自觉和普遍的人文关怀。

以"学生"和"学习"为中心整合资源

博物馆，不是谁都可以做，关键在人。专业的人，做专业的事。

翔宇校园博物馆，每一个馆都有一个关键人物负全责。博物馆既是学校具体育人目标和课程体系的规划，也是每一个建馆老师呕心沥血的作品。

中华灯谜馆，我们请来谜坛高手郭少敏担任馆长并负责筹建。

吴坚老师，是翔宇贝壳馆和昆虫馆的馆长，也是这两个馆的建设负责人。他既是一位"追求卓越的理想主义者"，更是一位"坚韧执着的行动主义者"，具有深刻的思考力和超强的行动力。

负责书法馆的赵明，负责创意馆的金彬圣，负责生命教育馆的卢锋博士……他们都是因为在相关专业领域有精深的研究，才成为建馆负责人的。

以昆虫馆和贝壳馆为例，吴坚在展品收藏上追求丰富的同时注重了系统性。

贝壳博物馆，71个国家和地区170多个科的2000多种贝壳标本及相关化石，囊括了双壳纲、腹足纲、多板纲、头足纲和掘足纲，覆盖软体动物门进化树上所有重要分支上的代表种类，以及海生、淡水和陆生贝壳在各生境下的优势种和特有种。

也就是说，这些贝壳标本种类已经形成了一个完整的"现代软体动物学"研究参照系统，这对学习者来说具有巨大的冲击力。

在展品设计上，我们也特别注重给学习者留下长久的记忆和深刻的印象。

自然界的贝壳颜色多以灰色为主，并具一定的拟环境化特征，这使设计一个亮丽而具有持久审美效果的贝壳馆变得困难，如果运用色彩和拟环境化设计，就不可避免地因喧宾夺主而使作为核心展品的贝壳标本失色与遁形。多数贝壳博物馆通常用降低展厅的亮度，再用单灯照射展品来实现突出贝壳标本的视觉效果，但昏暗的展馆却会压抑人的心情……

为此，吴坚在设计中突破贝壳博物馆要遵循环境化设计的传统，颠覆性地选用黑白两色、几何造型、极简主义，糅合少许古希腊建筑元素，概念化展示贝壳标本，进而使参观者能够更多地关注贝壳本身的细节，留存更深刻的印象。同时，明亮的展馆设计也给学习者以轻松美好的展馆体验。

学校博物馆不同于一般博物馆。学校博物馆以学生为中心，以学习为中心，以课程为中心，而不是以领导为中心，以观赏为中心，以展品为中心。

博物馆，成了课堂的延伸、课程的载体、学习的场域和探究的空间。

我们就是这样做校园博物馆的。

（作者系翔宇教育集团总校长、浙江省温州翔宇中学校长）

（本文原载于《人民教育》2016年第10期）

博物馆课程 ABC

夏海萍

博物馆 + 教育

华东师范大学附属外国语实验学校以"培养有修养、会思考、善沟通、能创新的具有本土情怀、国际视野的现代公民"为育人目标，设置了多元课程。其中，博物馆课程，与学科教学内容紧密结合，充分利用博物馆丰富的教育资源，将博物馆课程融入中小学的学科教学。在这一过程中，教师对博物馆资源进行梳理和整合，对社会实践活动进行多元化和整合性的课程设计。

目前，初中的语文、数学、英语、音乐、体育、美术、地理、生物等11门学科与上海的博物馆资源进行了学科对接，每学期每门学科进行1～2次博物馆课程，每次安排"准备课""现场课""评价课"等3课时完成教学。

经过一年多的探索，学校已在打字机博物馆、电影博物馆、火花博物馆、消防博物馆、纺织博物馆、国歌博物馆、上海博物馆等11个博物馆开展了教学。学生在老师的指导下来到博物馆这一社会学校，深化了课本知识，拓展了课外见闻，提升了自主探究能力。

例如，数学课与光启公园对接，通过参观光启公园，让学生了解徐光启的生平事迹，体会几何的趣味性和生活中的几何，学习徐光启孜孜不倦的求知精神。通过开展数学解谜游戏、探索勾股定理及其逆定理、充当小小数学家等活动，让学生感受数学的魅力，锻炼学生探究数学的能力。

六年级的英语课与上海博物馆中的中国古代陶瓷馆进行了对接，通过教学，让学生了解中西方餐具的差异，以及如何用英语表达这种差异，初步了解古代陶瓷馆的历史及与陶瓷相关的英文表达，完成了英语短剧的表演，激发了学生对英语的学习兴趣，提高了学生的日常英语表达能力，拓展了学生对中西方文化的理解。

一次完整的博物馆教学

以下是牛津英语六年级第一学期 Unit 8 The food we eat 的具体教学案例。

博物馆遴选。六年级学生的英语学习中涉及比较多的是西方文化和语言，对于中国本土文化的涉猎并不多。为了进一步加深学生对中国文化的理解，以六年级英语课程 Unit 8 讲食物为契机，拓展至盛放食物的器皿，对中西方餐具文化及餐具文化背后的饮食文化、餐桌文化进行比较。一方面加深其对于中国陶瓷文化的理解与感情，另一方面也从饮食及餐具的角度，了解中西方文化的差异。

中国古代陶瓷馆是上海博物馆的收藏特色之一，在 1300 平方米的展馆中陈列了 500 余件陶瓷精品，展品从新石器时代的彩陶和灰陶至清代各个时期的陶瓷器，全面、生动地再现了中国陶瓷的发展史，可以让学生深刻感受到中国瓷器的博大精深，领略中国劳动人民的勤劳和智慧，同时还从另一个侧面看到中国各个时期社会政治、经济的发展和变革。这是六年级学生了解陶瓷文化的一个窗口。

课标总目标。在帮助六年级学生了解外国的饮食文化的同时，也了解中国古代陶瓷文化的博大精深，并对陶瓷文化产生深深的认同感，进而从不同角度认识中外文化的差异，从差异中追根溯源，了解语言产生的文化背景，从而辅助学生进行语言学习。

1. 准备课

课程目标：了解中西方现代餐具的差异并对其进行比较，让学生对中国悠久的陶瓷历史和中外饮食文化有基本的了解。

首先，通过学习中西方餐具的相关单词，了解中西方的餐具差异，从而对中西方现代饮食文化进行就自己认知层面上的浅层次的比较，并寻找背后的原因。

其次，让学生对中国古代悠久的陶瓷历史有深刻的认同感和归属感。

教学重点及难点：了解中西方餐具的差异，以及如何用英语表达这种差异；分析差异产生的原因。

准备课流程：（1）课题引入——用英文表达盛放食品的器皿；（2）通过餐具简要介绍中西方现代饮食文化差异；（3）介绍中国古代使用的餐具，引入上海博物馆内的古代陶瓷馆，并对其进行简要介绍；（4）强调现场课大致流程及秩序。

学习资料准备：让学生查阅中国古代陶瓷的相关知识，为现场课的竞赛作准备。

2. 现场课

课程目标：让学生现场感受中国古代陶瓷的魅力，了解不同种类的陶瓷如何用英文表达，并能够总结出陶瓷的英文翻译规律，尝试进行翻译。让学生了解陶瓷的历史，并根据老师给出的题目，加深学生对中国古代陶瓷历史的了解。

教学重点及难点：初步了解上海博物馆中古代陶瓷馆的历史及陶瓷的英文表达。利用工具看懂英文的任务卡，并根据潜在的规律进行一定程度的陶瓷名称翻译。

教学过程：上海博物馆古代陶瓷馆只有一个场馆。本次现场课主要分为参观、竞赛、评价课任务布置等三个部分。参观部分为 25 分钟，竞赛部分为 55 分钟。

首先，对学生进行分组，考虑到人数问题，33 人一共分为 5 组，其中两个组为 6 人，3 个组为 7 人。各组采取竞赛方式，最先完成任务、积分最多的小组获胜。

（1）根据图片（每组 3 张）找到对应的英文表达，之后向老师汇报，全组人员通过朗读可进入下一关。（10 分钟）

（2）根据英文提示语，找出图片，拍照后迅速至老师处，通过即可进行下一项任务。（7分钟）

（3）给出一组问答题（根据陶瓷馆中已有的资料设置7道题目，顺序打乱），最先完成并回答正确的小组可优先进行下一项任务，先到的小组可优先选择下一关卡的任务条。（15分钟）

（4）根据所选择的任务条以及上面的要求，找出3种陶瓷，拍照后附上所找陶瓷的英文及其用途。（10分钟）

（5）总结所找陶瓷名称的英文翻译规律，根据给出的关键词，翻译陶瓷名称。（8分钟）

（6）按照排名先后，抽取评价课的任务。（5分钟）

所有活动完成后，积分第一的小组得5个章，积分第二的小组得4个章，依此递减，最后完成的小组得1个章。此章可并列至班级章内，用于学期积章换礼品。另外，此次积章最多的组可优先选择评价课任务。

学习资料准备：每组准备一部手机用于拍照（在遵守博物馆规定的前提下）和查阅单词，准备一支笔用于书写任务单上的任务。

3. 评价课

课程目标：对现场课进行一定程度上的拓展。通过这节课，加深学生对中外陶瓷历史的理解，并根据自己已有的理解，通过话剧或者画画的形式展现出来，拓展其查找资料的能力以及证明自己观点的能力。

教学重点及难点：培养学生查询有效资料及资料分析、比较的能力，从而了解中西方饮食文化的差异。培养学生的团队合作能力，进行任务分工，出色完成任务。

教学过程：

（1）进行英语剧排练，用英语排练古代的餐桌礼仪。可任意挑选一个时代，可参考有关电视剧中的情节。

（2）中国古代人民如何使用陶瓷或者餐具——中国古代人民如何保存食物？

（3）外国人如何使用陶瓷或者餐具——西方饮食文化是怎样的？

（4）中外现代餐桌礼仪有何差异？

（5）收集信息，根据博物馆的陶瓷，制作一张中国历史长河的美食图。可以就某一菜系的发展过程进行研究。

评价形式：小组竞赛、小组 PPT 展示、话剧展演等。

博物馆课程该如何落地？

博物馆课程实施的过程中，我们也曾遇到这样或那样的问题，经过不断的探索、实践、改进，从中积累了一些初步的经验。

1. 博物馆课程要充分与教学内容相结合

博物馆课程不是噱头，不能脱离课本内容空谈如何利用博物馆，关键是做到博物馆为课程所用，这是基础。在课程设计的过程中，教师要着重考虑三方面因素：一是学生现有的知识水平和理解能力是否能够消化新的教学内容，二是所教授的内容能否引起学生的兴趣或求知欲，三是教学内容对学生的学科学习能否有所帮助。

在设计博物馆课程的过程中，教师要充分考虑学生年龄和学习程度等方面的差异，不同阶段课程分别专注于不同的目标，在设置活动以及评价展示时所采取的方式也要有差异性，让学生在教师的引领下充分发挥自身的主观能动性，从而达到不断拓展其能力的目的。

2. 博物馆要精挑细选

上海的博物馆资源十分丰富，但并不是说任何一个博物馆都能拿来使用。除了要考虑博物馆与所教内容能否完美契合，博物馆与学校的距离是否合适，博物馆的设施能否配合教师完成教学任务这三个要素外，教师对博物馆的位置、开放时间、内部陈设方式等要有确切的把握。在此基础上，教师对符合要求的博物馆进行综合评定，选出最适宜的博物馆，努力做到博物馆为课程、为学生最大化使用。

3. 课程设计要充分考虑学科特征

在课程设计的过程中，教师要充分考虑学科特征，要基于学科需要开发博物馆资源。即使选择同一个博物馆，物理老师和英语老师所开发的博物馆课程一定是不一样的。只有建立在学科基础上的博物馆课程才能最充分体现博物馆的教育优势。

在备课过程中，教师要尽量站在学生的角度理解知识点，将知识点做到小且细，整个教学过程要由易到难、由浅入深，使学生易于理解。

4. 不要强迫学生做他们不喜欢做的事

"教师主导，学生主体"是博物馆课程设计的基本理念。无论是事前分组还是活动中的任务安排，教师都不应强制学生去做他们不喜欢做的事情。现在的学生已经有自己初步的价值观，也十分渴望得到教师的尊重，那么如何在尊重学生的前提下完成教学任务呢？这就需要教师优化教学设计，充分考虑学生的需求，多站在学生的角度去思考问题。

走进博物馆的中小学学科教学改变了教师在课堂教学中单一的讲述方式。将博物馆作为第二课堂，让课堂不再局限于教室内，丰富了课堂教学资源。课本中相对枯燥的文字与博物馆巧妙结合之后，学生对学科知识有了更生动的体验，更加乐于与同伴在合作学习中分享探究学习的愉悦。通过博物馆课程开展多元教学，真正让学生思考"是什么、为什么、该怎么样做"，激发了学生的自主探究欲望，提升了学生的自主探究能力。

（作者单位系华东师范大学附属外国语实验学校）

（本文原载于《人民教育》2016 年第 10 期）

创客教育，柔软地改变学习

谢作如

《地平线报告》（2015 年基础教育版）将"创客空间"列为一年以内影响基础教育的两项关键技术之一。目前，创客教育从边缘的技术学科做起，逐步结合科学、艺术和数学等学科，选择学生最感兴趣的"造物"来展开，让学生在学以致用的造物过程中不仅提高实践能力，还可以加深对学科知识的理解，激发学习兴趣……教育正在悄然改变。

创客教育的关键是找到以学生为中心、跨学科和基于真实情境的课程内容

创客与教育的"碰撞"改变的不仅仅是学习方式，更重要的价值在于教学内容的改变。真正的创客教育的课程内容应该是什么样的？美国非营利组织 Maker Ed（Maker Education Initiative，创客教育倡议）提出，创客教育的任务是给年轻人创造更多制造的机会，使其通过动手制造，建立自信，培养创造力，点燃对科学、技术、工程、数学、艺术以及综合学习的兴趣。深入解读可以发现，创客教育的课程内容设计包含着以学生为中心、跨学科和基于真实情境下的学习等关键因素。

创客教育课程内容设计应该基于一个源于真实世界的问题。源于真实世界的问题往往是复杂而需要综合应用各学科知识才可以解决的，天然具有跨学科的优势；这个问题应该是学生感兴趣的，最好由学生自己发现和

提出，最终也由学生在真实情景下解决。比如，我的学生提出想要研究人的睡眠质量，他们用加速度传感器来记录人的翻身次数，需要编程和制作实验器材，在整个过程中不仅要运用计算机和数学知识来统计分析，还得在生物学中找到相关研究用来衡量人的睡眠质量是否良好。教师在其中最大的任务是帮助学生找到这个相对复杂又力所能及的真实问题，然后在学生的研究过程中提供各种帮助，并不断提出新的要求，促使学生在"设计—实现—评价"的循环中螺旋上升。

温州中学先后开发了一系列以学生为中心、基于真实问题的创客类选修课程，注重培养学生综合运用知识的能力。比如，"Arduino 创意机器人"课程运用开源机器人平台 Arduino 开发，结合 3D 打印、打孔器、激光切割等技术和工具，进行机器人的个性化设计。"App Inventor 手机编程"课程结合 App Inventor 软件展开教学，引导学生充分掌握利用手机上的各种传感器，通过编程对这些数据进行建模、应用。"物联网和大数据实验"课程关注的是物联网技术，学生根据各自实际需求，搭建硬件，编写程序，体验物物相连给生活带来的便利。"互动媒体技术"课程则是一门涵盖计算机、智能手机、传感器技术和人工智能技术相关教学内容的课程，学生通过研究互动媒体作品中"有趣"的人机互动技术，最终能够动手设计、制作互动媒体作品，体验技术在生活中的应用。

清华大学创客教育实验室和现代教育技术杂志社联合发布的《中国创客教育蓝皮书 2015》提出，创客课程不是一门课程，而是一系列课程的组合。温州中学参照 STEAM（科学、技术、工程、艺术和数学）课程体系进行开发，目前已经形成一个相对完整的创客教育课程群（详见图 1），能很好地培养学生综合运用学科知识理解并改造物理世界的能力，使其具备对技术工程设计与开发过程的理解能力。

图 1 温州中学创客教育课程群

创客课程建设还存在两大挑战。其一是需要更多低成本的课程实施方案。比如温州中学设计的"Arduino 创意机器人"教学套件，不仅可以用来上机器人课程，还可以用于"互动媒体技术"和"物联网和大数据实验"课程，甚至还能用于"基于 Arduino 电子控制技术"课程，这大大节省了课程开设的成本。其二是需要建立开源课程的分享平台。目前，温州中学的"Arduino 创意机器人"课程是国内应用范围较广的开源课程，提供了教学套件设计方案、电子教材、教学设计、课件、微课等一系列完整的课程资源，依靠创客教育小圈子流传。如果建立起开源课程分享平台，就能够让更多的老师将课程分享出去，并且形成一个"创客课程书架"，自然而然地构成一个和而不同的教学体系，教师和学生都可以在这一平台选择课程教学或者自学。

创客教育需要并将培养出具有技术应用能力、跨学科学习经验和课程开发能力的复合型教师

创客是一项高度复杂的、综合性极强的创造性活动，学生在创客学习的过程中，必然会遇到诸多困难，需要在学科知识、技术工具、灵感启发、心灵安慰等方面得到专业的指导和及时的反馈。因而，创客教育要进入中小学校园，肯定需要大批能够开设创客课程、指导学生创客活动的创客教师。

对于要做创客教育的学校领导来说，最头疼的是不知道应该让什么学科的教师去指导创客活动。回顾国内创客教育的发展历程，最早进入创客教育的是信息技术教师，随后，通用技术、小学科学和艺术学科的教师相继介入，创客教育的跨学科学习特征越发明显。正因如此，其实学科背景并不重要，创客教师的首要条件是"自己就是一名创客"，热爱创造，热爱学生，喜欢挑战自我并具有一定的动手能力。以我自己为例，就是因为对技术的热爱，才从语文转行到信息技术，再到现在的创客。最早引导我走向创客之路的其实是我的几位学生，其中包括2008年建立温州中学科技制作社的徐持衡同学和教我开源硬件知识的王盛业同学。当然，创客运动崇尚开源和分享精神，使我和与我一样对创客感兴趣的教师可以站在他人的肩膀上快速"专业"起来，最终成为合格的创客教师。

合格的创客教师应该是复合型人才，并具备一些核心素质，具体包括：对新事物的好奇心和主动学习能力；一定的技术应用能力，掌握各种软硬件技术和常见加工设备的操作能力；文理兼修，具有跨学科学习经验；人际宽广，尤其在创客圈子有一定的人脉，能借助外力更好地指导学生创造；具备良好的课程开发能力。

在满足这些核心素质要求的基础之上，温州中学的创客教师团队逐渐壮大。团队教师来自不同的学科，包括数学、物理、化学、通用技术、信息技术和艺术等，"爱创新、勇实践、做课程、乐分享"是他们的共同特质。如"数学视界下的3D模型"课程由数学老师开发，"传感器在物理实验中的应用"课程是物理老师执教，"走近生活中的3S技术"课程则是地理和信息技术老师合作的，不同学科教师之间的"碰撞"，能够迅速让他们成长起来。当然，对于创客教师而言，执行力非常重要，创客空间的从无到有，创客课程的从无到有，都需要教师的执行力。

就目前而言，中小学应当鼓励以信息技术、通用技术和中小学综合实践活动的教师为核心，汇聚科学、艺术、数学等学科教师以及校外专家组成指导团队，对学校创客活动进行全面指导。在推进创客教师社群建设的过程中，技术应用和学习能力突出的创客教师尤其善于运用先进的通讯技术沟通合作，这有利于推进创客教师异地教研和协作活动。比如著名的

"猫友汇"QQ 群、微信群中汇聚了来自不同地区的创客教师，他们通过网络社区相互学习，以异地教研形式开展本地推进工作。

创客教育实施中需要注意的问题

作为一个新事物，创客教育在实施过程中难免会出现一些偏差，这需要引起我们的注意。

1. 创客教育关注的重点是"造"而不是"创"

其实，我们对青少年科技创新一直很重视，全国青少年科技创新大赛从 1982 年开始举办，但是为什么长久以来没有形成人人动手、人人创新的局面？其根源可能就在于"发明""创新"的门槛较高。科技创新活动提倡从无到有的"创"，并不鼓励模仿制作，这和创客运动理念完全不同。被称为"创客教父"的戴尔·多尔蒂（Dale Dougherty）多次强调，创客教育最重要的当然是教他们如何起步。清华大学高云峰教授提出，将"Maker"翻译为"创客"并不确切，因为英文的"Maker"描述的是起点，中文的"创客"描述的则是终点。

"创"是精英化的，而"造"是大众化的。只有关注"造"的创客教育，才是可以复制和普及的大众教育。当然，关注"造"并不等于忽视了"创"。"创"是最终目标，创客教育是立足于"造"，追求自然而然地达到这一目标。

2. 创客教育不等同于建高大上的创客空间

创客教育是一项系统工程，应该以整体性的视角去规划推进路线，要从"课程、场地和活动"三个方面出发。有些学校却将大笔资金集中投入在建设上千平方米的创客空间，这不得不让人担忧。创客空间的真正价值在哪里？

我国的普通家庭缺少如欧美家庭的车库等创客空间，因此中小学校建创客空间尤为重要。如果深入了解国内最早做创客教育的几所学校，我们不难发现这些学校在创客空间建设方面的投入其实很少。比如，温州中学的创客空间就是一间二三十平方米的房间，加上3D打印机、焊台、投影仪等设备，前期投入不过数万元。美国学校的创客空间也同样讲究简便、实用。因为只有这样，创客教育的门槛才会降低到可复制、可普及，创客空间最根本的价值正在于推动创客教育。

同时我们需要注意的是，创客空间和学校体育场所、图书馆一样，它最核心的价值在于使用。创客空间要向学生开放，运营是需要经费的，活动组织是需要经费的，学生"造物"更要消耗材料，常用的如开源的电子模块等都是易耗品，一不小心就会烧毁，设备损耗也是创客空间的使用成本。建创客空间不宜做一次性巨资投入，而要将有限的经费用于创客空间的后期运营和活动组织，实现创客空间真正的价值。同时，创客教育经费也不能仅仅用于创客空间的建设和运营，师资培养、课程开发和活动组织要多管齐下。

3. 创客教育要用"无用"的学习培养真正的创新能力

在创客活动中曾经举办过一个"无用设计"竞赛，要求所有参赛作品必须符合三个条件：无用、有趣、有创意。为什么？国内知名创客田波感慨地表示："这个比赛的意义在于当我们抛弃功利的心态，单纯从有趣着手，创意更能得到自由的发挥，而很多改变我们生活的创意，最初正是产生于这些看似无用的设计。"

创客教育应该关注"无用"的学习，关注个性化的造物过程，关注学生的"创意"是否源自生活、是否有趣并能打动人。也许"无用"才更易培养出单纯的、真正的创新能力。

温州中学创客教育鼓励"无用之用"。学生们做过可以远程养金鱼的系统，做过可以用凌空手势解开的锁，做过可以和人比赛划拳的机器人，做过可以孵出小鸡的恒温箱，等等。从科技创新的角度，这些项目都不具备太大的实用性，但是这些项目中却蕴含着学生天马行空的想象力和基于实践的创造力，是真正"有用"的创客教育。比如，恒温孵化箱其实已经是很成熟的技术，网上一百多元就能买到，但是马肃爽和潘艺文两位女生就是想做一个。一开始，她们面对型号繁多的加热片，根本不知道该买哪一款，后来经指导老师提醒，运用物理和数学知识计算温度并最终确定需要多大功率的加热器，才意识到原来物理知识是有用的。她们经历几次失败才终于孵出一只瘸腿的小鸡，但是在这个过程中，两位小女生对科学、技术、工程、数学以及综合学习的兴趣提高了，她们平时最不喜欢的物理科目的成绩自然也上去了。

有宽松的和自由的环境，才有创造力的自然生长。保护好学生那份自由创造、尽情探索的初心，创客教育应为此努力。

（作者单位系浙江省温州中学）

（本文原载于《人民教育》2016年第10期）

项目学习，让学习自然生长

周振宇

项目为学习提供"知识的全部复杂性"

哈佛大学教授、教学论专家达克沃斯说过："如果知识领域对学习者是可获得的，它们必须以其全部复杂性呈现出来。当我们过于简化了课程，我们也就消除了学习者与之建立联系的具体方面。"

项目学习的魅力恰恰在于为学生的学习提供了知识的全部复杂性，让学习基于项目自然生长。

究竟什么是项目学习呢?

顾名思义，项目学习是一种通过项目、任务或课题来帮助学习者学习的方式。这些项目是包含着富有挑战性的问题或议题的任务，需要学习者进行设计、问题解决、决策或是参与探究活动；教师给予学习者较长一段时间的自主学习机会；最终学习者将创作出实际成果或是进行报告展示。知识内容、知识的组织形式、知识储存和提取方式、知识应用等方面的复杂性都体现在这些项目之中。

例如，我们把数学中关于"物体长度的测量"知识的学习融入到"桥"的项目研究中。学生要简介一座桥，却没有现成的资料可查，就需要测量出它的长度、高度等信息。这时，长度测量知识在真实的问题情境中出现了，它混合着高度测量、较大物体长度测量、长度单位、尺的应用等一系列相关联的知识，这些知识彼此交错，呈现为复杂的网状。而在学科教学中，知识呈现则相对简单，通常按照"先学习长度单位，再学习测量"的线性逻辑或者是"分单元学习长度测量和高度测量"，把知识割裂开来分块学习。同时，在项目学习中，知识的深度和广度都有进一步扩展。学生会特别深入到与测量桥相关的知识中去，甚至会碰到一些与数学课上测量无关却必须解决的问题。比如，桥的长度和跨度的区别是什么？如何根据测量目标选择合适的测量工具？当站在桥上使软尺下垂测量桥的高度时，遇到风，影响尺的自然下垂怎么办？这些问题既有对测量知识的深化，也有跨学科知识的扩展。

知识的全部复杂性尤其存在于知识的实际应用中。从知识学习的可应用性来看，项目学习一开始就是以问题解决为动机，建构合作小组，寻找解决方案，积累研究成果。项目学习的内容和方式更贴近生活实际、更接近科学研究的真实情境，学生在参与项目学习的过程中形成和积累的知识与核心素养不是人为训练出来的，而是基于知识的全部复杂性自主建构生长出来的，孩子们长大以后，面对与项目学习情境相似的真实的生活和研究情境的时候，更容易被唤醒，更容易参与到研究中去。

如何设计出一个好的学习项目？

一个完整的项目学习活动常常包括问题设计、项目推进和成果展示三个部分。也就是说，项目学习必须以问题为驱动。项目学习的驱动问题一般不是单一学科领域内、知识性的、可以直接得出答案的具体问题，而是需要长时间进行思考和探索的大问题。

例如，江苏省海安县实验小学已经连续三年在五年级开展"桥"项目研究，提出的第一个问题都是：关于桥，你们最想研究的是什么？学生小组在这个大问题框架下进一步讨论提出各种设想，例如：研究桥的种类，研究某一座具体的桥，研究人类造桥的历史发展过程，等等。这些设想往往会成为接下来的研究主题。学习小组确定了研究主题后，组织者需要和他们一起继续追问，例如，如果选择研究一座具体的桥，需要研究这座桥的哪些方面？可能包括要研究桥的长度、高度，桥的外形、力学结构，桥的交通流量，桥的历史、传说，等等。这就把研究主题具体化为几个支撑性的研究领域。接下来，还要进一步将问题引向操作层面，例如：我们是通过查资料还是实际测量的方式得知桥的长度？如果需要实际测量，适宜用什么工具？需要几个人参与？测量时要注意哪些问题？

由此可以看出，项目学习的问题是由一个大问题开始，逐步分解、层层推进，最终形成一个倒树形的结构化问题链。学习者就是在这样不断提出和解决一个个小问题的过程中使自己的认识得到深化，理解变得深刻。在整个过程中，只要哪一个问题还没有具体化到可以研究的程度，老师就需要适时介入，追问学生，引发思考。还有一些问题，完全超出了学生的最近发展区，无法解决，则需要及时删除。

需要说明的是，项目学习最初的大问题应该由学校或老师来确定，这个项目（问题）的水平取决于组织者的教育视野以及对于学生年龄特点、学习水平层次的把握能力。例如，感觉到了西方文化的冲击，我们设计了中国传统文化的研究项目"元旦狂欢节"，以期引导学生文化价值的回归；发现了学生的家乡观念淡薄，我们设计了"舌尖上的海安"项目学习；我们还挖掘出南通是"全国四大风筝产地之一"这一特色，设计了"风筝"项目学习。

在最初的大问题确定后，我们需要对项目的难度作出预评估，目的是使项目与学生相匹配。例如，"飞行物"项目的研究必然会涉及空气阻力、反冲力、重力等诸多力学知识背景，探究难度较大，所以安排在六年级进行；"元旦狂欢节"项目中的"帽子节"活动是从世界各地不同风格的帽子中挖掘不同民族、地域的服饰文化，重点需要学生具备信息检索能力、审美意识、动手制作能力等，与其他项目难度比照后考虑放在四年级实施。如果一些项目需要在全校同时开展，则要根据学生的年龄特点和认知结构、各学科学习水平状况等，针对不同年级提出不同的要求，制定不同的评价标准。

需要注意的是，对于项目学习开展以后会涉及哪些学科领域，每个领域中会涉及哪些知识点，会锻炼和培养学生哪些方面的能力，某一个具体的问题学生最终会研究到什么样的深度，这些方面在项目学习活动设计之初组织者可以有所期待，却绝不应该事先设定。孩子们会往哪里走，能走多远，应该是基于项目本身自然生长出来的。

推进项目学习主要靠"协作"

项目学习的推进既是基于问题的，也一定是协作共生的。项目学习鼓励学生以团队形式应对复杂的问题，并且在问题逐步深入的过程中，可以随时调整和增补学习团队的成员，包括老师、家长、社区志愿者、有关专家都有可能被邀请加入到相关的学习团队中，共同解决问题。

学生进行项目学习主要有两种方式——尝试、交流。生生协作进行尝试、交流的过程是不断循环往复的，每次交流和尝试的时间并无限制，而以项目解决或确认项目在能力范围内已无法进一步深入为终止依据。因此，项目学习活动时间带有不确定性，根据研究的进程，一天、一周或者一个月、一学期都有可能。学生有可能打破班级的限制，重新构建合作学习小组，甚至可能有不同年级的学生加入同一小组。

为了实现学生之间顺畅协作，项目学习的组织形式就需要打破传统班级、课时等限制。海安县实验小学常常用两种方式来组织项目学习：一种是以"项目活动周"的方式，学校集中拿出几天时间，不按课表、班级上课，让孩子们自由组成学习小组，学习进程究竟推进到哪里，由各个学习小组自行把控；另一种贯穿学期始终，每个星期拿出两节课或半天的时间，作为项目学习的集中研讨时间，具体的研究和实践则由各个学习小组自行安排在课余时间进行。

在项目学习当中，师生协作重点在于老师的"收"。项目学习中的一切都带有不确定性，项目的推进是在讨论、思考和实施中不断生长、不断修正的。教师团队和学生通过商讨确定了大的项目内容，接下来研究的方向、需要的时间和支持、可能遇到的困难等都不在老师的掌控之下。老师只是一个学习的同行者，一个敏锐的旁观者，在学生学习进程陷入泥沼的时候及时给予鼓励，根据需要给予学生一些解决问题的参考思路。

在项目学习实际推进过程中，师生协作容易出现两个方面的问题。一方面，有的老师在初步确定研究问题后，代替学生规划最终项目成果展示的方案，主导项目学习进程。这种简单粗暴的处理方式消解了原本应该由学生自由讨论、确定研究方向、经历研究历程的自主生长式学习过程，使项目学习演变成一种另类的表演。另一方面，很多学生更喜欢通过老师或者网络搜索提供的间接经验进行项目研究，不愿意从事开创性的劳动，通过亲身的实践和体验获得第一手资料。这两方面问题都是项目学习的组织者在项目实施过程中应该重点关注和及时指导的。

基于项目的开放性，项目学习有时需要借助更为专业的力量协作深入推进。例如，在"桥"的项目学习中，有的学习小组为了测量桥的载重量，最终和全国有名的桥梁专家进行了视频通话；有的小组为了对比不同时段的车流量，到交警大队调用了桥头的监控视频，和交通局的技术人员一起反复测算不同时段的车流量。这些跨年龄、跨领域、跨地界的协作，拓宽了学生们的思路，增强了他们的合作意识和能力。

项目学习评价的两个维度

项目学习一般以成果的展示作为活动的结束。在项目结束时，学习者以团队的方式展示他们的活动，展示的方式因项目活动的内容而异，由项目组织者和学习者讨论商定，展示的对象可以是其他小组的学习伙伴，也可以是家长、社会人士等学校以外的人员。学习小组的研究成果是否可信，是否得到大家的认可，是衡量其项目学习效果的重要标志。

例如，"桥"项目学习的成果展示是多种形式的。我们在学校的主干道两侧搭起近百个展位，学生可以向老师、同学展示自己的研究成果，包括关于桥的书法、诗歌、歌曲、模型，甚至有的小组拍出了关于桥的微电影。每个展位设置了一个评价板，看展的来宾每人发 20 张"点赞卡"，可以选贴在自己认为最好的展位评价板上，这是一种评价。学生们把项目学习成果上传到互联网，有的小组制作的某座桥的简介通过了百度百科的审核，可供所有人阅读下载，这也可以作为评价依据。

当然，除了对于学习成果的评价，项目学习还需要对每一个参与者的表现作出精细化的评价，关键考查学生在学习过程中的参与程度、在团队中的贡献程度、有没有独特的精彩观点和重要的贡献等。

例如，针对"飞行物"项目，我们设计了《介绍飞行物评价量表》，包括研究和介绍设计、交流、协作、项目管理四个指标。对于每个指标都要明确告诉学习者什么是"需要避免的错误或行为"，什么是小组学习应该达到的"基本要求"，什么是可以获得加分的"优秀水平"。比如在"协作"方面，"没有为所有成员创造分享想法的机会""没有公平地分配工作""没能充分利用委派任务的机会"是需要避免的错误或行为；"倾听并尊重每个人的观点""相对公平地分配工作""根据成员各自的强项委派任务"是基本要求；"整个过程中保持富有成效的合作关系""在合适的情况下，考虑到每个人的需求""团队协作所创造的成果远远超过任何个人所创造的成果"被视为优秀水平。

学习者将带着评价量表开始学习，学习过程中根据量表的要求随时调整自己的研究态度和努力方向，最终评价结果将结合自评、组内他评和成果展示的情况综合确定。

（作者单位系江苏省海安县实验小学）

（本文原载于《人民教育》2016 年第 11 期）

集成式 STEM 教育：破解综合能力培养难题

叶兆宁　杨元魁

　　20 世纪末，以美国为首的西方国家在高校发起了一场重点围绕 STEM（即 Science，Technology，Engineering，Mathematics）的教育改革，后来逐渐拓展到 K-12 阶段，旨在通过加强科学、工程、技术和数学教育中创新人才培养的力度，提升国家的综合国力。

　　STEM 教育综合了科学、技术、工程与数学等学科，具有跨学科、跨领域的特点。科学研究在于认识世界、解释自然界的客观规律，主要解决自然现象"是什么""为什么"的问题；工程与技术则是在尊重自然规律的基础上，改造世界，满足人类社会发展需求，回答社会实践中"做什么""怎么做"的问题；数学则是科学、工程和技术发展必不可少的工具。

　　随着 STEM 教育的发展，"集成式 STEM"的概念逐渐明晰。"集成"强调四个领域之间的关联及有目的、有方法、有系统的融合。科学与工程问题是课程的主线，通过其创造出一个多维的空间，从而为学生提供一系列具有一定程度关联性的学习经历。学习的目的在于通过探究科学现象和解决实际问题达成认识和技能的发展。数学和技术既是研究中必不可少的工具，也是重要的学习内容，恰当的教学设计可以使四个领域的学习相互促进、协调发展。在 K-12 阶段，由于工程教育并不完全独立，科学教育就成为实践 STEM 的重要阵地。

"集成"，强调知识和技能的融会贯通

"集成式 STEM"课程目标强调五个方面，包括 STEM 素养、21 世纪技能、STEM 的工作愿景、兴趣和参与性，以及连接 STEM 学科的能力。

其中，STEM 素养和 21 世纪技能是两个高层次的目标。人们大多将 STEM 素养看成科学素养、技术素养、工程素养和数学素养的统称，这四方面素养是密切联系的，通过 STEM 素养和 21 世纪技能两项目标的达成，学生应该做到：理解科学、技术、工程和数学对当代社会的重要意义；至少熟悉每个领域涉及的基本概念，并能较为熟练地运用这些概念与原理；发展学生在认知（批判思维、创造性）、人际交往（沟通、合作）和个性特征（灵活性、主动性、元认知）等三个方面的基本素养。

"连接 STEM 学科的能力"，是学生跨学科的基本能力，具体包括：识别和运用一些在不同学科领域中具有不同含义和用处的概念；在 STEM 实践中使用不同学科的知识；通过在两个或更多学科间实践的连接来解决一个问题或完成一个项目；当一个概念或实践以综合的方式展现时，能够识别各个领域的内容；利用学科知识来支持关联的学习经验，并知道在何时使用。这一目标尤其突出"集成"的特点，不仅要求学生学习每个领域的知识和技能，也学习如何将这些知识和技能融会贯通到其他领域中，或将一个领域的方法和技能用于解决另一个领域的问题，从而实现跨学科、跨领域人才的培养。

基于问题、基于设计和基于项目的学习

在 STEM 教育的课堂上，教师可能提出一个问题，然后要求学生组成探究小组开展原创性研究。在研究过程中，学生要使用各种技术和方法搜集信息、证据和数据，分析数据，设计、测试和改进一个问题的解决方案，然后与其他同伴交流研究成果、分享信息。这样的教学情境，强调对学生的设计能力与问题解决能力的培养。

STEM 教育的本质是在众多孤立的学科中搭建一座新的桥梁，从而为学生提供整体认识世界的机会，通过把这四个领域学科知识和技能的教学整合到一种教学范例中，使学生学习的零碎知识变成一个相互联系、相互统一的整体，这样就消除了传统教学中各学科知识割裂、不利于学生综合解决实际问题的障碍，形成一种跨学科的学习方法。

因此，与传统教学不同，"集成式 STEM"的教学方式更强调以学生为中心、强调学习经历和结果的开放性，经常使用多种方式的基于问题、基于设计和基于项目的学习。

1. 基于问题研究的教学

将实际生活中的实例引入课堂，在科学探究的过程中通过问题引发科学、工程和技术的实践是值得借鉴的一种教学方式。"基于太阳能电池的探究性活动"的教学案例，将工程引入常规的科学课，进行为期一周的用于支持数学、科学和工程课程学习的太阳能主题活动。

（1）活动准备。

教师通过访谈了解学生对太阳能电池的理解情况，如询问学生："太阳能电池产生的电量是否依赖太阳光的照射量？""如果你要使用太阳能电池作为电源，你要做些什么才能使太阳能电池产生尽可能多的电量？""气温的不同是否会影响产生的电量？"……通过访谈，教师了解到学生对太阳能电池并不陌生，他们能观察到周围有很多地方安装了太阳能电池，很多学生知道太阳能电池是依靠光线产生能量，但大多数学生将太阳光照射产生的热量作为太阳能电池产生电能的条件，而且错误地认为在炎热的天气中太阳能电池能产生更多的电能。

（2）太阳能小车装配。

在正式的探究活动开始前，教师对学生以小组为单位装配太阳能小车的活动进行了观察，发现学生在运行和使用小车时暴露出不少问题：他们会拿着小车站在背光的地方，或是围着小车研究为什么马达不转而不知道这样做其实挡住了光；他们会把小车拿到有坡度或不平整的地方，然后解决不了小车突然停下来的问题。在遇到这些问题时，教师并不急于指导，因为基于问题的 STEM 教育的优势就在于让学生自己想办法，寻找帮助，最终解决遇到的实际问题。

（3）太阳能电池的活动。

接下来，教师设计了两个基于问题的活动来帮助学生。一是使学生形成对阳光入射角与太阳能电池关系的概念，"当你减小光线入射角度时，电流如何变化？" "哪个角度产生的电流最大？" "电流与太阳能电池上光线入射角的关系如何？" 学生思考这些问题，再通过实验测量不同光源照射角度时太阳能电池产生的电流值来了解阳光入射角与电池电量的关系。第二个活动是帮助学生建立不同温度下太阳能电池电量产生情况的概念，通过使用电吹风、冰袋、暖手宝等材料，在保持光源垂直照射太阳能电池的条件下测量产生的电流大小。这个活动中，学生经历了对比实验设计、实验操作、数据收集与记录、讨论等探究过程，教师促使学生思考"在哪种条件下产生电流最大？" "加热或降温状态下，电流如何变化？" "太阳能电池产生电能依赖于温度吗？" "支持你的回答的证据是什么？" 等。

（4）太阳能小车的改进与比赛。

对太阳能电池的探究活动支持着学生对实际问题的思考，他们很快将实验探究的结果运用于实际，包括对太阳能小车外形的改进和对测试场地的研究。在课程的最后，教师带领学生进行了一场赛车活动来展示学生的研究成果，并通过交流活动来了解彼此的经验和想法。

2. 基于设计的教学

工程设计是工程师解决问题的基本方法，涉及许多不同的实践过程，如问题界定，模型开发和使用，数据的研究、分析和解释，数学和计算思维运用，确定解决方案等。这些都与解决实际工程技术问题密切相关。

基于设计的课堂活动可以综合科学、技术、工程和数学四个领域，在学生学习科学与数学内容和实践的同时开展技术和工程的学习。通过计划、创造、检测、分享等环节，帮助中小学生理解工程设计的基本步骤和要点。这里介绍一个面向三年级学生，讲关于灾害天气和科学内容与工程设计流程相结合的教学内容。在学生已经学习了有关天气基本知识的前提下，教师利用当地正在遭遇的一次强暴雨天气，结合对灾害天气的了解和预防，设计了为期一周的 STEM 活动。

（1）计划。

这一环节是让学生获得完成设计任务所必需的背景知识。因此，学生在笔记本上写出他们曾经经历过的灾害天气，相互交流自己的感受，再通过观看有关视频资料，总结包括龙卷风、暴雨、飓风等天气的特点，了解测量天气的工具以及不同的数据图表。接着，教师给出一个设计挑战：设计和创造一个建筑物，让它承受一种给定形式的灾害天气（雷暴、飓风或龙卷风），要求利用能循环使用的材料，建筑物宽度小于 40cm，高度小于 30cm，有底座、侧面和顶。

学生以小组为单位讨论：选用哪种材料、做成什么形状等，教师要求学生把小组设计的建筑物画出来，并在图上标注出计划使用的材料和工具。

（2）创造。

通过两天的设计和讨论，第三天学生开始搜集材料，并着手搭建他们的建筑物。教师通过天气警报的方式将有关信息发给每个小组，学生据此判断他们的建筑物可能遭遇哪种灾害天气，并搜集更多的材料改进他们的建筑物。教师要求学生回顾设计的要求和标准，以及灾害天气的类型和特征，让学生思考建筑物可能遇到的危险，在学生操作时，教师可给予适当的帮助。

（3）测试。

在这一环节，各种各样的工具被用于测试建筑物的稳定性。吹叶机被用于模拟飓风和龙卷风，冰用于模拟冰雹，水龙带用于模拟暴雨。在测试过程中，教师继续询问学生他们预计会发生什么、能观察到什么，教师鼓励学生记录他们的建筑物出现的问题，并将这些问题和灾害天气的强度联系起来。

（4）分享。

在这个环节，小组讨论他们的结果以及他们还可以进行哪些改进来保护他们的建筑物。教师帮助学生在交流时组织自己的思维，并为其他小组提出积极的建议。

可见，基于问题的学习主要呈现科学探究的环节与特点，以问题为导向；基于设计的学习则着重以工程设计环节为线索，以设计为导向。两者都围绕一个具体的科学概念的建构和运用来展开，以其为主线，将与之关联的科学、技术、工程和数学部分联系到一起。基于项目的学习则是前两者的综合，以项目研究为切入点，根据研究的需求选择科学探究或工程设计的学习方式，也可二者兼有。

如何在"集成式STEM"教育中实现创新人才培养？

以上两个案例是在K-12阶段将STEM教育与科学教育融合的典型实例，也充分证明，要实现"集成式STEM教育"关于解决问题和创新技能培养的目标，融合的教学方法有着一定的优势，这也是创新人才培养落实在K-12阶段的有效途径。

1. 建构跨领域概念和技能之间的连接，让学生持续地学习

认知神经科学对人类学习过程的研究发现，儿童具有强大的学习能力，儿童的科学、技术、工程和数学素养的基本认知与技能发展可从小开始培养。然而，要对关于世界的科学解释形成透彻的理解，学生需要有数年而不是几个星期或几个月的时间，来持续地接触和发展基本概念以及体会那些概念的相互联系。这就需要我们在激发学生的学习兴趣和动机的基础上，让学生持续地学习。

而且，学习是建立在学生已有经验的基础上的，"集成式STEM"课程与教学的重要任务即帮助学生进行跨领域概念和技能关联的建构，实现知识与方法在不同领域情境间的运用。如在太阳能电池的案例中，只有学生将光线入射角度的科学概念与工程中电池板安装角度的设计建立起关联，才能解决如何让小车获得最佳电能的实际问题，加深学生对光能和热能转化条件的理解。

同时，不同领域间概念的关联也激发了学生进一步学习的动机。在学生的知识水平或技能不足时促使其形成下一步学习的目标，将以往书本上

或教师给定的学习任务转化成为解决某个问题而必须完成的任务，可以有效提升学生学习的兴趣和主动性。

2. 有效实现知识间的迁移

学生的迁移能力是学习的一个重要标志。从一个情境到另一个情境、从一组概念到另一组概念、从一个主题到另一个主题、从一个学年到下一个学年、从学校课程到日常生活，初始学习的质量、情境、问题的表征、元认知等都是影响迁移的因素。

"集成式 STEM"对学生知识迁移能力的培养是显而易见的，跨领域的实践为其提供了良好的契机。学生要想解决工程实践中遇到的实际问题或任务，需要用到科学原理、数学和一定的技术。在这样的情境下，在问题或任务的驱动下，原理、工具、技术的使用变得有目的、有需求，学生也能将具体学科的情境与工程实践情境相联系，实现跨领域间知识的迁移。同时，学生对各个领域过程与方法的理解在"集成式 STEM"的活动过程中得到统一，诸如模型的使用、数据的收集与分析、图表的选择与绘制、总结交流与讨论等。

3. 在真实和开放的情境中学习，促进学生创造能力的提升

关注现实问题是工程与技术教育的特征，也是"集成式 STEM"的必然特征。从真实情境中学习，来自实际生产生活的问题使得学生的学习路径是开放的，其探索结果也是开放的，不存在唯一正确的答案。评判结果的标准来源于实践，来源于问题解决的程度，如所设计的建筑物是否能通过检测、太阳能小车是否能达到规定的运动距离等。因此，教师的关注点从学生回答问题的正确性转移到解决学生遇到的困难上，而学生学习的关注点也从是否能给老师一个满意的回答转移到实际任务的完成上。此外，解决问题方法的多样性促进学生批判性思维和创造性思维的发展，促进了学生对所学知识与生活实践关联的理解，这也是工程技术素养的重要指标。

4. 实践是主要的学习途径

培养学生综合解决问题能力是 STEM 教育最重要的目标，无论是科学问题，还是工程与技术问题，抑或如何运用数学的问题。在 STEM 教育的课程中这些问题都被一个或一组具体的、与学生日常生活相关的情境或问题连贯起来呈现在学生面前，再通过学生的科学和工程实践发现解决问题的方法、实践解决问题的途径、分析解决问题的结果、评价解决问题的方案。因此，在"动手做"和"动脑思考"中才能实现 STEM 素养的培养，实践是其主要的学习途径。

（本文由教育部人文社会科学研究专项任务项目——"基础教育阶段加强工程技术教育的国际科学教育比较研究与实践"资助，项目号：14JDGC021。）

（作者单位系东南大学学习科学研究中心、
儿童发展与学习科学教育部重点实验室）
（本文原载于《人民教育》2015 年第 17 期）

创新实验室"新"在哪儿？

——上海市格致中学 FabLab 创智空间建设实践

何　刚

实验教学的新理念：跨界融合

随着课程改革的不断推进和深化，物理、化学、生物等学科的实验教学也在与时俱进。上海市格致中学在保持传统的基础上，通过组建跨学科的创新教研组，以"格致 FabLab 创智空间"这一创新实验室为载体，突破单一学科的限制，整合资源，跨界融合，不断寻求实验教学的创新与突破。

FabLab 创新实验室是一项源自美国麻省理工学院的教育实践研究项目，在美国有"创新梦工场"之称。格致 FabLab 创智空间是麻省理工学院与中国大陆学校合作创设的第一家创新实验室。实验室建设以为学生提供创意设计、实体加工、项目学习、个性制造、专题研究之空间为主要目的，凸显集创意、设计、加工、制造、展示等环节于一体的总体设计理念。同时，以课程开发与课程实践提升学生的问题解决能力、沟通协作能力、创新素养、媒介素养和数字素养为主要目标。

与传统实验教学相比，FabLab 创智空间的实验教学呈现出一体化特色。首先，实验室具有系统、成套的硬件设备配置，配备了 3D 桌面机和 3D 扫描仪、激光切割机、精密雕刻机、3D 打印机等各类数字制造设备，可充分满足一个教学班的教学和实践活动，充分满足学生从创意到设计实施的全过程。其次，基于FabLab创智空间开发了层次分明的"格致创意课程"体系，既面向全体学生开设劳动技术基础型课程，又面向有选修意向的学生开设"3D打印创意制作"拓展型课程，还面向资优生开展科技创意类专题研究指导。再次，为激发学生对创意设计的兴趣与钻研，采取了任务驱动、校内作品选拔、校外参赛展示等系列举措，全方位磨炼学生的刻苦钻研精神、问题意识、协作能力与表达素养，初步树立了学生追求完美、精益求精的"工匠精神"。

创新实验室里的学习有什么不一样？

格致FabLab创智空间建设，从校本课程开发、实验室环境与设备建设、教学实施等三个方面入手，整合资源，实现实验教学的突破与创新。

在课程开发方面，以开放、多元内容的整合实现多维目标。

学校传统实验教学基本以单一学科为知识基础，强调实验的规范性、程序性及可预见的实验结果。FabLab创智空间的实验教学，在原有的物理、化学、生物、地理等学科创新实验室建设的基础上，尝试基于一门或几门核心学科，开展跨界、多领域的实验教学实践。

以格致创意课程体系中拓展型课程"3D打印创意制作"课程为例。课程内容可分为基础理论、软件应用与实体制造三大类（参见表1），知识涵盖广泛、循序渐进、衔接紧凑，自成体系。课程内容的多元和开放有助于实现实验教学的多维目标。知识与技能维度：了解3D打印技术的发展历程、应用范围与发展前景；运用3D Design和Meshmixer设计软件进行创意设计；熟练运用数字切割机对木板、有机玻璃等材料实现创意图样的切割。过程与方法维度：在观察3D打印的过程中，思考归纳3D打印技术的基本原理；通过对比制造出的实体与设计图样，总结一些有助于改善实体制造美感的图样设计经验。情感态度价值观维度：培养观察与实际动手能力，开拓视野前沿科技；产生对3D打印技术的钻研兴趣，形成热爱创意设计的心理体验。

表 1 "3D 打印创意制作"课程内容

核心内容	内容分类
PLA、ABS 耗材的选择	创意制作的基础理论与基本认识
Makerbot Replicator 打印机常见问题及解决方法	
3D 打印技术的历史与现状、3D 扫描仪的使用	
3D Design 软件的基本使用及建模实例 6 则	创意制作软件的基本应用
Meshmixer 软件的基本操作与实际应用	
Creo 软件的基本操作与实体建模	
生活实物小模型制作：小椅子、眼镜、花盆、家具	创意设计的实体制造
学习工具小模型制作：艺术笔、笔筒、台灯、风扇	
娱乐工具小模型制作：溜溜球、飞机、小车、充电器	

在实验室环境与设备建设方面，创设适宜创造的学习环境。

格致 FabLab 创智空间由一楼和地下层两大区域组成，面积约 200 平方米。在空间功能设置上，一方面强调传统实验教学的动手操作，设置了组装制作区、3D 打印区以及由数控机械、激光切割机、电子制作、传统机械等组成的制造加工区。另一方面强调创造过程中的交流与展示，设置了教学区，可满足 45 名学生的常规教学需求，教师和学生在该区域以基础知识的传授和学习为主，通过投影等多媒体设备也可进行展示和交流；讨论区配备了环形会议桌椅和 30 余台装备了各类创意设计软件的台式计算机，便于学生进行设计前的交流讨论和借助计算机软件的创意设计；此外，两个楼面还根据教室的空间布置了学生作品展示区，可将学生制作的优秀创意作品及各类获奖作品进行展示。

在教学实施方面，突出以学生为中心的学习。

基于创新实验室开设的课程，作为限定性选修课纳入课表，面向学校高一、高二年级全体学生，而不是只为少数学生开设的课程。这种课程的突出特征是坚持学生在课程实施进程中的"自由选题、自主探究和自由创造"。比如，与以往课程相比，研究型课程在教学模式上具有独特性。研究型课程"创意设计"主要通过学生自主研究项目的形式开展，学生在课程开始前提交研究主题与研究方案，得到教师认可后即可带着各自的研究主题进入 FabLab 创智空间。教师主要是在项目研究遇到瓶颈时对学生进行点拨与指导。因此，研究型课程"创意设计"的课程内容之外延较为宽泛，现已完成的研究型成果案例包括学生团队自发研究制造 3D 版的学校微信平台二维码、学生团队自制的"格致跑鞋"纪念挂件等。

课程的实施类型按照内容可分为课题研究和活动设计两类。课题研究类包括调查研究、实验研究、文献研究等，重点在于认识世界。活动设计类包括社会性活动设计和科技类项目设计，重点在于操作实践。以上两类课程的组织形式包括小组合作研究和个人独立研究两种。小组合作研究通常以 1～2 名学生为项目负责人，召集核心成员，组成课题组。这是我校最常见的形式。个人独立研究对学生的能力要求较高，对于中学生而言难度较大，通常不推荐这种形式。

创新发展的实验室管理机制建设

格致 FabLab 创智空间沿用了 FabLab 标准的团队化管理模式与运行机制。团队由实验室主任、技术主管、运营主管及专家指导团队组成。实验室主任由我校科技总辅导员兼任，技术主管由创意课程的授课教师担任，运营主管由实验员担当。团队主要由 6 位教师组成，其中，专职授课教师 4 名（黄浦校区、奉贤校区各 2 名），专职实验员 2 名（黄浦校区、奉贤校区各 1 名）。

课程由学校专门成立的创新教研组负责日常课程实施和管理。我校的创新教研组成员由物理、化学、地理、生物、艺术、体育等多学科教师组成，这些教师干劲足、能力强，善于组织和指导学生开展形式多样的研究性学习，是我校创新性实验教学的骨干力量。创新教研组教师对学生进行课题研究辅导，包括选题、方法、实施、结题方面的具体指导等。创新教研组是课题研究类课程的具体负责人，是学生开展相关课题研究及学习的执行者、组织者和评价者，负责学习活动的方案制定、考核评定及活动过程管理。

教科研室负责课题研究类和活动设计类课程的顶层设计及实施指导，

对相关教师进行培训、咨询和指导，负责校内外协调工作。在其组织下，我校课程实施团队的骨干教师先后赴美国麻省理工学院实地学习 FabLab 创新实验室的基础建设、设备使用、课程开发与学生指导，不断提高创意课程实践的教学能力与素养。

教导处负责制订课题研究类课程的教学计划，统一布置各阶段的教学工作。制定有关研究型课程的教师管理方案，具体布置、落实、检查教师履行研究型课程管理职责的情况，做好与研究型课程实施情况有关的档案管理工作。

德育处负责活动设计类课程的方案制定、人员安排、活动实施、考核评定及活动资料的收集与整理。通过年级组长和班主任进行研究性学习的班级组织管理工作。

学生自主选择校内外指导教师。学生可以邀请校内教师担任研究性学习的指导教师，参与课题研究过程，对研究性课题进行全程指导，为学生提供帮助、建议和鼓励，并具体指导学生最终整理、撰写出论文或形成其他研究成果，对本课题成员作出学分评定的初步意见。学生也可以通过学校聘请校外专家给予高端指导。FabLab 创智空间落成之初，我校便成立了专家指导团队，团队成员包括 FabLab 创始人尼尔·哥申菲尔德（Neil Gershenfeld）教授、美国麻省理工学院张曙光教授等国际知名专家，以及市、区教育主管部门与高校、科协等专家团队。在 FabLab 创智空间投入使用后，专家指导团队成员多次来我校实地指导学生的创意实践活动。

学生组长负责课题研究类和活动设计类课程的具体实施。组织成员进行课题研讨、任务分工、组织协调、报告撰写、项目展示等。对参与的社会实践活动和社区服务活动进行人员联络、场地安排、任务实施等具体管理。

在建设格致 FabLab 创智空间的同时，我校还积极推动创新实验室的推广与科技教师的协作教研，于 2014 年 11 月牵头成立了中国 FabLab 校际联盟，成员单位队伍不断壮大，并且在 FabLab 实验室建立同步视频互动系统，可同时与联盟学校实现异地同步授课与沟通互动，搭建了成员学校科技创意课程教师的交流平台，有助于课程实施教师之间的教研沟通与协作支持。

此外，我校积极组织各类校内、校外科技创意比赛，鼓励学生在任务驱动下开展创意设计实践，为学生科技创意作品的展示交流搭建舞台，同时也以此机会发现优秀的学生创意作品。比如，2016年，我校再次组织了面向两个校区全体学生、以"城市交通"为主题的校内科技创意作品征集活动，共收到作品58件。大部分作品制作精良，且运用到跨学科知识与方法，将现代信息技术与工程制造紧密结合。我校选派了两支参赛队作为代表，参加2016年5月在中国FabLab校际联盟成员学校——福建省泉州市第五中学举行的"第二届国际青少年（中国泉州）科技创意大赛"，在更高规格的比赛中交流学习国际青少年科技创意作品的先进经验，锻炼学生队伍的创意表达与沟通交流能力。最终，在来自全国11个省市的28支参赛队中，我校学生团队的参赛作品《城市交通地下化》获特等奖，参赛作品《基于App智慧云端中枢交通系统》获一等奖。

（作者单位系上海市格致中学）

（本文原载于《人民教育》2017年第7期）

第二辑

还应该学习什么？

全球化时代，我们如何进行国家认同教育？

马文琴

国家认同指个人确认自己属于哪一个国家以及对这个国家产生归属感、依恋感的心理过程，是一个国家的成员对所属国家的文化传统、历史、国家主权、国家制度、政治主张、价值观念、理想信念等的认可而产生的归属感。

概括起来，国家认同的维度主要包括：政治认同、文化认同、历史认同、语言认同。对于中国这样一个有着悠久历史的大一统多民族国家而言，政治认同是国家认同的关键，文化认同是国家认同的核心，历史认同是国家认同的根基，语言认同是国家认同的基础。

国家认同不是与生俱来的感情，需要构建

国家认同不是与生俱来并且一劳永逸的感情，教育是构建国家认同的重要途径和有效方式。世界各国无不重视对公民的国家认同教育，希望通过学校教育培养一种凝聚的国家意识。正如德国著名教育家凯兴斯泰纳所言："国民教育的最后目标，就是教育人们获得某种国家意识。"

然而，当世界步入全球化时代后，国家认同教育面临新的任务和挑战。

英国著名学者安东尼·吉登斯曾言："我们有更充分更客观的理由认为，我们正在经历一个历史变迁的重要时期。而且，这些对我们产生影响的变迁并不局限于世界的某个地区，而几乎延伸到了世界的每一个角落。"吉登斯

所指的"重要时期"就是全球化时代。全球化时代在推动人类社会发生巨大变革的同时，也在改变、瓦解和重塑着人们的认同。

在这个时代，为了吸引中国优秀人才，各国不断出台利好政策（如赴美签证条件放宽、设置奖学金项目、赴澳读高中可免雅思成绩、难度降低的初中版托福为越来越多的学校所认可等），以吸引中国学生去国外留学。

目前，中国已经成为世界第一大留学生输出国。随着出国留学人数的快速增长，近年来本科及以下留学人数增长，留学低龄化趋势日益明显。据2012年中国国际教育展期间的调查报告显示，在计划出国留学的学生学历层次方面，本科生占51%，高中生占38%。高中生已经成为一个较大的出国留学人群。从留学国家来看，中国学生留学的主要国家分别是美国、英国、澳大利亚、加拿大，四国的留学人数约占总留学人数的70%。

21世纪，科技进步日新月异，知识更新步伐加快，各国综合国力的竞争归根结底是人才的竞争。西方国家大量招收中国优秀留学生的主要目的，就是在新一轮的国际人才竞争中取得先机。他们意欲通过吸引低龄留学生提前储备人才，先以优质的基础教育和高等教育吸引其留学，并潜移默化地影响其世界观、人生观和价值观，学成后再以高薪和良好的科研条件"诱"其留在本地就业。

一些学者呼吁，低龄留学日益增多，对我国长远发展并非好事。低龄留学生观念不成熟，缺乏是非分辨能力，很容易被西方文化同化，对国家和本民族的认同感可能会减少，难以找到归属感。因此，我们更需要在中小学阶段加强对学生的国家认同教育，培养他们的政治认同、文化认同、历史认同感，让他们成为不论走到哪里都保留有中华文化之"根"的有用之材。

同时，在全球化条件下，一方面，以美国为首的西方国家对我国从来就没有放松过政治渗透，他们凭借着经济、科技和军事领域的优势，传播西方资产阶级思潮，肆意歪曲社会主义意识形态，加紧对我国实施西化、分化的战略。另一方面，我国正处于社会转型时期，民族关系复杂，社会阶层分化，利益多元分化，价值呈现多元化。面对多重挑战，如何维护国家文化安全、巩固意识形态统一，如何促进公民对国家的认同、维护社会统一团结显得十分迫切。

"要防止产生社会离心力，促进社会的整合和团结，不仅要有一套解决社会冲突的整合机制，还要通过一套有效的教育方式来培植公民共同的国家认同感。通过加强国家认同教育来增强公民的民族自信和国家自信，在当今时代有着重要意义。"①

国家认同教育渗透在多个领域之中

中小学阶段，可以通过哪些渠道去培养和增进学生的国家认同意识？我以为，至少可以包括以下渠道：

1. 通过思想政治教育增强政治认同

"政治认同作为国家认同的核心内容，在形塑强烈的国家认同感方面起着十分重要的作用。国家的稳定有赖于公民的政治认同，政治认同也因此构成国家政权系统合法性的源泉。"②

中小学思想政治教育是增强学生政治认知、提升学生政治认同感的重要途径。当前我国中小学的思想政治教育由于受到应试教育等因素的影响，教育内容空洞乏味，教育形式呆板，实效性不强。2013 年的一项调查表明，有部分中学生在我国国体——社会主义基本制度，以及我国政体——人民代表大会制度的认同上存在困惑，53.1% 的中学生认同社会主义制度比资本主义制度好，8.5% 的中学生表示不赞同或者很不赞同，38.4% 的中学生表示说不清楚。超过半数的被调查中学生不了解社会主义核心价值。③

中小学生是未来国家政治生活的参与者，他们现在对国家政治生活的理解将直接影响其未来参与国家政治生活的态度和行为。在全球化背景下，西方外来文化、价值观念、生活方式对我国中小学生的政治认同感形成了

---

① 曾水兵，檀传宝.国家认同教育的若干问题反思 [J].中国教育学刊，2013（10）.

② 冯建军.公民身份的国家认同：时代挑战与教育应答 [J].社会科学战线，2012（07）.

③ 曾水兵，班建武，张志华.中学生国家认同现状的调查研究 [J].上海教育科研，2013（08）.

较大冲击。一些学生丧失了政治信仰，对政治认同产生了怀疑。要改变这一现状，必须进一步加强和改进中小学思想政治教育，不断完善教学方式，不断提高中小学生学习政治的兴趣，增强他们的政治认同，提高他们的思想政治素质。

2. 通过传统文化教育增强文化认同

文化认同是国家认同的心理基础。然而纵观当下，我们忧心忡忡地发现，外来文化从精神到躯体，已经渗透到孩子生活的方方面面。孩子们过的是圣诞节、愚人节，吃的是肯德基、比萨饼，穿的是耐克、阿迪达斯，看的是米老鼠、奥特曼，崇拜的明星是乔布斯、科比，一心一意想着出国留学、海外定居。一项关于中学生文化认同现状的调查表明，25% 的中学生认为学习《论语》是没有价值的。与传统节日相比，48% 的中学生表示自己更喜欢过西方节日。与国产剧相比，58.1% 的学生表示更喜欢看国外影视剧。①

在全球化时代，要抵制文化帝国主义入侵，最好的办法就是将本国的传统文化价值观念深深地根植于广大人民，特别是尚未形成完整牢靠的价值体系的青少年的心中，使他们不断接触、理解、牢记，进而尊重、欣赏它们。② 由此，中小学必须认识到中华优秀传统文化教育的重要价值，进一步完善中小学优秀传统文化教育，通过全面系统和深入细致的学习，继承传统文化精华，促进其在当代有所更新、有所发展，以绵延中华数千年文明之精粹。

3. 通过历史教育增强历史认同

"对一个国家的历史的了解是建立历史认同的基础。历史是集体记忆的一种形式，没有这种形式，一种集体的认同感是不可能的。"没有历史，一

---

① 曾水兵，班建武，张志华 . 中学生国家认同现状的调查研究 [J]. 上海教育科研，2013（08）.
② 石中英 . 学校教育与国家文化安全 [J]. 教育理论与实践，2000（11）.

个社会就不会对自己的历史起点、它的核心价值观以及过去的决定对当前的影响有共同的记忆；没有历史，就不能对社会中政治的、社会的或道德的问题进行合理的判断。只有营造共同的民族记忆，分享共同的喜庆，分担共同的苦难，才能树立国家认同。

当今世界，各个国家无论采取哪种途径，首先是在知的层面告诉学生国家的历史和现实状况，在了解国家历史的基础上，再培养学生的民族自豪感和归属感，进而培养学生热爱祖国的情感。韩国十分重视对学生进行历史教育。韩国政府以法律的形式规定，历史教科书应在内容上强调本民族的主体意识，培养民族自豪感和责任感。不论是初中还是高中的历史教科书，都紧紧围绕"高丽民族诞生、发展和朝鲜半岛政治版图的变迁"这一主题，向学生反复灌输"韩国国家观"，让学生了解本民族历史，激发学生的民族感、国家自豪感。①

美国政府和教育部门也十分重视对青少年的历史教育。凡是为民族、国家在政治、经济、军事、科技文化教育方面作出贡献的人物，政府都很重视对他们的宣传，并将其作为一个民族、一个国家重要的精神财富加以珍惜，为他们建纪念馆、树纪念碑，出版著作或拍电影、电视，让青少年一代以英雄人物为榜样，学习英雄们为国奉献的精神。在全球化时代，中小学历史教育不但不能削减，反而应当大大加强，从而使学生增强历史使命感，自觉去捍卫国家利益。

4. 通过母语教育增强语言认同

国家认同的基础是文化认同，语言尤其是母语无疑是一个国家最重要的文化标志。母语是民族文化的根基和纽带，正是母语在被使用过程中滋生了文化，创造了文化。母语是民族文化认同的载体，认同母语就是认同民族、认同文化。

全球化背景下，很多国家都深刻认识到母语教育在传承民族文化中所

---

① 陈辉.强调国家历史认同是历史教育的常识[EB/OL].http：//www.snedu.gov.cn/sxjy/234/201307/10/2066.html.

起的重要作用，对母语教育倍加重视。法国非常重视母语教育，通过采取各种措施推广法语来捍卫法兰西文化。在法国许多中小学，法语学科所占的比重甚至超过半数。在法国初小一年级，法语每周为9~10课时，占每周学时总数的35%～38%，比数学多出4~4.5课时。

美国中小学对母语教育也十分重视。学生从进入K年级（幼儿园）开始一直到高中毕业，每天至少要有一个小时的母语学习时间。小学生母语教学的时间一周是950分钟。小学英语从音标开始，逐渐掌握读音和拼写规律，不断扩大词汇量；在高年级则着重训练阅读和口头表达，还会进行大量的英语写作训练，确保学生读得懂莎士比亚，写得出观点明晰的文章，还能在公共场合清楚地表达自己的观点和意见。

如何增强国家认同教育的感染力？

对于国家认同教育，许多国家和学校都有较为成熟的做法，如开设相关课程、举办各种仪式活动、利用大众传播媒体尤其是新媒体等。但到了全球化时代，要增强国家认同教育的说服力和感染力，还需要我们创新教育方式。

1. 使用说服教育法、问题讨论法，增强理论的说服力

知识是人们国家认同感形成的基础，有了认知才能有认同。要增强中小学生的国家认同感，教师必须使用说服教学法，给学生讲清楚道理。教师要善于给学生讲故事，尤其要讲好中国故事。教师要把改革开放以来中国所取得的成就向学生讲明白、说透彻，以增强理论的说服力。唯有这样，才能使学生有正确的判断力，才能使学生树立中国特色社会主义理想信念，自觉成为中国特色社会主义事业的建设者和接班人。

需要指出的是，教师在进行说服教学时，要深入浅出，用简洁、规范、生活化的语言把复杂的问题讲透、讲明白。同时，还必须改变传统的说教式、灌输式教育方法。纯抽象的说服式教学方法与今天思想活跃的"00后"学生已不相适应。在讲解中，教师不能搞一言堂，要紧密结合社会现

实，结合学生感兴趣的问题展开课堂讨论，为学生答疑解惑，引导学生明白道理，澄清认识，形成正确的认知，学会用正确的立场、观点和方法去分析问题。

2. 运用榜样示范法、案例教学法，唤醒国民精神

知识只是形成国家认同感的基础，要真正培育出学生的国家认同感，在国家认同教育中还需融入学生的情感体验。榜样是无声的语言，而这种无声的语言往往比有声的语言更有力量。

要有效实施国家认同教育，教师要善于用榜样示范法激励学生。重要历史人物是中华民族的精英，他们的精神品格和道德情操对学生具有极强的感染力和号召力。我国古代历史上涌现出屈原、岳飞、文天祥、郑成功等一大批杰出的爱国者。近现代中国历史更是一部无数仁人志士为了实现国家独立和挽救民族危亡而抛头颅、洒热血的壮丽爱国主义史诗。当代社会也有许多可歌可泣的模范人物。要唤起青少年的"国民精神"，培育学生的国家责任感，就需融入对民族、对国家有杰出贡献的英雄人物事迹的学习，通过人性的感动来增强他们对共同理念的认同感。同时，教师要做好教书育人的工作，自身也要言传身教，要凭借自己的信仰、品德、才能、情感等人格魅力对学生进行积极影响。

3. 运用实践锻炼法，通过切身感受形成国家认同

社会实践是增强学生国家认同感的重要途径。通过组织学生参与社会实践活动，不仅可以使学生深切地了解国情、体验生活，充分感受改革开放后祖国日新月异的变化，从中学到许多书本上学不到的知识，还可以使他们树立忧患意识，增强责任意识，培养他们的爱国情怀，激发他们报效祖国的热情。

许多国家通过组织学生参与社会实践活动进行国家认同感的培养。新加坡教育部曾主办历史学习营，组织学生参观樟宜等战争遗迹、国家博物院，模拟新加坡在1942年沦陷以后的生活情节，让学生亲身体验日本侵略军统治时期的苦难生活，教育学生勿忘国耻。美国学校经常组织学生参

观法院、市长办公室、市政厅，鼓励学生"政治参与"。法国学校则常常把学校、班级模拟成社会，组织"市长竞选""议会辩论"等活动。英国学校成立"学校议会"，推崇"开放和均衡的讨论"，推进校政民主化，使学生借此了解民主选举的程序并掌握相关技能。日本近年来在一些中小学推行"上山下乡""土留学"活动，让学生到生活条件差的岛屿、农村和边远山寨去进行劳动锻炼，接受集体主义教育。

从这些国家的举措来看，全球化时代中小学国家认同教育想要有效开展，既需要紧密联系学生实际，又需要密切结合时代特点，在多方力量的共同作用下才能真正让国家认同意识走进学生的内心深处，从而培植学生的国家认同感和责任意识。

（作者单位系贵州师范大学教育科学学院）

（本文原载于《人民教育》2015 年第 20 期）

创造力培养的理解误区和实践方向

师保国

对个体而言，创造性有利于学习、生活和工作中的问题得到解决；对社会而言，创造性能够带来新的科学发现、产品发明和艺术审美，从而推动社会的重大进步。伴随着知识经济时代、信息时代和全球化时代的到来，当今社会环境愈发呈现出复杂多变、快速变迁的特点。在此条件下，人们更加需要创造性作为灵活、有效地应对这些变化的"利器"。

众所周知，教育的根本目的是促进学生文化基础、自主发展、社会参与等素养在内的全面发展，这其中当然也包括创新素养的培养。考虑到对学生身心发展的了解是教育教学取得成功的前提条件，要在教育实践中促进创新素养形成，必须以一定的理论为依据，必须理解创造性的本质，研究创造性发展的基本规律。然而在具体教育实践过程中，人们对创造性的基本理解并不完全到位，有些认识停留于主观经验的感受，还有些认识则可能属于误解。从而导致相关的教育和教学工作重心不够明确，创新型人才培养缺乏针对性和实效性。

创造性内隐理论（Sternberg,1985）告诉我们，人们在日常生活中所形成的关于创造性的看法非常重要，它们会直接影响个体对创造活动的判断和行为。因此，在当前实施创新教育的大背景下，关注并厘清教育管理者、教师乃至家长对创造性的看法具有重要意义。结合国内外相关研究的发现与实践碰到的问题，接下来我们将对创造性理解方面的常见误区进行总结，并据此提出相应的教育启示。

对创造性理解的五个常见误区

1. 创造性就是灵光乍现的顿悟

心理学家索耶指出，人们习惯于把创造性理解为瞬间的灵感乍现，这一灵感的产生比较神秘，它源于无意识并需要通过顿悟得以实现。在我们针对 443 名中小学教师的一次问卷调查中，当被要求根据赞同程度对"创造性的想法是从无意识中神秘出现的"和"创造性来自灵光乍现的顿悟"这两个观点进行 1～5 分的评定时，全体教师分别给出了 3.01（标准差为 1.14）和 3.52（标准差为 1.00）的分数，说明他们也相对比较认可创造的神秘性。

幸运的是，当代心理学、认知神经科学和脑科学等领域的研究已经对无意识、酝酿、顿悟等现象开展了深入的研究。结果告诉我们，创造过程虽然有其神秘性，但总体而言是可以被认知的。例如，我们可以将其总结归纳为 8 个阶段，从发现问题、获得知识、收集相关信息、酝酿，到产生想法、组合想法、选择最优想法、外化想法（Sawyer，2013）。从这一观点可以看出，创造并非一种不可解释、一蹴而就的神秘过程，而是一种包含了大量的日常认知加工过程的更为复杂的过程。看似是顷刻降临的顿悟，其实是创造者经年累月所掌握的领域知识中点点滴滴的组合，是一个从量变到质变的跨越，它基于个体长期的辛勤付出，有赖于前人的工作，并得益于团队的合作，而非神秘不可知的灵光乍现（师保国，王黎静，2015）。

2. 创造性就是发散思维

一般而言，创造性指的是个体产生新颖奇特而具有实用价值的观点或产品的能力（Sternberg,1999）。在当代创造性研究的开创者吉尔福特（1967）看来，其核心是创造性思维，而它又主要表现为发散思维，是"从给定的信息中产生信息，从同一来源中产生各种各样、许许多多的输出"。这一观点被"创造性研究之父"托兰斯接受，在他所编制的著名创造性思维测验（TTCT）中，托兰斯重点测量学生的发散思维表现和水平。诚然，发散思维在一定程度上反映了个体的创造潜力，但如果把创造性等同于发散思维，则会走入对创造性理解的片面化误区，从而把创造性只理解为发散思维或者是一种能力，而忽略聚合思维以及创新品格。

早在 20 世纪 60 年代，研究者就提出了一个对创造性全面、多元理解的 4P 框架（Rhodes，1961），认为"创造性"一词至少包含以下四个方面的含义：（1）创造性过程（Process），强调从思维或认知过程的角度看待创造性，突出创造性思维，与吉尔福特等人的观点一致；（2）创造性个人（Person），强调从人格特质的角度看待创造性，突出创造性人格品质，显然这是对能力取向定义的扩充，提示对创造性的关注还应扩展到品格方面；（3）创造性产品（Product），强调从产品的角度看待创造性，它们不仅可能是有形的物质产品，也可能是创新观念、思想等精神产品；（4）创造性环境（Place），强调从环境的角度看待创造性，提示良好的物理、社会环境本身也是创造活动的组成部分。从这些方面可以看到，对创造性的理解不应是片面化的，其内涵应包括创新能力与创新品格等多个方面。

3. 创造性越高，越容易精神变态

在传统观念里，创造性往往与反叛和标新立异联系在一起。在人们的理解中，高水平的创造者大都外表古怪，性格奇葩，独来独往，甚至在精神上存在异常，我们把这些印象称之为对创造性理解的变态化误区。正如索耶所说，在日常生活中我们通常认为精神异常能带来某种特殊的智慧，大家很容易就能想出一些患有心理疾病的作家、艺术家和科学家的例子，如荷兰画家文森特·凡·高、英国作家弗吉尼亚·伍尔芙等，而大量的以心理疾病患者为主人公并将他们描绘成极具创造性个体的好莱坞电影（如《雨人》《闪亮的风采》等）则更是对这些观念的推波助澜。一些人甚至进一步认为，除了精神疾病有助于创造性更加自由地发挥，反过来后者的提升也可能带来心理方面的异常。

事实上，已经有大量的科学研究表明，创造性与精神变态之间并没有实质性关联。例如，埃利斯和伯尔曼对 1030 位知名人物的研究发现，这些

人出现精神障碍的比例并不比普通人群高，换言之，天才和心理疾病之间没有关系；盖策尔等人对 400 位杰出人物的研究也表明，在这些人中患有心理疾病的人数比例不到 2%，比普通人的患病率还要低，同时他们的父母、兄弟姐妹患有精神病的概率也低于常人；伯克利人格评估和研究中心（IPAR）的麦金农在经过 20 多年的研究之后也发现，传统上对创造者所持的"书呆子……知识分子……沉默寡言的人"的观念几乎是完全错误的，正相反，创造性个体是快乐的、成功的，而且具有平衡的人格，他们不会比普通人更容易患有心理疾病。

4. 创造性是遗传的

人们往往把具有极高创造性水平的人称为天才，这意味着他们的创造性才能更多是天生就具备而不是经过后天培养和训练而获得的。这种观念的进一步推论就是认为创造性源自遗传，一些人天生就富有创造能力，并在任何时候、任何场合都会显得创意满满；而另外一些人则自始至终没有什么创造成就，后天的教育训练提升的效果也微乎其微。在前述我们针对中小学教师的问卷调查中，当被要求根据赞同程度对"创造性是遗传而来的，一些人天生就更富创造性"的观点进行 1～5 分的评定时，全体教师给出了 3.24 分的平均分，说明他们在相当程度上认可创造的遗传性。

实际上，尽管有其遗传基础，创造性并不像智力或内外向人格那样稳定，它在很大程度上受环境的影响，是可培养的（Pfenninger & Shubik，2001）。更有研究进一步提出，创造性并不是一种跨时间、跨情境的高度稳定的特质，而是个体在特定情境下采取的策略（Kaufman & Baer，2005）。以上观点都表明，创造性的发展离不开后天环境的教育、培养。

5. 创造性会带来破坏性后果

在以往的研究中，人们大多默认和关注创造性的积极含义，比如创造性会促进个人成长，有助于我们对幸福的积极追求，是人类文明和社会经济发展的主要推动力。然而随着认识的深入，也有人提出了一个新问题：作为人类认识世界、改造世界的一种重要工具，创造性在带给我们诸多福利、展现出"高大上"形象的同时，是否也伴随一些潜在的问题？换言之，对创造性的理解不能只看到其灿烂的一面，也应注意到它晕轮之下的另一面。近期有研究表明，创造性可用于或好或坏的目的，从本质上说它存在阴暗面，甚至表现为只考虑一己私利，蓄意伤害他人（或社会）的恶意创造力（Cropley 等，2014）。例如，有研究（Wang，2011）指出，创造性可能会导致创造者在道德标准尺度方面的放松，特别是当人们发现可以利用规则漏洞去回避道德底线的时候，它会引发不诚信的行为；再如，创造性与攻击性、破坏性也存在着微妙的联系，从破坏市场秩序的山寨产品的出现，到"人造鸡蛋""地沟油油条""毒豆芽"等损害人民健康的产品，甚至是网络上出现的针对社会权威的各种妙语连珠的"吐槽"，无不显示出其"高大上"之外的另一面。在很大程度上，创造意味着"打破常规"。这里的"规"如果是陈规陋习，那么创造性就显得恰到好处；但如果是已经稳定形成的道德规则遭到破坏，则可能带来负面的后果。

我们认为，之所以会出现对创造性阴暗面的争论，很大程度上与人们对创新标准的把握有关。一般而言，创造性应符合两个基本标准，即新颖性和价值性（或适当性）。对新颖性的把握相对比较客观，只要是前所未有、他人没有做出的就符合标准；但对价值性的把握则相对比较复杂。事实上，这里的价值性兼顾了个人价值与社会价值两个层面，并且强调创造活动带来的个人价值也必须以实现社会价值为前提，即创造不能脱离社会，更不能损人利己。要避免在教育过程中过分重视创造性光明的一面而忽略其阴暗的一面的倾向，就必须充分重视创新标准中的价值性。

创新教育的实践方向

列举对创造性的理解误区，厘清创造性的基本概念与原理，有助于从实践层面开展创新教育，促进创新型人才的成长。具体而言，这些工作对教育的启示包括以下几点：

1. 提高创造性离不开后天勤奋的学习和工作

研究发现，创造性很少来自灵光乍现的突然顿悟（Sawyer，2013）。相反，无论在科学还是艺术领域，创新需要意志坚定的勤奋学习和努力工作。不可预知、突如其来的顿悟往往只是创造过程中一次小小的前进，真正的创造需要很多次这样随时间推移而不断产生的"迷你"顿悟，而它们则是源于个体毕生的辛勤付出、与人合作和专业积累。从这一意义而言，创造性并不神秘，也并非天生的。

消除神秘化和天生化的理解误区意味着：（1）帮助学生找到自己的爱好，进行刻意练习。来自国际象棋、作曲、绘画、写诗、演奏等多个领域的大量研究发现，创造性个体对某个特定领域深入参与十年后，才会产生重大突破，这一现象被称为"十年定律"。那么，在这么长的时间里个体究竟应该做什么？按照心理学家埃里克森（Ericsson 等，1993）的观点，个体必须进行刻意练习（deliberate practice）。埃里克森和其他人在对各种领域的研究中发现，只有投入多于一万小时用来刻意或专门的练习，个体才能在该领域有世界顶尖水平的表现。因此可以说，创造天才的产生真的是离不开汗水的积淀，但前提是发自内心地喜欢做这件事。（2）结合特定领域。创造性有领域一般性（domain-general）和领域特定性（domain-specific）之分，中小学生身上的日常创造性表现更多是领域一般性的，如开放性、自信心、好奇心、冒险性等人格特征以及发散思维、远距离联想、聚合思维等能力特征；但随着学段的提升，高水平的创造性表现为具有鲜明的领域特定性。举例而言，科学、艺术和经营管理领域的创造性表现就差异很大，因而需要结合特定专业领域进行学习、思考和探究，精通该领域的知识，充分了解该领域选择评价创新产品的标准和规则。（3）重视坚毅品格的养成。高创造性个体一般都具有坚韧性、自觉性、果断性、自制性等良好的意志品质，这些有助于他们数十年如一日地勤奋学习和工作。创新型人才培养应渗透对学生毅力、心理弹性的教育，通过学科教学和开展各类实践活动，把坚毅品格的锻炼落实到丰富的意志行动中。

2. 提高创造性需要关注包括能力与品格在内的创新素养

对创造性的理解应该持全面的视角，关注创新能力与品格等多个方面，即创新素养。根据前述的 4P 框架审视当前中小学创新教育现状不难发现，教育者们重视了对学生认知（能力）成分的培养与训练，但对创造性人格的培养则显得不够，同时对创造性环境的培育也比较欠缺。

在此局面下，消除创造性理解的片面化误区意味着：（1）在课程开发、教学、评价等各个环节都同时关注创新能力与创新品格。其中，创新品格是与创新相关的人格品质，如强烈的好奇心，对事物运动机理有深究的动机，高度的创新自信水平，对自己的创新创造能力持有积极的信念，其有理性的冒险精神，敢于挑战权威和打破常规尝试新事物，等等。创新能力是指个体在已有的知识、经验和实践基础上，产生新颖且有价值的产品的心理特征，既包括传统上人们所重视的发散思维，也包括批判性思维和聚合思维。在教育的整个过程中，应同时关注这些方面，全面培养和评价学生的创新素养。（2）发挥人格对创新的催化剂作用。以往研究发现，以开放性特质为代表的人格因素在创造性表现中扮演了"催化剂"角色（许晶晶，师保国，2008）。这意味着如果没有积极的创新人格，个体的创造能力也可以发挥，但是效率低下，如同没有催化剂时，化学反应也可以发生但速率较低；反之如果有积极的创新人格，则创造能力的发挥就会像有催化剂的化学反应一样效率大增。在学校环境中，教师肩负着学生创造性"把关者"的角色，他们所制定或者默许的标准将成为儿童、青少年在发展创造素养时必须参考的依据。为了培养效果良好的人格催化剂，"把关者"应该对学生的新颖观念和行为提供更多的鼓励、支持、表扬和容忍。（3）营造创造性环境。"酒香也怕巷子深"，创意产品的产生和推广都离不开创造性环境。从教育者的角度而言，一方面是营造多元、活泼的校园物理环境和民主、平等的课堂氛围，另一方面还需要帮助学生发展说服别人的能力，鼓励他们分享并推销自己的想法和行为。具体来说，应鼓励学生在感兴趣的领域形成自己的人际网络（如科技发明小组、创意协会等），积极参与该网络的各项活动，邀请资深人士提供指导意见，分享并宣传自己的想法。

3. 提高创造性与心智健全相伴随

尽管在强调创造性的少数领域（主要是小说写作和美术绘画）确实有部分证据表明与较缺乏创造性的个体相比，高水平创造性个体的得分更接近精神疾患的临床表现，但他们都并未达到真正精神病的诊断标准（Sawyer，2013）。截至目前，没有可靠的证据表明在富有创造性的人群中比一般人群中精神病患者的比例更高。正常且神智健全的人更可能作出具有创造性的贡献。但是，有点儿反常也并无大碍。

消除创造性理解中的病态化误区意味着：（1）平衡自身的人格。很多具有创造性的人都具有看起来似乎相矛盾的人格，他们能够表现出人格范围的两个极端。例如，他们既有男性的阳刚也有女性的温柔；他们既内向又外向；他们的人格非常多变，甚至可以依据情境自由地变换个性表现。因此，扩展自己的个性范围将有助于提升个体的创造能力（Sawyer，2013）。举例而言，如果某个学生很外向，那么可以努力培养他人格中内向的一面。如果另外一个学生善于抽象推理，则可以多训练他的实践动手能力。（2）把创新教育与心理健康教育有机整合起来。一方面，心智健全是创造性得以顺利发挥的基本心理条件，心理健康的个体更可能将创造性的潜能发挥出来，正因如此，有学者曾明确提出以心理健康教育为突破口，全面培养和提高儿童、青少年的创新素质；另一方面，创造性的实现又有利于提高个体的心理健康水平，从事创造性活动使得个体对自身经验有更充分的领悟、表达与释放，体验到更多的心理自由，进而提升其存在感与价值感。因此，学校可以将心理健康教育与创新教育有机地结合起来，让心理健康教育为创新型人才培养提供优质土壤，使创新教育为心理健康的提升提供良好契机（师保国，王黎静，2015）。

4. 提高创造性应重视道德、法制教育

创造性能够使人们产生新想法、新思维，促进新事物的产生，但在一定程度上也会破坏原有稳定的环境以及一些已成型的规则。如果不考虑其社会价值，创造所带来的就有可能是自私自利等一些不道德甚至是违法的行为。

真正的创造，不仅要有利于个人，同时也应该是有利于他人、有利于社会的。

　　消除对创造性理解的晕轮化误区意味着：（1）培养创造性应以道德伦理为前提。学校对学生创造力的培养应遵守道德伦理，在创新型人才的选拔、评估、培养等各个环节重视品德素养，引导学生在产生新想法、做出新产品的同时考虑它们的社会价值。力求真正体现"立德树人"的要求，把"德育为先、能力为重、全面发展"的教育方针落到实处，培养出有志于心怀国家、奉献社会的高水平创新型人才。（2）发挥创造性应以法律法规为底线。创造意味着要打破常规，但并非完全没有章法的约束。超越现行法律法规的底线，所谓的"创造"可能就只是牟取个人私利的违法犯罪，而不是对他人、对社会有价值的行为。例如当前时常发生的网络犯罪，高智能嫌疑人常常以私利为目标"创造"出一些损害他人利益的软件以骗取、窃取钱财，但这样的"创造力"显然是不为人们所接受的，更不是创新教育和创新型人才培养要实现的目标。在如何发挥创造力这一问题上，必须坚持以法律法规为底线，把创造关在"法律的笼子"里。这样做看似与创造的本意相悖，实际上却是保障创造力得以合理发挥作用的基本条件。

参考文献：

[1] Sawyer,R.K. 创造性：人类创新的科学［M］. 师保国，等译. 上海：华东师范大学出版社，2013.

[2] Sternberg,R.J.*Handbook of creativity*［M］. Cambridge University Press, 1999.

　　〔本文系北京市社科基金一般项目"多元文化经验对创造性的促进效应研究"（编号 14JYB015）项目成果〕

（作者单位系首都师范大学首都教育发展协同创新中心、

北京市"学习与认知"重点实验室）

（本文原载于《人民教育》2016 年第 21 期）

便捷支付面前，中学生的财经素养准备好了吗？

陶　莹　刘云滔

关注学生的财经素养教育，是当今时代对教育的要求。在经济增长的大背景下，中学生手里可支配的金钱不断增长，加上互联网支付极大提高了消费的便捷性，所以非常有必要基于中学生的消费特征进行财经素养的培养和提升。

什么是财经素养？

按照国际学生评估项目（PISA）的定义，财经素养是指"一种关于财经概念和风险的知识和理解能力，以及运用这些知识和能力的技能、动机和信心，它可以帮助人们在日渐广泛的财经背景中作出有效决策，在经济生活参与中提高个人和社会经济利益"。它是一个比较综合的概念，包括人们对"倾向与交易""规划与理财""风险与回报""金融视野"等与个人生活息息相关的概念的认知、理解、分析、推理、评估与运用的能力，涉及人们解决财经问题的整个过程。

财经素养是理财的智慧，其核心是个人理财。培养学生正确的金钱价值观、适当的个人消费计划及较强的管理能力、充足的理财知识和较高的理财技能等财经素养，帮助学生形成更强的生存本领及更好的生活技能，促进学生身心的全面发展，不仅对学生个人的人生发展意义重大，其整体水平的高低还将影响社会的可持续发展能力和国家的核心竞争力。

广义的理财不仅包括投资理财，钱生钱，增加收入，也包括节省支出、合理消费。随着经济发展和教育水平的持续提高，我国中学生基本上都有了可以自己支配的零花钱和压岁钱，自主消费已成为学生生活中不可或缺的部分。中学特别是高中时期又是人生进入成年的准备阶段，是理财认知和理财能力形成的重要阶段。因而，加强对中学生理财特点的研究并加以引导，具有十分重要的现实意义。

近几年，我国政府在这方面虽也有所行动，但还需要进一步加强。2013 年 12 月，《国务院办公厅关于进一步加强资本市场中小投资者合法权益保护工作的意见》明确提出要"加大普及证券期货知识力度。将投资者教育逐步纳入国民教育体系，有条件的地区可以先行试点"。由此，根据广东省的部署和要求，广州市 36 所中小学已在 2015 年 9 月新学年开学时正式试点开设金融理财知识教育地方课程。2015 年 11 月，国务院发布的国办发〔2015〕81 号《关于加强金融消费者权益保护工作的指导意见》提出，教育部要将金融知识普及教育纳入国民教育体系，切实提高国民金融素养。

在课程方面，自 2015 年 9 月起，广州已有 36 所中小学开设金融理财课程，至此，广州成为我国首个将金融理财知识教育纳入国民教育地方课程体系之中的试点地区。该课程以金融证券基础知识的学习为核心，以培养学生金融理财意识和基本理财能力、财经素养为基本目标，塑造学生正确的财富观、理财观。上海也是全国较早开设财经素养教育试点课程的地区，财经素养在上海部分学校是一门必修课。

高中生有哪些消费特征？

当前，国内还没有针对中学生消费特征的全国性调查。但近些年一些高校学者和中学研究部门已在本地开展了相关的抽样调查，可以拿到的样本涵盖了东部、中部、西部地区，具有一定的参考价值。根据各样本的数据分析，高中生消费特征如下：

（1）高中生具有一定的经济能力和经济自主性。计划生育政策下，孩子多被疼爱，加之现在家庭经济状况越来越好，家长往往都会力所能及地满足孩子的消费需求。调查显示，在城市中，半数高中生的压岁钱可以达到 2000 元，且半数学生对其能自由支配。平时，大多数父母还会根据孩子的需要，不定时地给零花钱，为孩子开立个人银行账户。

（2）高中生有节约用钱与适度用钱的思想，但在用钱过程中缺少规划，消费行为不够成熟，人情消费和攀比消费较为普遍。大多数被调查的高中生坚决反对"月光"，购物主要考虑商品的用途与价格，在与朋友聚餐时会选择 AA 制付款，在送同学礼物时也会选择一些具有实用性的物品。这说明，高中生具有节约用钱与适度用钱的消费行为。

但家长给孩子压岁钱的时间和金额比较随意，使他们养成了需要什么买什么的消费习惯，缺少消费计划和安排。调查表明，绝大多数学生不会详细记账；不了解家里的经济收支状况，无法对自己的用度是否合理进行评价。并且，一些不良社会风气也在影响着高中生，因为"好面子"或虚荣心进行的人情消费或攀比消费也不少见。

此外，随着信息技术的发展及网络的普及，网络购物逐渐走入人们的生活，特别是青少年的日常生活中。欧阳润的调查也显示，多数学生对这种新型购物方式进行了尝试，有 83.2% 的学生有网购经历，其中 28.4% 的学生表示经常网购。但是，网络购物普及而学生又不了解家里的收支状况，这就派生出一些消极影响。

比如，福建省厦门市某中学学生杨某为了与同学攀比电脑品牌和性能上的优越性，多次网购电脑，最终花费达 4 万多元，严重地超出家庭所能承受的消费水准。网络购物足不出户就可以选购到自己喜欢的物品，还可以通过支付宝、微信以及货到付款等多种方式完成支付，购买到的物品也是通过快递方式送货上门，具有省时、省钱、支付方便等特点。正是这些方便之处往往造成涉世未深的中学生在外在因素影响下不顾自身的消费水平和消费能力盲目攀比，导致过度消费、不理性消费，甚至上当受骗。

（3）高中生具有理财意愿，但缺乏相应的理财知识与理财能力。调查显示，学生的理财体验主要来自家庭氛围的渲染，缺乏学校教育以及社会实践。在现行高考制度下，多数学生和家长都认为学习是第一要务。一些家长也不希望孩子了解家庭的收支状况并参与家庭的理财计划。知识的局限与实践的缺乏都使得高中生不具备相应的理财能力。但调查显示，大多数高中生产生了理财意愿，且认为理财并不会影响他们的学习。

财经素养教育的四个着力点

一个人面临的财经事项、财经问题及其决策和行为，与其"教育与工作""居家与家庭""个人活动""社会活动"情境或背景有关。西方国家十分注重学生的财经素养培养，已形成了政府主导的社会教育、学校教育、家庭教育三位一体的教育系统。借鉴国外经验，本文建议从以下几方面注重和加强我国学生的财经素养教育。

政府层面，将学生的财经素养教育纳入国家教育体系，列为教育发展战略性目标，尽早制定与实施加强我国青少年财经素养教育的总体规划与具体指导文件。

社会层面，相关科研院所、高校、企业、金融机构、社会公益组织等多方力量应通力合作，积极开展财经素养教育的理论研究与实践活动，并协助政府制定适合我国青少年财经素养教育的总体规划和具体指导文件，切实提升我国青少年的财经素养水平。目前国内一些机构已对此做了一些有益的工作，值得借鉴。

助力孩子成长，为社会培养更加优秀和全面的人才也是金融机构应该履行的社会责任。因此，金融机构可以尝试在假期吸纳高中生做一些简单的金融服务，给他们提供理财实践机会。由于高中生已具有一定的经济能力和自主能力，金融机构还可以为他们开发一些相对稳健的、适合他们的理财产品。

学校层面，首先，应明确财经素养教育的目标，不同年龄段的学生具有不同的心智特点，其财经素养教育目标也应有所区别。其次，科学设置相关财经课程，积极开发符合学校和学生特点的财经课程校本教材。再次，加强财经素养教育师资的培养。最后，注意将财经素养教育融入学校日常的教学和管理中。

值得注意的是，财经素养是多学科教育结果的综合表现。有研究表明，数学素养与阅读能力是财经素养的基础。因此，培养学生的财经素养，可以是独立的课程，可以是综合的课程，也可以渗透到数学、语文、思想品德等各个学科中，需要具体问题具体分析，结合当地现实，结合教师队伍的情况，采取有效的培养方式和课程体系。

学校是学生的另一个家。在日常教学和管理中，针对当前高中生的不良消费观念、消费行为及其理财能力不足的特点，学校首先要为学生营造良好的校园风气。教师要对学生进行正确消费观念的传达，让学生学会拒绝拜金主义、攀比消费、享乐消费与超前消费。除了要求在校穿校服，也要树立一些勤俭的榜样让大家学习，推崇"俭以养德"的美德，禁止学生携带名贵的与学习无关的奢侈品进入校园。

家庭层面，要从小关注孩子财经素养的培养。美国家长把财经素养教育称为"从3岁开始的幸福人生计划"。大家普遍认为，财经素养教育是家庭教育的重要内容，家庭是学生接受财经素养教育的起点，是学校财经教育的助手与补充。美国家庭普遍采取的财经素养教育方式有：让孩子从小参加力所能及的劳动，使其明白财富来之不易；在真实生活情境中指导孩子合理消费，学会计划，学会自我控制；给孩子介绍投资理财产品和金融产品，帮助他们形成投资意识，掌握初步的投资知识与技能。

调查表明，高中生的理财知识主要来自家庭氛围的渲染，所以家庭理财教育显得尤为重要。应注意以下几点：

一是应从小教给孩子金钱的概念，使其知道钱的正确来源和用途。在非特殊情况下，家长向孩子支付零花钱应固定时间和金额，适时制定一些奖惩制度，教会孩子记账，让他们养成制定消费预算和合理消费的好习惯。定期和定额的零花钱，是对大部分高中生长大工作之后定期定额领取工资的预演。在限额内，他们会对自己的支出按重要性和紧迫性进行安排。同时，要教导孩子对自己的零花钱进行规划和养成记账的好习惯。最开始可以要求他们每月交一份消费规划和记账单，慢慢形成一种习惯。结合规划和记账单，家长和孩子一起评价其消费的合理性。

二是让孩子知晓家庭的收支状况，并参与到家庭的理财计划中来。实际参与过程中，一方面可以促进孩子对父母的体恤和合理消费，另一方面也能帮助孩子尽早增进对理财的理解，加深孩子对储蓄和投资的认知。

三是在生活中家长要以身作则，为孩子树立榜样，合理消费，不攀比消费，不奢侈浪费，教育孩子正确认识社会上的送礼风气与人情消费，帮助孩子形成正确的消费观念和良好的消费行为。

四是不要过分强调分数的重要性，不给孩子过大的学习压力，多帮助孩子开阔视野，增长见识。时代在发展，我们对高中生的教育不能只是停留在文化课和艺体方面的培养上，涉及德育方面的理财理念、能力和技能的培育同样关乎他们的未来。

参考文献：

［1］庄舒涵，何善亮.基础教育阶段学校理财教育的价值、问题与对策［J］.中国教育学刊，2015（12）.

［2］陆茜.深圳高中生消费习惯和理财观念调查报告［J］.市场周刊（理论研究），2014（04）.

［3］欧阳润堃.中学生理财认知水平和理财能力调查［J］.金融经济，2014（10）.

［4］高欣秀.兰州市高中生理财教育调查研究［J］.黑龙江教育学院学报，2010（08）.

［5］陈勇，季夏莹，郑欢.国外青少年财商教育研究梳要及其启示［J］.外国中小学教育，2015（02）.

［6］阴祖宝，倪胜利.PISA财经素养教育的美国实践及启示［J］.上海教育科研，2013（06）.

［7］Davis, Kimberlee, Durband, Dorothy Bagwell. Valuing the Implementation of Financial Literacy Education［J］.*Journal of Financial Counseling and Planning*，2008（19）.

［8］张琴，陈旭东，宋旭璞.探索高中财经素养教育的可行路径——以上海财大附中为例［J］.上海教育，2014（19）.

［9］王国华，夏义勇，胡勤涌.《影响中学生财商的26堂课》的开发与实施［J］.中学政治教学参考，2014（10）.

（陶莹系西南交通大学经济管理学院副教授，

刘云滔系四川省绵阳中学实验学校学生）

（本文原载于《人民教育》2017年第10期）

教育"触屏"

——让我们重新谈谈媒介素养教育

邢　星

媒介素养教育应从何时开始？

　　他们被称为"触屏一代"：还没学会说话，就开始与各种触摸屏进行"拇指交流"；自 2007 年智能触控手机和平板电脑相继问世之后，"触网"时间越来越早，幼儿园时期就开始玩简单的网络游戏、看网络视频，小学三年级学会了拼音和写字，开始上信息技术课，较为复杂的媒介使用行为进入第一个爆发期。

　　这正是当下和未来基础教育要面对的一代人。由于触屏易操作，他们几乎从一出生就一直处于"媒介化生存"之中，那么，应该从什么时候开始给予他们媒介素养教育呢？

　　广东省社会科学院青少年成长教育研究中心进行的"广州市儿童（中小学生）媒介素养系列调研"结果显示，学生的媒介使用行为具有阶段性特征：初识媒介阶段主要用于娱乐；使用媒介阶段主要用于获取信息、学习，其次是交流和娱乐；迷恋媒介阶段，一部分学生变成"小专家"，主动开发和研究媒介使用，另一部分学生变成"小网虫"，沉迷于网络社交和游戏。从媒介初识者成长为普通使用者，城市中心校和家庭经济条件较好的学生可在小学三年级至五年级完成；家庭条件较差和城郊或农村校的小学生进程相对迟缓，甚至停滞不前。

小学三年级至五年级正是媒介素养教育的第一个关键期，学校和家庭教育需要把孩子的媒介使用行为从"娱乐"引导到"学习"上。

与国内较多关注大学生媒介素养教育不同，国外的媒介素养教育关注的主体往往是"儿童"。其实，媒介素养教育从源起就主张一种儿童视角。1986 年，英国教育和科学部与英国电影学院合作成立了全国初级媒介素养教育工作小组委员会（National Working Party for Primary Media Education）。1988 年，该委员会先是"面向 5 岁至 11 岁学生的英语教学"强调了媒介素养教育；1990 年，媒介素养教育扩展进"11 岁至 16 岁学生的英语课程设置"。

相比于媒介素养教育主张诞生时的媒介环境，"触屏一代"接触媒介更"低龄化"，他们的成长和学习也几乎一直伴随着媒介，而且是更多的媒介。因此，我们的倾向是，媒介素养教育应该是终身教育，它发生、发展的时间最好与学习发生、发展的时间相适应。

媒介如何改变了孩子们的学习——一种新的知识概念

现在的学生怎样做作业？

用手机给习题拍照，上传到学习辅助类手机 APP，以秒计算的时间内即可得到详尽的解答过程和多种解题思路。当然，他们也可通过应用平台与全国同龄学生一起交流讨论，帮助他人答题以获取积分或晋级。

这不是个别现象。市场份额最高的一款学习辅助类在线教育产品——百度"作业帮"公布，截至 2015 年 8 月，其累计激活用户达 5000 万，覆盖了全国 37 万所中小学，累计解决问题 40 亿次。

以传统教育鼓励"独立完成作业"的眼光来看，这种做作业的方式几乎就是"抄袭"（当然，现在仍有许多家长和教师这么认为）。未来学家杰里米·里夫金却在其著作《第三次工业革命》中提出了一种新的知识概念：知识不再是客观独立的，而是一种社会概念，是在学习社区内所有成员达成的共识。知识观念的转变对学习方式提出挑战：学习不再是每个学生个人的经历，而是多人之间的共同经历——我们一起思考。

"一起思考"意味着学习与社交的融合，这恰恰是屏幕背后的逻辑，智能手机最能体现这一点：在同一块触摸屏上，人们交流，人们学习，人们一边交流一边学习。当我们需要合作解决现实问题时，不常常是这样吗？

里夫金说，我们习惯于传统的学习环境，很少好好想想，如何就学习的本质提出问题。"我们真正学习的是构建现实和组织与周围世界关系的方法。"原本"分工"的世界正在变得更加"合作"，"一起思考"也许会变得比"独立思考"更接近社会现实，成为更适合组织与当下和未来世界关系的方法。

媒介素养教育要注重培养"情感、态度和价值观"

究竟什么是媒介素养教育？

英国学者莱恩·马斯特曼认为，媒介素养教育的核心概念是"再现（representation）"，即媒介不是简单地反射（reflect）现实而是再现现实；因此媒介素养教育应当着眼于增强学生对于媒介信息和媒介的独立自主的批判能力。

媒介素养教育的重点不是信息技术知识、使用媒介的方法，而是要学习如何感知、看待媒介和媒介信息。

这正是我国中小学生媒介素养的短板。

2015年2月，中国互联网络信息中心（CNNIC）发布的《2014年中国青少年上网行为研究报告》显示，小学生和中学生网民认为网络环境"非常安全"的比例分别为11.2%和4.4%，比网民总体水平分别高7.7%和0.9%；小学生和中学生认为网络环境"比较安全"的比例分别高达60.1%和53.9%，比网民总体水平分别高15.0%和8.8%。《"儿童与媒介"——2014—2015年度广州儿童媒介素养状况专项调研报告》显示，82.6%的儿童会允许陌生人添加网络好友，甚至有些孩子会瞒着家长与网友见面；13.5%的"00后"会选择在网上填写自己的真实资料。

孩子们太把媒介世界当真了，这与他们过早触屏、触网、与媒介共成长的现实相关。在这样的媒介环境背景下，媒介素养教育更需要帮他们分辨媒介世界里社交和游戏的情感体验是否真实安全，帮助他们从娱乐、浅社交等"低水平满足"的媒介使用行为过渡到深度学习、有效互动的媒介使用行为以获得"高水平满足"，让他们明晰媒介世界和真实世界的关系与区别是什么，该如何通过媒介实现终身学习并更好地应对未来。

（作者单位系中国教育报刊社《人民教育》杂志）

（本文原载于《人民教育》2015 年第 24 期）

生态教育：面向现实与未来的学习

陈基伟

生态教育是问题导向学习

生态教育是基于问题的学习，其大背景就是一系列全球性的现实问题。

伴随着世界各国工业化的发展，"反自然"倾向的生产与生活方式使自然环境遭到空前破坏，人类社会面临着全球气候变暖、环境质量恶化、自然灾害频发、生态平衡失调与资源短缺等一系列问题。

人类在失去自然家园的同时，也在失去精神家园。"信仰缺失""看客心态""社会焦虑症"等人类生存焦虑感和危机感产生的一个重要原因就在于自然生态与文化生态的割裂与失衡。

2003 年，浙江省三门中学时任校长冯如希提出将生态文化作为学校办学的核心理念，融入到学校课程开发与建设之中，就是要直面这些现实问题。

学校生态课程开发与建设团队设计出"基于社会议题的研究性学习"项目。比如，围绕"雾霾中国"和"食品安全"两个主题，学生以小组协作方式，通过实地调查、阅读专业文献、搜集网络资料等方式获取研究资料，学习相关专业知识。国内频繁出现的雾霾事件、伦敦大雾事件、洛杉矶光化学事件和"大头娃娃""瘦肉精""地沟油"等现实问题就是现成的学习情境，可以有效激发学生的学习兴趣，同时，引导学生围绕这些问题进行理性分析与思考，对提升学生公民素养与社会责任感具有重要的现实意义。

我们以这些事件为起点，选择与教学主题密切相关的问题作为学习的中心内容。这些问题本身是真实的、包含冲突的或者有争议的，问题的进一步创设注重开放性与互斥性，为学生提供一个可以自主选题、自主探究和自由创造的研究性学习环境。以"雾霾中国"的问题创设为例（参见表1），问题设计非常讲究，需要从问题的高度、深度、广度、热度及其与学生生活的接近性等方面综合考虑。

表1 "雾霾中国"研究性学习活动问题设计

主题	一级问题	二级问题
雾霾中国	全球合作与雾霾治理	在全球范围内，雾霾与哪些因素有关？ 如何通过国际间的合作有效防治雾霾？
	我与雾霾	反思个人生活方式对环境产生哪些影响？ 如何培养个人绿色环保的生活方式与习惯？
	信息技术与雾霾防治	大数据与物联网技术如何应用在雾霾监测、企业污染防治等领域中？
	工业革命与雾霾治理	工业生产模式与雾霾的关系是什么？将"第三次工业革命"概念引入到学习之中，培养学生的可持续发展观。
	清洁能源与雾霾	联系本地三门核电、三门风电和三门火电，探讨能源生产方式与雾霾防治的关系。

未来的教育可能会更少地为学生提供答案，而更多地提供问题。生态教育正是提供问题的学习。在学习过程中，教师不直接告知学生如何去解决这些问题，而是通过为学生提供文献资料、指导学生使用网络资源、联系校外专业人士进行指导、提供校外实践场所等方式搭建"脚手架"，为学生提供解决问题的线索与路径，注重学生在拟现实社会环境中自主学习能力的培养。

在生态教育中深入学习技术

技术的发展是生态环境问题的根源之一，同时技术的发展又是解决生态环境问题的可行途径。在生态教育实践中，技术为学生提供了认识与改造环境的手段与方法，学生更需要深入理解和处理好技术与生态的关系。

学校生态课程开发与建设团队将物联网、智能移动终端、开源软硬件平台等前沿技术引入到生态教育过程之中，把现代信息技术作为学生认知、信息加工和知识体系建构与共享的工具，挖掘互联网、校园环境和三门县域丰富、独特的教育资源。通过开设选修课程、开展学生社团活动和社会综合实践等方式，开展了校园植物辨识、动植物数字影像采集与加工、物联网与现代农业等形式多样的生态学习活动。在生态学习项目的设计与开发过程中，力求实现技术、人文、生态相融合（参见表2）。

表2　技术支持下生态学习项目的设计与开发

项目名称	相关学科	设计意图
校园植物辨识	信息技术、生物、地理	基于瑞云山自然保护区丰富的植物资源，借助智能移动终端、网络选修课程和网络专业数据库、地理信息技术，开展校园植物辨识与标识学习活动，探讨人与自然的关系。
动植物数字影像采集与加工	信息技术、语文、美术、音乐	通过数字记录设备采集校园各个时期的动植物影像，通过制作视频（数字图像）短片、电子相册等形式，开展可视化学习活动，引导学生走进自然、亲近自然，培养学生发现美与展现美的能力。
物联网与现代农业	信息技术、通用技术、生物、化学、物理	通过实地参观考察农业示范基地和网络学习，了解学习物联网、大数据等技术在改造传统农业中的作用；借助农业物联网系统，学习物联网技术在农业领域中的应用方式；通过设计制作智慧鱼缸等形式为学生创造一个"做中学、学中做"的综合实践平台。

技术学习如何在生态教育过程中步步深入呢？以"物联网与现代农业"项目学习为例：

第一环节是参观考察。学校所在的三门县是国家级现代农业建设示范区，在农业领域引入了物联网、云计算、大数据、移动互联网等新一代信息技术。在项目学习过程中，学生通过实地参观三门农业产业示范园，身临其境体验物联网、云计算、移动互联网等现代信息技术给农业带来的经济、社会和生态效益。尤其是在生态效益方面，学生认识到我国虽然是农业大国，但是在农业生产过程中大部分化肥和水资源没有被有效利用，农业污染是水污染的重要污染源之一。现代农业利用实时、动态的农业物联网信息采集系统，实现快速、多维、多尺度的信息实时监测，配合农业植保专家系统，实现农田的智能灌溉、智能施肥与智能喷药等自动控制，降低土壤板结和水污染等状况的发生概率，有效改善了农业生态环境。现代技术对农业的影响在学生直观的感受下更为鲜明、更具冲击力。

第二环节是原理学习。学生在参观访问的基础上，通过实验室里的智慧农业实验装置和物联网演示系统，深入学习物联网技术在获取植物生长所需土壤水分、土壤温度、空气温度、空气湿度、光照强度等数据信息的原理与实现过程；借助物联网演示系统中的云计算平台，学习传感器采集到的各项数据的存储、处理、管理与利用。原理学习使学生对物联网与大数据技术在现代农业中的应用有了更为深入的了解。

第三环节是实践体验。学生在学习物联网相关技术原理的基础上，利用 Arduino 传感器实验套件，动手组装土壤温湿度数据采集实验装置，对各种传感器的工作原理和数据采集过程进行基于实践的学习研究。

第四环节是作品制创。在项目学习活动后期，学校将蕴含创新创造意识的创客教育引入到学习活动之中。学生综合运用物理、信息、通用、化学等各个学科知识，从模型设计到系统实现完成智慧生态鱼缸等项目作品制作，整个过程涉及硬件采购、代码编写、系统调试及作品说明文案写作等，从技术学习走向技术创新。这一环节需注重校外学习资源的引入与应用，我们将 Arduino、Python 等开源软硬件网络社区资源引入到学习过程之中，学生可以通过社群去寻找专业人士帮助，同时借助嘉兴学院、浙江大学等高校师生的专业技术力量，共同解决项目实现过程中的难题。整个作品制创过程促进学生问题解决思维方式的发展，激发了学生对信息技术、通用技术等学科的学习兴趣，为学生深度学习的发生创设了条件。

"物联网与现代农业"项目学习过程为学生创设一个实地与网络、理论与实践相结合的技术学习环境。在四个环节的学习中，学生认识到现代农业不再是单纯依靠经验进行农业生产经营的模式，彻底转变了传统观念中农业落后、科技含量低的观念；对现代农业在改善农业生态环境、挖掘自然资源潜力、发展农业观光旅游产业等方面有了全新的体验认识，对学生而言，这也是一次职业启蒙教育。

如何把"亲自然情结"教给学生？

美国未来学家杰里米·里夫金在《第三次工业革命》中写道："生活中没有哪一部分能像自然界那样提供那么多应用判断力、自主探寻、解决问题和智力发展的机会。"他认为，在第三次工业革命时期，教育重在培养学生的亲自然情结与生物圈保护意识，以便使学生更好地在未来管理人类赖以生存的生物圈，经受住未来世界的考验，为谋求社会与自然的和谐发展作出实质性贡献。

什么是亲自然情结？即学生能够沉浸其中，将"自我"延伸到自然生态中去，意在使学生重新发现自身与自然界的相互依赖关系，重新融入自然，唤醒人类潜意识中亲近自然的本能，增强学生对自然界的认同感与归属感。

"亲自然情结"能"教"吗？如果能，应该怎么教？

"一个人对自己看到的东西了解得越多，就会越发满足。"对于自然的"喜爱"与"满足"要从"了解"教起，并且不是一般的了解，而是一种"专家视角"的了解。

三门中学校园被崇山峻岭环绕，浙江省自然保护区瑞云山就处于校园之中，是一个极富生命活力的天然动、植物园。项目团队据此开展了校园植物辨识与分类学习活动，基于校园丰富的植物资源和"瑞云百木"网络选修课程，对校园植物资源种类、用途、分布、习性等进行了详细调查研究，追求"专家视角"的深度与广度：生物老师指导学生学习植物的形态术语、不同的科属类群和植物鉴定方法等专业知识，对校内分布的植物的名称、生物学特征进行标记与整理；地理老师指导学生将GPS、天地图等地理信息技术应用到校园植物分布图的绘制之中，通过团队协作完成植物基本地理信息要素的采集和整理，并运用3S技术处理和建立该区域植物分布状况模型图，绘制校内植物资源分布图。学习过程也是一种专家式的问题研究过程。针对无法辨识的植物，学生首先通过询问生物老师、家长、林业局专家等方式寻求解决。对于通过上述方式还难以辨识的植物，则利用智能手机等移动终端采集植物图像，通过百度搜图等图像搜索技术、中国植物物种信息数据库和中国数字植物园等网上专业数据库进行辨识。最终的学习成果通过制作电子相册、微视频、微信公众号等形式进行发布；通过深入地探讨瑞云山丰富的动植物资源的成因，引导学生开展了生物多样性与人类关系的研究性学习活动。

在真实情境下基于专家视角的学习，不但给学生提供了生物学知识实践场所，更给他们一种强烈的生命智慧和生命意识。从强烈的生命智慧和生命意识到强烈的情感体验还需要另一个视角：诗人的视角——在细节中发现美、感受美。

在浮躁的时代氛围中，在高压的学习环境中，学生远离了自然和生命最本真的东西。诗人的视角是慢下来，找回本真。项目团队开发了"放慢的是脚步，收获的是风景——动植物影像采集与加工制作"微课程，基于校园环境但不限于校园环境，拍摄采集生活中动植物影像，走进自然，亲近自然，培养学生发现美与展现美的能力。活动过程涉及影像拍摄的画面美、解说词写作的语言美、背景音乐选取与制作的艺术美等多方面的美学素养，将培养学生发现美与展现美的能力渗透于每一个环节。

在植物拍摄技巧的学习中，通过街头巷尾的盆花、雨后世界的花蕾、春光明媚之季怒放的樱花、瑞云山上多彩的四季、阳台世界肆意盛开的鲜花5个案例，向学生展示生活中的花花草草姿态各异的美，"惊鸿一瞥"间，便是一场完美的邂逅，让学生做生活的有心人，把对美好事物的向往和追求融入人生。在昆虫拍摄技巧的学习中，让学生静下心观察和思考山顶栈道上慢悠悠的蜗牛和石榴树上忙碌的蚂蚁等小生命，或静或动，展示出生命的不同内涵。在作品配乐环节的学习中，通过对《迁徙的鸟》纪录片配乐的讲解，展示音乐中诉说的鸟群迁徙过程中怀着希望的前行和路途中的重重危机，它们一年两次迁徙，终生如此，只为了一个目的：生存。这种诗意的学习在传授专业知识的同时，又向学生传递了生命的美好与生存的不易，唤起学生内心深处对生命的敬畏之情，培养学生的亲自然情结。

为应对当前人类社会的挑战，适应社会形态的转型，培养能够适应未来社会生活的学生，学校应该从生态文明视角重新审视教育，发挥教育的生态功能，在教育和学习方面，重新定义人与自然、人与技术、人与社会的关系，将关乎人类社会未来生存与发展的生态文明理念渗透到日常教学之中，为学生个体与社会的可持续发展奠定基础。

（作者注：感谢邵华国、漆思佳、林宝菊、罗芳等老师在生态学习项目设计与实施中付出的劳动和作出的贡献。）

（作者单位系北京师范大学台州附属高级中学）

（本文原载于《人民教育》2016 年第 19 期）

健康与幸福可以教吗？

苗　杰

上海市闵行区中小学有一门"健康与幸福"课程，是闵行区教育局原局长、现任嘉定区副区长的王浩于 2012 年引进的，至今已有 36 所中小学自愿加入这门课程的探索实践。第三方评估显示：闵行区实施的"健康与幸福"课程"对于学生在健康知识的掌握、健康行为和态度变化方面有积极影响"——健康与幸福，我们可以教。

健康与幸福课教什么？

"健康与幸福"这门国际课程教给学生"十项生活技能"，这是健康与幸福生活的基本技能，包括：制定健康目标，沟通技能，拒绝技能，作负责任的决定，分析影响健康的因素，管理压力，解决冲突，实践健康行为，获取有效的健康信息、产品和服务，以及做健康的倡导者。

课程内容基本围绕这十项技能展开。这些技能的内容不仅包括问题解决的详细步骤，还包括丰富实用的活动建议，帮助学生评估周围的信息并作出负责任的决定。例如，放学后，你的同学要与你一起骑一辆自行车，你知道这很危险，此时，你需要运用什么生活技能呢？首先，你可以使用"作负责任的决定"技能来决定怎么做；如果他仍坚持让你和他一起骑，你可以运用"拒绝技能"，帮助你正确地说"不"；然后，你可以运用"沟通技能"解释你说"不"的理由。

这十项生活技能的内容融合进幼儿园、小学直至高中的课程教材，每个年级的主题基本相似，包括 5 个单元 10 个模块。5 个单元即心理、情绪、家庭和社交健康，成长和营养，个人健康和安全，药品和疾病预防，社区和环境健康。10 个模块即心理健康和情绪健康、家庭和社交健康、生长和发育、营养、个人健康和体育运动、预防暴力与伤害、酒精烟草和药品、传染病和慢性病、消费者健康和社区健康、环境健康。

课程的核心知识概念、生活技能的习得、思维品质的养成、问题情境和解决方式，都是基于学生的身心发展规律逐渐加深的。例如，"冲突"的概念在不同年级的内容表述不同，小学三年级讲"争议就是冲突"，四年级讲"冲突是激烈的争吵或打架（口头或身体）"，六年级讲"冲突，也叫分歧，常发生在两个人或多个人之间"。可见，"冲突"的概念呈螺旋式上升，相应的解决冲突的能力培养也呈螺旋式上升。

健康与幸福课怎么教？

从课程内容看，"健康与幸福"课程是知识技能、过程方法、情感态度价值观的养育课程。其中，思维方式和情感态度价值观的培养是主线。思维主线侧重于批判性思考，自始至终引导学生在解决生活问题时，学会分析比较、推断预测、描述说明、反思评价等等。这也正是 21 世纪倡导的"认知技能"的范畴，即：创造性解决问题能力、批判思维和系统思维。它的价值观主线就是尊重，诠释了联合国教科文组织可持续发展教育四个尊重的价值观，即尊重当代人和后代人、尊重差异性和多样性、尊重环境、尊重地球资源。

从实施方式看，"健康与幸福"课程是全员、全程、全方位育人的综合课程。课程内容融合了生理学、医学、心理学、社会学、教育学、伦理学和环境科学等多学科知识，囊括了身体健康、心理健康、社区和环境健康、疾病预防、预防暴力与伤害等不同主题，详细介绍了青少年在成长过程中可能会遇到的各种问题及应对策略，弥补了我们现有课程在生活技能培育方面的不足够、不系统、不完整。

从课程目标看，"健康与幸福"课程是解决学生成长问题的生活课程。

学生所有问题的解决既源于他们生活的体验又回归生活本身，师生在真实的体验中领悟成长的烦恼并收获成功的快乐。它重新定义了课程的内容，那就是——关注学生的健康、情绪、心智、思维远远胜过关注学科知识本身，它开启了今天我们定位"什么才是真正重要的学习内容"的新思路。同时，重新定义了教师的专业成长，教师在这门课程教学中会懂得什么才是尊重，学习如何尊重学生的多样性和差异性。

闵行的实施策略是什么？

随着我国基础教育课程改革的不断推进，越来越多的国际课程将"以我为主，为我所用"。比如：美国的 Brain POP 课程、STEM 科学技术工程数学课程等。闵行区教育局局长恽敏霞说："国际课程的本土化实施必须有所思考，有所预设。比如，课程的'国际味'在哪？会不会'水土不服'？教师如何'驾驭'？遇'文化冲突'该如何解决？价值明晰和问题追问既是基础性工作，也要贯穿实施的全过程。"为此，闵行区本土化实施"健康与幸福"课程基于"四个着眼点"落实。

课程观念着眼于"变"。我们清醒地看到，当代课程改革理念的三大变化，一是由学生适应课程到课程适应学生；二是由组织学习内容到创设学习经历；三是由只为升学奠基到为了终身发展服务。我们鼓励学校变革课程观念，引导教师转变教学观念，创新教与学的方式和评价方式，从而进行适切性选择取舍。

课程管理着眼于"活"。我们本着"引方向在区域，生智慧在学校"的策略，尊重学校的自主选择，制定了区域课程实施方案和指导意见，为课程校本化推进提供四种模式菜单，学校可自主选择：一是整体架构，内容统整；二是学科重组，分层推进；三是元素拆分，资源整合；四是原版引进，双语设计。我们在调研的基础上，按照"有需求、有基础"的原则双向选择，自下而上、自上而下先试点再推广，实施前再对教师、学生进行调查问卷前测。我们创新了区、片、校三级管理机制和培训机制。在区、片培训基础上，学校同时进行校本培训，比如，第一批加入的平南小学聘请美国专家进行课程系统化校本培训，并与第三批加入的世博小学结对，指导其教材解读、课例研究等，用活校本化实践的多元智慧。

课程实施着眼于"融"。我们将现有的课程教材与"健康与幸福"课程比较。明晰现行课程有什么，现行课程缺什么，从而进行适切性选择取舍，资源共享。我们根据原版课程标准、21世纪三大技能标准、国内相关课程标准对"健康与幸福"课程目标进行了本土化定位，从核心目标、分解目标、年段目标、年级目标进行了重构。比如，核心目标概括为：培养健康素养，学会健康生活；掌握健康技能，学会终身学习；关注问题解决，养成批判思维；具有全球意识，形成尊重价值。

我们让课程活起来，让课堂大起来。进行课程统整、学科融合、教学创新，包括与拓展型课程整合、与探究型课程整合、与校本课程整合、与项目研究融合、与德育课程整合；与基础性课程相互融合渗透，如数学、语文、音乐、体育、美术、心理等。比如，浦江三小、华坪小学等梳理出"健康与幸福"课程与"品德与社会"课程内容关联点进行整合融通，优化了教学时空；浦江一小、君莲学校等与家庭、社区合作开发互动游戏课程和体验课程。

课程评价着眼于"放"。我们创新评价机制，创设第三方评价的"大"育人环境。2013年，我们引入了第三方"美国麦格希教育评测中心"对12所学校进行了第一轮实施效能评估；2015年，我们引入"北京盈德科技教育测评中心"对30所试点中小学进行了第二轮实施效能评估。

作为教育工作者，我们需要预见可能的未来，有责任用更开阔的视野走出教育看教育。今天的教育，我们引以为豪的是什么？是学生的成绩？是升学率？是学校的荣誉？是学生成事成人？用杜威的一句话回答，那就是"我们所需要的是儿童以整个的身体和整个的心灵来到学校，并以更圆满发展的心灵和更健全的身体离开学校"。教育的本质是尊重孩子的成长，为孩子一生健康幸福奠基。这对教师的挑战是什么？我们该怎么面对？评价的最终指向是什么？学校将如何被重新定义？这是"健康与幸福"课程提出的更深远的问题，是挑战，更是机遇。

（作者单位系上海市闵行区教育学院）

（本文原载于《人民教育》2017年第5期）

第三辑

变革世界中的学习

核心素养如何落地？

——全球教育实践案例及启示

刘 晟 魏 锐 周平艳 师 曼 刘 坚

在我国公布《中国学生发展核心素养》之前，世界上多个国际组织和经济体已提出了各自的 21 世纪素养框架，有些甚至展开了一段时日的实践尝试。虽然他们围绕核心素养展开教育实践的时间不长，其效果也尚需一段时日方能在学生身上得以体现和检验——对其核心素养教育的实践成效展开述评可能还为时尚早，但这些实践案例可以反映出全球教育从业者对核心素养教育推进方式与落实途径的思考和认识。

呈现与分享这些国际组织和经济体的案例，既不是为了要照搬和模仿，也不是因为我国完全没有类似的尝试，而是要通过这些案例及其反映的思想，归纳对核心素养落实途径的思考和认识，以借鉴全球教育从业者的集体智慧。

案例及启示 1：落实核心素养需要系统化解决方案

澳大利亚在 2009 年设计国家课程时，提出要在课程中培养学生的七项通用能力（general capabilities），随后于 2010 年和 2011 年陆续发布了一系列课程文件，从各学段的课程设计上将这些通用能力融入其学科课程，构建了一套系统化解决方案。例如，在其公布的课程文件中，"批判性／创造性学习"这一项通用能力被拆解为"调查-识别、探索和组织信息及想法""归纳想法、可能性和行为"等4个方面的能力，而其中的"调查-识别、探索和组织信息及想法"又被进一步拆解为"提出问题""识别和区分信息及想法""组织和处理信息"等6个方面的能力。表1呈现的就是"组织和处理信息"这一能力是如何系统化落实在各学段的教学实践中的。

表1　澳大利亚关于"批判性/创造性学习"能力的系统化
解决方案——"组织和处理信息"能力为例（摘录）

水平1	水平2	……	水平6
在初级学段结束时，学生通常能： 从给定的信息源中收集相似的信息或叙述。 示例： 收集某一特定行为的多种表现。	在二年级结束时，学生通常能： 从多个信息源中，依据相似或相关的想法，组织信息。 示例： 从多个来源找出善意行为的例子。	…… …… …… ……	在十年级结束时，学生通常能： 批评性地分析来自独立渠道的信息，判断其偏见度与可信度。 示例： 评判来自已知和未知渠道的数据。
英文 ACELA1430 科学 ACSSU005 历史 ACHHS019	英文 ACELA1469 数学 ACMMG037 科学 ACISIS040 历史 ACHHK050	……	英文 ACELT1639 数学 ACMSP253 科学 ACSIS199 历史 ACCHS189

（表中内容译自 General capabilities in the Australian curriculum）

上表中的第一横行，代表的是各学段及所预期的学生能力水平，第二横行展示的是"组织和处理信息"能力在各学段的体现和具体示例，第三横行展示的是这些能力在英文、数学、科学、历史等各学科课程标准中所对应的标准代码。由此表可以看出，学生的"批判性/创造性学习"能力会在其各个学段的多个学科课程中得到逐渐深入培养和发展，形成一套完整的系统化解决方案。

与此相似的是，美国在公布了其全美共同核心州立标准（Common Core State Standards，简称CCSS）和全美新一代科学课程标准框架（A

Framework for K-12 Science Education: Practices, Crosscutting Concepts, and Core Ideas）之后，也由 21 世纪学习联盟（Partnership for 21st Century Learning，简称 P21，2011）和美国国家研究理事会（National Research Council，缩写为 NRC，2012）先后发布研究报告，分析和论述了 21 世纪技能框架是怎样融入这两份课程标准中的，以帮助教育从业者及社会各界人士更好地理解 21 世纪技能与新课程的关系。此外，P21（2007）在提出 21 世纪素养框架时，还明确提出需通过标准与评价、课程与教学、教师专业发展以及学习环境等均指向同一学习目标——21 世纪技能（学习与创新技能、生活与职业技能、信息媒体与技术技能），从而开展和落实指向 21 世纪技能的教育实践（如图 1 所示）。

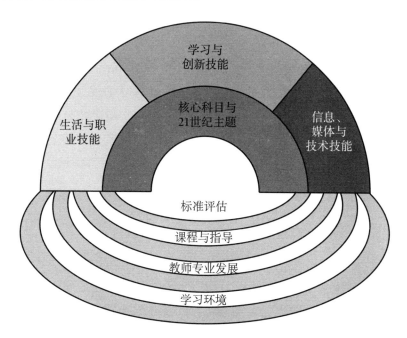

图 1　美国 P21 提出的系统化解决方案

（译自 Framework for 21st Century Learning）

与澳大利亚和美国相似，P21 已提出完整素养框架的经济体，尝试通过将核心素养融入各学段的各学科课程中，从整体上给出 K-12 教育的解决方案，以尽可能地将发展学生的核心素养这一育人目标通过复杂的教育系统落实在学生身上。这正如 NRC（2006）在《州科学教学评价体系》（System for state science assessment）报告中提到的，一个有效的基于标准的科学教学评价体系应具备三个维度的连贯一致性：（1）水平一致性，即课程、教学和评价等都要向课程标准看齐、指向相同的学习目标，共同支撑学生的发展；（2）垂直一致性，即教育系统内的各个层级——班级、学校、学区、省／州——享有共同的教育目标、评价目的和方法；（3）发展的连贯性，即必须考虑学生从进入幼儿园直至高中毕业，其各项素养是如何发展的，在各学段应分别获取哪些素养。

案例及启示 2：落实核心素养需要基于真实情境

《面向未来：21 世纪核心素养教育的全球经验》研究报告，基于对 5 个国际组织和 24 个经济体素养框架的分析，共提取出 18 项核心素养，其中既包括语言素养、数学素养、科技素养、人文与社会素养、艺术素养、运动与健康素养等领域素养，也包括批判性思维、创造性与问题解决、学会学习与终身学习等通用素养（师曼等，2016）。目前已有的案例显示，在这两类素养教育的实践过程中，虽然各自所依赖的学科领域会有所不同，但都强调要基于真实情境。

1. 在真实情境中培养特定的领域素养

南非教育部（基础教育）在其最近的一轮课程改革过程中，颁布了《数学素养课程与评价政策声明》（Curriculum and Assessment Policy Statement, Mathematical Literacy，简称 CAPS-ML）。作为其教育部官方正式颁布的面向全国的数学课程文件，CAPS-ML 最为显著的特点就是提出要以实际生活为背景展开对最基本数学知识的学习，通过数学内容知识、生活情境和问题解决能力培养的紧密融合，提高学生的数学素养。例如，CAPS-ML 中给出的一个具体实例（见表 2）。

表 2　南非《数学素养课程与评价政策声明》中的一个实例

诺基亚 E63（手机本身免费）	诺基亚 2730（手机本身免费）
100 元 / 月的套餐 需连续使用 24 个月，包括： ● 每月任意时段 100 分钟通话 手机特性： ● 诺基亚手机邮件 ● MP3 播放，3.5mm 耳机插口 ● 2MP 摄像头	50 元 / 月的套餐 需连续使用 24 个月，包括： ● 每月 50 分钟漫游通话时间、 　25 条短信 手机特性： ● MP3 播放，3.5mm 耳机插口 ● 2MP 摄像头 ● 高速浏览器及下载体验

（表中内容译自 Curriculum and Assessment Policy Statement, Mathematical Literacy）

　　上表显示，学生会面对一则来自真实生活情境的手机广告，需要其根据个人手机使用频率、通话时长等，运用相应的数学素养从两份套餐中计算出最为经济实惠的一款。通过这一情境的学习，可以让学生体验和发展依据数学计算作出个人决策的过程及能力。此外，在面对这一情境进行个人决策时，还会包含其他一些非数学因素的考虑，例如手机外观、手机性能等，而这些因素的考虑会涉及与同辈人交流、社会和文化价值等社会科学方面相关领域的学习。这也有助于学生理解和认识到具有数学素养的人在面对类似情境时，可依据对经济价值的计算及其他非数学因素的综合考虑，作出更为明智的个人决策。

2. 在真实情境中开展跨学科学习

　　教育的首要目标不是仅仅为了让学生在学校中表现出色，而是为了帮助他们在走出校园后可以生活得更好，即培养学生形成伴随其一生的能力，这是提出 21 世纪核心素养的根本所在。这些素养的形成，需要学生在真实生活情境中学习并运用相关的知识、技能，而不仅仅是聚焦于单一的某个学科主题内容中（Iowa Department of Education, 2010）。这说明，在课程内容选取和设计时，既要有某一学科的视角，又要积累跨学科的经验，即需要开展有效的跨学科内容主题的学习。因此，结合真实生活情境、尝试选取并构建跨学科的内容主题进行课程设计，已逐渐成为各经济体普遍采纳的实践方式，而开展基于项目的学习 / 基于问题的学习（Project Based Learning / Problem Based Learning，二者可合写为 PBLs）则是这一方式中最受全球关注的跨学科学习策略。

在自然科学教育中，备受关注的 STEM（科学、技术、工程与数学）或 STEAM（科学、技术、工程、艺术与数学）尤其适合运用 PBLs。在基于项目的 STEM 学习中，学生要经常进行聚焦于现实世界中真实问题的跨学科探究活动。有研究表明，将数学与科学融为一体进行教学可能会带来学生成绩的提高，使学生对所学科目更加感兴趣，而参与 STEM 项目学习的经历可以帮助他们更好地理解身边的世界。（转引自卡普拉罗、摩根，2016）

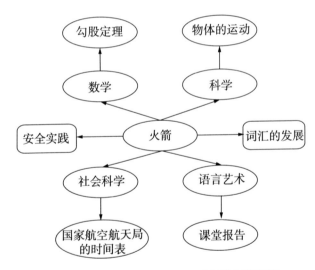

图 2　以火箭为主题的 STEM 项目学习示意图

（改编自《基于项目的 STEM 学习：一种整合科学、技术、工程和数学的学习方式》）

例如，上图显示的是由科学、数学、社会科学以及语言艺术教师通过合作备课，共同设计的以火箭为主题的 STEM 项目学习。学生将以小组合作方式，在"火箭"这一跨学科真实情境下，发展和达成数学、科学、社会科学以及语言艺术等各学科课程标准的要求。在项目学习结束时，学生通过自己的手工制作向同伴和教师展示自己学到的东西。

在社会科学领域，PBLs 也有助于学生在真实生活情境中获取跨学科的学习体验和理解。例如，在高中分别开设"国内经济"和"商业入门"选修课的两位教师，连同一位科学教师一起，共同开发出一个联合授课项目（如表 3 所示），为学生提供了跨学科学习机会，发展其财商、创业及科学类的相关素养。

表 3　社会科学领域中基于 PBLs 的跨学科案例（摘录）

> 　　两位在高中开设选修课的教师，一位主讲"国内经济"，另一位主讲"商业入门"。他们共同开发出一个联合授课项目，让学生经营一个售卖烘焙食物和三明治的学生商店。学生轮流执行经理、销售、会计、发货和维修等任务；在"商业入门"课上，学生用这些经费和资金计划菜谱、购买原料和生产要销售的食物。学生返回"国内经济"课堂时，就应用不同的数学技能来数钱、存钱、完成员工的工作时间表、挣"工资"和对利润进行分红。学生把存货卖给教师，并对额外的送货服务收取额外的费用。菜谱内容的增加由销售情况决定，而基于数据的决策则作为"国内经济"和"商业入门"两门课的结果。
>
> 　　教师每个月腾出几天时间来开展连续性"分段"授课，以便让学生以小组的形式进行学习活动。当进入学期中后期时，演讲课堂让学生参与关于薪水和关联风格方面的公断冲裁和辩论。科学课教师则用这个机会收集不新鲜的鸡肉沙拉中的细菌样本。

研究表明，跨学科学习可以帮助学生建立高阶思维技能，也可以帮助学生在不同学科领域之间形成有意义的联系（转引自卡普拉罗、摩根，2016）。在 STEM 等跨学科主题的学习过程中，学生需要在真实情境中运用科学推理、批判性思考和信息分析等能力，创造性地解决实际生活中的问题或制作出相应的项目产品，其创新素养也会得到相应的发展（Feldon, Hurst, Rates, & Elliott, 2013）。各国际组织和经济体的实践案例及相关研究似乎都表明，批判性思维、创造性与问题解决、学会学习与终身学习等通用素养，离不开各学科领域的相关知识和能力作为基础，但同时也需要通过基于真实情境的跨学科主题学习，予以提升和发展。

3. 选用真实情境考查核心素养

当指向 21 世纪素养的教育强调真实情境对帮助学生发展核心素养的重要作用时，为保持课程、教学与评价三者间的水平一致性，尽可能地选用真实情境对这些素养进行测评就成为必然。例如，经济合作与发展组织（OECD）的国际学生评估项目（PISA）就在测试中尽量选用真实情境命制题目来考查相应的能力，表 4 呈现的是一道对科学素养的测试题。

表 4　PISA 科学试题（摘录）

阅读下文并回答问题。

温室效应：事实还是幻想？

生物需要能量才能生存，而维持地球生命的能量来自太阳。太阳非常炽热，将能量辐射到太空中，但只有一小部分能量会到达地球……*

报纸杂志上常说，二氧化碳排放量增加，是 20 世纪气温上升的主要原因。

一位名为小德的学生有兴趣研究地球大气层的平均温度和地球上二氧化碳排放量之间的关系。他在图书馆找到下面两幅曲线图。

二氧化碳排放量（每年以十亿吨计）　　地球大气层的平均温度（℃）

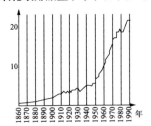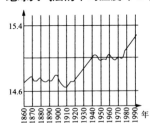

小德从曲线图中得出结论，认为地球大气层平均温度的上升，显然是由二氧化碳排放增加而引起的。

（1）曲线图中有什么资料支持小德的结论？

（2）小德的同学小妮不同意他的结论。她比较两幅曲线图，指出其中有些资料并不符合小德的结论。请从曲线图中举出一项不符合小德结论的资料，并解释答案。

*PISA 测试中此题的题干部分给出了关于"温室效应"的背景资料供学生阅读，此处受限于字数，略去。

表格中的内容摘录自《PISA 测评的理论和实践》。

近年来，PISA 还逐步加入了基于真实情境的跨学科通用素养测试。例如，2015 年公开的试测样题中就包括对合作式问题解决（Collaborative Problem Solving，简称 CPS）能力的测试（OECD，2015）。图 3 呈现的就是 PISA 2015 框架中对"合作式问题解决能力"的测试题情境和计算机作答界面。

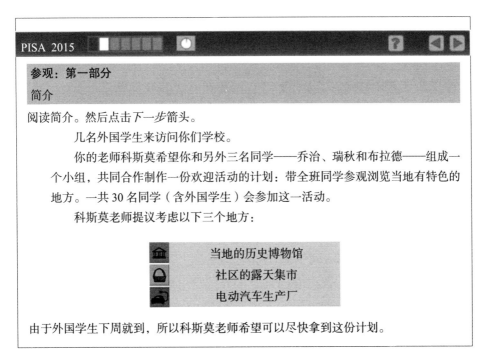

图 3　PISA 2015 年公布的对"合作式问题解决能力"的试测样题

（译自 PISA 2015 Released Field Trial Cognitive Items）

这是一道基于计算机模拟界面的测试题，学生在阅读每个环节的简介后点击"下一步"按钮，就会出现模拟对话界面。例如，在点击上图右上角的"下一步"箭头后，首先会出现乔治的提问界面"我们从哪儿开始讨论？"以及可以选择的四个回应——A）让我们问问科斯莫老师该怎么办；B）我们已经有了 3 个选择，让我们来投票决定吧；C）也许我们应该先花点儿时间想一想，一会儿再回来思考这个问题；D）我们来讨论一下什么（要素）是一次好的参观活动所必需的？——当学生选择 D 选项时，表明其可能具备了"识别并描述出所要完成的任务"的能力。计算机会根据学生的不同选择，调用预先设定好的乔治、瑞秋和布拉德等角色的多种潜在可能的反应或提供不同程度的帮助，以保证每位参加测试的学生都可以完成整个参观计划的制订。此外，在谈及相关话题时，界面还会呈现出题干中提及的三个地方的相关信息（如开放时间、距离学校的远近等）。最终，计算机通过学生在各个环节的反应，基于预设的评分标准，对学生"合作式问题解决能力"进行评分。

案例及启示 3：落实核心素养需要多样化测评

已有的实践案例显示，指向 21 世纪素养的教育需要多样化测评，从多种途径以不同方式收集学生素养发展的情况，进而为开展 21 世纪素养教学提供反馈、建议与引导。

1. 发挥形成性评价对反馈和促进核心素养教育的重要价值

形成性评价在及时、全面地了解与诊断学生 21 世纪素养的发展状态，进而为教学提供反馈与建议方面具有十分重要的作用。此外，一些重要的 21 世纪素养，也很难仅通过标准化纸笔测验进行评价。

法国就尝试通过建立学生成长档案，对其表现进行及时、持续、完整的记录，为教学提供反馈，按需调整教学以促进素养的形成。2008 年时，法国首次在小学阶段给每名学生配备一份《个人能力手册》，对其从基础教育阶段的表现进行完整的记录。同时，对评价的分类、方法和评分标准等都给出了详细的规定。对于每个学生来说，《个人能力手册》证明了他们对国家所规定的 21 世纪素养的掌握程度。《个人能力手册》考查的内容为：第一阶段（小学二年级），只考查法语、数学、社会及公民素养；第二阶段（小学五年级），七大素养全部考查；第三阶段（小学六年级到初中毕业），能力手册是在整个初中阶段逐步填写完成的，所有教师都会参加学生在这七大素养上的考核。能力手册的使用让教师得以跟踪学生的进步，同时还兼具与家长进行交流沟通的作用，定期向家长通知学生的状况，以随时了解学生的进步。如果某个学生有困难，教师团队会给他提供相应的帮助，例如改变教学方法、补充教学活动或由某个特定的教师来负责。毕业时，能力手册会交由法定监护人保管。（Ministry of Education, France，2011）

与此相似的是，在保加利亚，自2009年以来，在小学和中学教育阶段，每到年底班主任都会完善学生的个人资料，以评估他们参与的课外活动（如项目、会议、竞赛等）。而在完成小学和初中后，这些全面的个人档案则是学校毕业证书中不可分割的一部分。（EACEA，2012）

2. 在国家或地区的统一考试中，融入对21世纪素养的教育监测

除形成性评价外，致力于培养公民21世纪素养而展开相应教育变革的经济体，也需了解其毕业生在完成各学段学业时是否达到了相应的素养要求。因而，开展面向全体学生、指向21世纪素养的国家或地区层面的统一考试，也成为21世纪素养教育实践过程中的重要环节。

新西兰就将对21世纪素养的监测融入其每年一次的学生学业成就国家监测研究中。其对核心素养的监测并非独立于各学科领域之外，而是将其融入现有各学科的不同类型题目中，针对不同素养在各学科中的具体表现给出了明确的操作性定义，从而实现对核心素养的年度测评，并随当年度的学科测评结果一同公布。（Educational Assessment Research Unit，2014）

澳大利亚在发布《墨尔本宣言》后，也致力于通过国家考试项目探查特定学段的学生在读写、计算能力、信息交流技术等方面的通用能力。这主要包括两大测试项目：一是国家读写与计算能力评估项目（The National Assessment Program - Literacy and Numeracy，缩写为NAPLAN），自2008年起对三、五、七、九年级学生读写和计算能力展开测评；二是针对六年级和十年级开展的信息交流技术素养（ICT literacy）测验。（ACARA，2008，2015）

3. 行业资格证书：与职业密切相关的技能

许多21世纪素养都与相应的职业和行业技能紧密关联，通过行业资格证书评价与职业密切相关的技能，亦是评价21世纪素养教育成就的重

要途径之一。例如，针对数字能力的标准化评估工具在欧洲得到了较为普遍的运用。欧洲计算机执照（European Computer Driving Licence，缩写为ECDL）在大约一半的欧洲国家得到了定期或不定期的使用。而要获得这些证书，需掌握七大类计算机操作技能或素养。此外，还有一些国家会颁发关于信息交流素养（ICT）的多个级别证书，所测查的素养与ECDL也是非常相似的。此外，比利时（法国社区）提供初级和中级教育的非强制性ICT证书。而德国、立陶宛、罗马尼亚和英国也提供受认可资格的ICT技能证书。（EACEA，2011）

案例及启示4：落实核心素养需要政府引导和社会参与

由于教育的复杂性，在推进和落实21世纪核心素养教育的过程中，需要各级政府相关部门、研究机构与组织、社区和社会机构等多方面协调合作，提供支持和服务。许多经济体和国际组织都在思考并尝试，通过多种途径在教育系统的不同层面构建21世纪核心素养教育的支持体系。

1. 政府的政策引导

政府的支持引导是众多支持途径中最有力度的方式之一。一些经济体都由政府相关部门发布文件，借助政策推动并指引面向21世纪核心素养的教育实践。

俄罗斯于2007年通过联邦第309号法令《关于在俄罗斯联邦法律中贯彻国家教育标准的概念和结构部分的改变》，确定必须在所有的教育水平以各种形式发展学生的核心素养，由此推动基础教育和高等教育标准的修订都以核心素养为基础。例如，2010年《国家基础普通教育标准》（俄罗斯联邦教育与科学部，2010）从3个方面规定了对学生在基础教育阶段学习成果的要求：个性修养，例如自我认识与规划、学习动机、社会交往、国家认同等情意方面的发展；通用的学习能力，例如掌握跨学科知识和一般学习的能力、应用跨学科知识进行问题解决、合作学习等方面的能力；学科学习成果，例如各学科的知识与技能，学科学习的活动、方法、思维模式以及应用等。

西班牙在其《教育组织法 2/2006》（Ley Orgánica de Educación, LOE）中指出，课程应看作是由目标、基本素养、学习内容、教学方法和评价标准等组成的，这是在教育法规中首次使用基本素养一词。LOE 要求全国义务教育开设基于基本素养的共同核心课程，并出台相应的规范对 8 种基本素养给出定义，描述各个领域或学科如何支持基本素养的发展。同时制定了落实母语阅读、外语、科学、数字素养、创新与创业精神教育的具体措施。基本素养是义务教育阶段最重要的学习目标，在义务教育结束时都必须掌握。（EACEA，2012）

2. 引导社会资源参与

在教育系统外，充分发挥研究机构、民间组织、社会资源的力量和作用，有效地调动社会各界力量的积极性与创造性，为教育服务，共同推动 21 世纪核心素养的落实。例如英国在实施 21 世纪核心素养时十分注重寻求行业雇主对于教育的支持和意见。英国实施核心素养的政策框架涉及 3 个主要角色：个人、雇主和国家。其中，雇主角色对于核心素养框架的提出、形成和评价都具有重要作用。（Department for Education and Skills, 2003）

与美国 P21 结构类似，加拿大的 C21 Canada（Canadians for 21st Century Learning & Innovation）组织也参与了加拿大核心技能框架的设计，并于 2012 年推出一个完整的 21 世纪素养框架。此外，在推进落实核心素养时，加拿大还积极寻求家长和社区参与到这一过程中，因为社区参与能够给学生的校内和校外学习提供真实学习的机会，以便核心素养能够在真实的环境中被习得和巩固。（C21 Canada，2012）

此外，许多博物馆、科技馆、科研单位、基金会等机构也在面向 21 世纪素养的教育实践中发挥着越来越重要的作用。例如，美国匹兹堡儿童博物馆就与卡内基梅隆大学娱乐技术中心（ETC）、匹兹堡大学校外环境学习中心（UPCLOSE）合作，在博物馆中创建了约 167 平方米的"创作工坊（MakeShop）"空间，提供了有利于孩子和家庭的丰富的非正式学习环境，以确保孩子们能用"真材实料"，如材料、工具、工序及理念，参与到真实的制作过程中。这一创作工坊为儿童提供想象、发展及设计创作体验，同时通过家庭参与模式加强家庭成员间的关系，从而最终培养和发展儿童的多方面素养。（转引自卡普拉罗、摩根，2016）

在引导社会资源积极参与核心教育实践的过程中，需特别注重引导社会力量对教师的支持。在教师培养中，除教育部门主持的教师培训项目外，还可通过引导社会力量服务于教师专业化发展。比如，高新技术企业就在教师培训中发挥着越来越大的作用。英特尔教育项目（Intel Teach Program）是信息技术教育领域颇具规模和影响力的项目，旨在帮助全球K-12教师将技术有效地整合到教学中并开展以学生为中心的教学，促进学生学习以及培养他们在数字时代获得成功的重要技能。已有来自70个国家的1500万名教师参与这一项目的学习（Intel, 2015）。再如，伴随互联网技术的发展，教师也会有越来越多的机会接触与核心素养教育相关的教师教育类课程资源，如基于大型开放式网络课程（Massive Open Online Courses，缩写为MOOC）的Coursera平台（https://www.coursera.org/course/atc21s），就提供了墨尔本大学的一门"面向21世纪技能的评估与教学（Assessment and Teaching of 21st Century Skills）"教师教育类课程。

（刘晟单位系北京师范大学生命科学学院、北京师范大学中国教育创新研究院；魏锐单位系北京师范大学化学学院、北京师范大学中国教育创新研究院；周平艳单位系北京师范大学中国基础教育质量监测协同创新中心；师曼单位系北京师范大学外国语言文学学院、北京师范大学中国教育创新研究院；刘坚单位系北京师范大学中国基础教育质量监测协同创新中心、北京师范大学中国教育创新研究院）

（本文原载于《人民教育》2016年第20期）

培养具有艺术精神和艺术诗性的人

——俄罗斯艺术教育及其启示

刘月兰　周玉梅

俄罗斯因其卓越的艺术作品和独特的历史内涵在世界艺术发展史上占有重要的地位。高尔基曾说过，俄罗斯人民在艺术领域和心灵创作中展现了惊人的力量，在极其恶劣的环境中创造了优秀的文学、杰出的绘画和独树一帜的音乐，使得整个世界为之赞叹。这些成就与艺术创作史为俄罗斯艺术教育奠定了丰富的理论基础，成为世界优秀的艺术文化遗产。

艺术教育的内容远不止于美术与音乐

一直以来，俄罗斯将中小学作为学生学习艺术、发掘学生的艺术感知能力、激发学生艺术创造力的最佳阶段。当前，俄罗斯中小学实施的艺术课程大致分为音乐与戏剧艺术、绘画与造型艺术，以及世界文化与艺术等。

1. 音乐与戏剧艺术

俄罗斯音乐与戏剧教育的目的是在让学生掌握技巧的同时提高学生对音乐与戏剧作品的鉴赏力和自身的音乐素养。俄罗斯著名音乐教育家卡巴列夫斯基也强调："音乐教育不是培养音乐家，而是培养人，所有音乐戏剧教育的最终目标都应旨在发展学生的艺术精神。"

俄罗斯音乐与戏剧教育的一个显著特征是强制性，即所有人必须接受音乐与戏剧艺术教育。音乐戏剧课在俄罗斯普通教育的 11 年期间——小学四年、初中五年、高中两年是免费教育的必修课。

课程的基本内容是关于音乐与戏剧的通识知识，课程设置丰富多样，包括俄罗斯古典音乐戏剧的发展历史、国内外不同时期的音乐艺术流派、传统优秀艺术作品鉴赏、乐曲的识谱训练、纯正的发声练习、戏剧的表现形式、音乐表现的手段和形式、音乐的体裁、音乐戏剧活动的基本要素、乐队的组成和声音的类别等。

俄罗斯古典音乐和戏剧是中小学音乐与戏剧艺术教材的主要内容。为了体现民族特色和艺术精神，大量俄罗斯杰出艺术家的作品被编入教材中，如肖斯塔科维奇的弦乐四重奏和协奏曲、柴可夫斯基的芭蕾舞剧《天鹅湖》《胡桃夹子》和歌剧《黑桃皇后》、格林卡的《为沙皇献身》、达尔戈梅斯基的歌剧《爱斯梅拉尔达》和《水仙女》等。柴可夫斯基作品强烈的戏剧冲突和炽热悲怆的色彩、肖斯塔科维奇乐曲后浪漫主义和新古典主义风格的结合、达尔戈梅斯基对讽刺歌剧和诙谐戏剧的尝试、斯克里亚宾对无调性音乐的悉心探究，以及拉赫玛尼诺夫对世纪之交社会现实的关注……都满足了青少年对于古典音乐与戏剧艺术的向往。

除了音乐与戏剧艺术知识的学习，学校还注重音乐与戏剧的体验和创作，鼓励学生在体验经典艺术的过程中创造出属于学生、体现学生个人艺术情感、彰显学生个性的作品。学校定期为学生提供个人或者集体创作、表演、鉴赏、讨论的艺术课程和活动，每个学期学校会联合文化部门组织主题晚会、专题表演和节假日演出等活动，为学生提供设计、交流、体验和发展自己的平台。学校支持、鼓励学生体验和创造艺术，这也使得俄罗斯音乐与戏剧艺术能够在新的历史时期持续大放异彩，保持传统艺术的永恒张力。

2. 绘画与造型艺术

俄罗斯中小学绘画与造型艺术教育的内容包括：俄罗斯造型艺术的萌芽及其发展的历史，造型艺术为世界艺术史所作出的贡献，绘画造型艺术基础知识的学习，如色彩与线条的组合、视觉与空间的对比、材料的运用等；不同绘画艺术流派的体裁特征，如历史画、为俄罗斯造像、战争题材、风景画等；大师作品欣赏，如色彩运用、画面布局、创作背景、构造形式的学习等；临摹名作，领略建筑风格，如哥特式、文艺复兴式、巴洛克式等，学生可以到美术博物馆参观学习。

另外，19 世纪中叶学院派的代表画家谢米拉茨基的《罗马酒神节》和《耶稣与女囚》，以及巡回画派不同题材的画作都被编入中小学绘画艺术教育的教材中。而保存完好的古典建筑则是学生感受经典艺术气息，激发学生投身艺术事业的最好教材，如巴洛克式建筑风格的典型代表彼得堡马林剧院，运用哥特式风格装饰的教堂和冬宫，运用俄罗斯风格设计的莫斯科救世大教堂和正在发展中的"新俄罗斯风格"，以及著名雕塑家安托科利斯基的《伊凡雷帝》《彼得一世》和《垂死的苏格拉底》等都成为俄罗斯中小学学生在公共艺术活动中体验艺术的经典范式。

3. 世界文化与艺术

世界文化与艺术的教育主要包括世界文化与艺术的类型与特点；世界文化艺术的发展历程以及与俄罗斯文化艺术的相互交融和影响；新时期本民族和世界文化艺术发展的新动向等。

艺术对每个人都是重要的

1. 艺术教育是"强制教育"

俄罗斯中小学艺术教育能够得以普及与政府的大力扶持密不可分。俄罗斯政府不同时期出台的关于规范和发展艺术教育的文件法案，充分体现了其长期以来对民族经典艺术遗产的继承与对国民艺术素养提升的高度重视。

即使在政治经济形势动荡时期，俄罗斯政府也从未中断对艺术教育的普及实施。如 1997 年 7 月俄罗斯职业教育部（后因政府体制改革在 2003 年后已不存在）专门颁布《艺术教育大纲》，规定艺术教育课程为中小学校必修课程，要求丰富艺术课程的设置，鼓励学校和社会开办各种艺术教育形式的组织。

《艺术教育大纲》指出，中小学艺术教育的目的在于学生艺术理论技巧和艺术素养，以及艺术创造力的整体培养，艺术教育不是"艺术家"的培养而是培养具有艺术精神和艺术诗性的人。

除了强制规定艺术教育课程在中小学开设外，俄罗斯政府对学校自行组织各类艺术教育活动持开放政策，并给予地方学校因地制宜开设艺术课程的自主权。同时，政府出资开设青少年艺术教育学校，学生可根据个人兴趣选择课程，免费接受艺术教育。

2. 浓郁的艺术文化

除学校教育外，家庭和社会也是学生接受艺术教育的重要途径。正如苏霍姆林斯基所说："对所见所闻的观察、倾听和体验，犹如通向美的世界的窗口。所以，我们一项重要的任务，就是教会孩子看到和感受到美，而待他们有了这些能力之后，则要教会他们如何感知艺术的诗性魅力。"俄罗斯家庭普遍注重孩子艺术审美力和感受力的培养。周末和节假日，父母会陪同孩子一起听歌剧、参观艺术展览，一起到郊外读书写生，感受大自然的魅力，并将这种对美的感受内化为体验生活、热爱生活的一种心灵源泉。让艺术成为认识生活、理解生活的一种手段，是俄罗斯人普遍追求的理想状态。

在俄罗斯，艺术教育已渗透到国家的各个层面，大众公共艺术设施成为中小学生接受社会艺术教育的重要阵地。画廊、歌剧院以及马戏场中各类形式的表演和展出从未间断，无论是社区还是小城镇，作为社会艺术教育的补充机构都得到了基本的普及，如伏尔加河沿岸的小城市弗拉基米尔、罗斯托夫、喀山、下洛夫哥德罗，都建有自己的博物馆、音乐厅等。而诸如美术馆、剧院、宫殿、公园、广场等公共艺术设施在莫斯科和圣彼得堡这样的大城市更是不胜枚举。

3. 基于"人"的艺术教育

一直以来，艺术教育的技艺化和工具化是许多国家艺术教育刻意回避但又在实施中会不自觉导致的两种倾向。

技艺化的艺术教育过于重视艺术的技巧，忽视对于艺术本身的感受和启发，使艺术教育的人文性大大削弱。而过分强调工具化的艺术教育又无视艺术本身的东西，使其丧失在发展学生艺术能力上的独特价值。因此，俄罗斯在认识到技艺化和工具化在一定历史时期对艺术教育发展有促进作用的同时，更注重和强调基于"人"的艺术教育。

俄罗斯《艺术教育方案》指出，艺术教育是人们掌握本民族和人类艺术文化的过程，是发展和形成艺术价值观、精神世界、情感智力财富的一种最重要的方式。俄罗斯人不视艺术为娱乐消遣或是单纯的技艺，而强调艺术教育的人文性和情感功能。对于儿童的艺术教育，不论是学校还是家庭都认为不只是艺术知识和技能的习得，更多的是使他们由此获得对于艺术的热爱、对于人生的感悟以及充满诗性的心境。

我们应该学什么？

通过对俄罗斯中小学艺术教育状况的研究，对比我国中小学艺术教育的实际，可以发现，我国中小学艺术教育还有许多方面有待改进和提高。

1. 音乐和美术课不能替代艺术教育

当前我国中小学开设的艺术课程大多为音乐课和美术课，而教学资源的配置以及师资队伍的建设都以音乐课和美术课为主。加德纳的"多元智能理论"认为，人的能力由语言、数理、空间、音乐、运动、社交、自知等七种智能元素整合而成。而完全将"音乐和美术教育"等同于艺术教育显然是对艺术教育内涵的误读。

艺术教育不能仅仅局限于音乐和美术，而应包括文学、戏剧和舞蹈等更多的门类。例如俄罗斯中小学艺术课程除美术和音乐之外还包括文学、形象艺术、建筑审美，影视剧和音乐会、歌剧中的音乐所表现的不同功能，除此之外，社会艺术氛围对于学生艺术精神和艺术情感的熏陶也是艺术教育的重要组成部分。

我国中小学校应着眼于艺术教育视野的扩展。正如教育部颁布的《学校艺术教育工作规程》及《进一步加强中小学艺术教育的意见》所规定的：要开足开齐艺术课程，保证艺术教育的质量。艺术教育对于教育经费的投入要求很高，政府应在财政上给予中小学艺术教育大力支持，相关部门应加快公共艺术设施的完善，同时加大对名胜古迹以及古典建筑艺术的保护力度，为学生诗性智慧的启发提供良好的社会艺术氛围，进而促进学生整体素质的提升。

2. 艺术教育应面向全体学生

我国艺术教育起步晚，发展慢，城乡之间存在明显的差距。农村中小学校在教育资源的配置、教育观念及管理方式等方面明显滞后于城市中小学校，不少农村中小学校的艺术教育的开展更是一片空白。我国是农业大国，如果农村艺术教育长期得不到足够的重视和普及，农村中小学生无法接受艺术教育、感受艺术魅力的现状得不到根本性改变，无疑会加剧我国中小学艺术教育整体水平的持续下降，也将使得全面推动素质教育的改革成为一纸空文。

在普及城乡艺术教育，促进学生个性化教育方面，俄罗斯有很多值得我们借鉴的经验，如大力开发地方民俗艺术，因地制宜开设艺术课程，融艺术于民族文化，既有利于经典艺术文化的传承，又有助于农村中小学生心灵的滋养和艺术情感的陶冶。因此，我国农村中小学艺术教育的出路即充分挖掘当地传统文化资源，开发乡土文化。如拥有世界"文化、自然、记忆"三大遗产桂冠的云南省丽江市就是农村艺术教育改革涌现出的一个优秀典型，东巴文化、民族舞蹈服饰等都为开展艺术教育提供了得天独厚的条件。在传承优秀民俗艺术的同时，我们也应意识到艺术教育应关注每个学生的个性特点，鼓励他们体验个性化艺术活动，以形成个人独特的艺术情感，进而发展个性化的审美体系，为农村中小学素质教育的普及创造可能。

3. 中小学艺术教育要去工具化和技艺化

当前，在工具理性和功利主义的社会环境影响下，我国中小学艺术教育专业化倾向严重，已逐渐成为服务于升学、择校、考试等外在目的的工具。一方面，因为没有升学的压力，很多学校不重视艺术课的实践教学，本就不多的艺术课课时被语文、数学、英语占据；另一方面，家长为了孩子今后在激烈的择校竞争中能够脱颖而出，给孩子报各类音乐、舞蹈、乐器等艺术辅导班。这都体现了学校和家庭对待艺术教育的态度带有很重的功利主义倾向，将艺术视为一种纯粹的工具，而忽略了艺术之于儿童心灵的诗性的启发，学生也逐渐丧失了对艺术的诗性和情感的感受能力。

此外，艺术教育原有的人文和情感特色被忽视，将知识和技能的传授视为艺术教育的唯一目的，导致艺术教育逐渐变成纯粹的技艺教育，使得艺术教育丧失激发学生艺术诗性的作用而仅仅成为一项生存技能，形成了以"技艺"为核心而非以"人"为核心的艺术教育体系。因此，中小学阶段的艺术教育应该注重青少年艺术诗性的启发。

总之，我国中小学艺术教育的目标应定位于学生全面素质的发展，激发学生艺术潜能，形成以"人"为核心的中小学艺术教育思想。实现这样的目标，要依靠政府、社会、家庭以及广大艺术工作者的力量，在借鉴他国经验的同时，努力挖掘本民族的艺术作品，为青少年艺术精神和艺术情感的培养创造机会，从而进一步推动我国教育质量的全面提升。

参考文献：

［1］Дробицкий Э,Ромашко Е.Современное искусство России[M].Творческий союз художников России. 2006.

［2］Савенкова Л.Г.Интеграция в современном художественном образовании детей:педагогические основы междисциплинарного взаимодействия[J/OL].Русское слово.http://yandex.ru/clck/jsredir，2010-11-02.

［3］Фомина Н.Н. Искусство детей в культуре России первой трети XX века[J].Детство Отрочество. Юность，2010（02）.

［4］李莉 . 农村中小学如何面对现实开展艺术教育 [J]. 美与时代，2007（02）.

［5］Красильников И.М.Педагогические технологии в дополнительном художественном образовании детей: Пособие для педагогов дополнительного образования[J]. Просвещение，2008（10）.

（作者单位系新疆石河子大学师范学院）

（本文原载于《人民教育》2014 年第 10 期）

触及根本的教育

——从法国基础教育的哲学课谈起

刘　敏

　　每年 6 月是法国高中毕业会考的时间，考核合格者即可获得升入高等教育的资格。哲学是法国高中毕业会考的第一门，考试时长为 4 小时，学生要在三个哲学题目中选择其一完成一篇申论。普通高中和技术高中的学生都要参加哲学考试，考题按照文科、理科、社会与经济科、技术科而有所差异，且加权系数不同。与我国语文高考试题类似，法国哲学科目的考试题一直以来都是各大媒体报道的头条，事实上，在考试之前，网络上就会出现各类有关哲学试题的预测和押宝，有的学生也会选择补习班集中练习解题技巧。

　　法国的哲学科目的考试题颇具挑战性。2015 年，法国高中会考文科哲学试题为"尊重所有生命是否是道德义务""我是否是由过去所塑造而成的"以及评论法国哲学家、社会学家托克维尔的一段选文。社会与经济学科的试题为"个人意识是否会反映在其所属的社会上""艺术家是否需要学习"以及评论哲学家斯宾诺莎的一段选文。理科题目为"艺术作品是否永远有意义""政治是否可以脱离现实"以及论述哲学家西塞罗的一段选文。还有让人印象深刻的题目，2012 年的"工作的价值是否只在于'有用'"，2013 年的"我们对国家有什么责任"，2014 年的"人们是否可以穷尽一切以追求幸福"。

为什么要有哲学课？

法国的高中毕业会考是法兰西第一任皇帝拿破仑于 1808 年借鉴了中国的科举制度创立的学历考试。哲学在会考创立之初即为必考科目，哲学课被确定为高中第三年的必修课程。国家赋予哲学教育以公民教育的功能，希望能够培养出不囿于传统和偏见，具有理性判断能力的公民。1840 年，哲学教授出身的时任教育部长库赞强化了哲学教育在中学教育中的地位，并引入作文的形式来培养学生的哲学思考分析能力和书面表达能力。第三共和国时期，法国确立了自由、平等、博爱的国家宗旨，成为法兰西精神的标志，而哲学教育在这种精神的塑造中扮演了重要的角色。

即使在功利主义盛行的今天，哲学教育虽然备受争议，但其重要性始终未被消解。2011 年法国教育部鼓励各学区除了高三年级的哲学必修课之外，在高一高二年级也尝试开设哲学课。这一建议得到了学区层面的积极响应，目前法国所有学区都有高中在一年级即设立哲学课。正如法国凡尔赛学区副市长贝勒米所说的"今天的时代充满着划不划算、有何成就、过度劳动等问题，哲学的作用在于可以消解焦虑，保留一个不求回报的空间，让年轻人去思考一些人生重要的问题。谁不曾在一生中遇到诸如'什么是幸福''人生有意义吗''正义是否存在'这样的问题，而哲学课的意义就恰恰是避免这些问题被湮没在一件又一件日常的焦虑中，避免人生活得消极、机械、虚浮"。

正如法国历史学家布罗代尔所言"法兰西是奇迹般的历史积累的产物"，其物质文明和精神文明的丰富性和独特性，使其在各大产业及文化学术领域的世界地位都不容小觑。法国是世界第五大经济体，是全球第二大农业出口国，其汽车制造、航空航天、核电、铁路、医学与制药都位于世界前列。同时，法国的精神与文化生活更是西方文化多元与创新的典范。"从中世纪空灵诡秘的哥特式建筑到玉洁冰清的骑士文学，到近代美轮美奂的古典主义和振聋发聩的启蒙运动，再到当今标新立异的后现代艺术和结构主义"，历史成就了法兰西自由、批判、创新、多元的气质，同时法兰西的气质又成就了民族国家丰厚的文化；恰如哲学教育促成了法兰西这种民族气质的形成，同时哲学教育本身也是法兰西精神文明的历史遗产。

启蒙时代对于人们思想的洗礼激发了法国人对哲学的钟爱，也在那个时候，哲学问题的辩论在沙龙和咖啡馆文化中盛行起来，并逐渐融入法国日常的生活。时至今日，法国街头仍有不少以哲学词汇命名的咖啡厅，不少学术机构和媒体也常常组织哲学沙龙和哲学对话，而法国文化台每周一到周五一小时的哲学节目也有着不错的收视率。罗素所描述的哲学对于那些迄今认为确切的知识所不能肯定的事物的思考，以及诉诸人类理性而不是诉诸权威的批判意识和怀疑精神较好地描述了法兰西人的气质。

法国国家教育部颁布的哲学教育大纲明确指出，哲学教育旨在让学生关注和思考有关人生、社会、政治的本质性的问题，让他们通过这种方式去感知人生的价值、意义和个体的角色，学会提出问题并且探索问题的答案。哲学课的教学"避免出现百科全书式的或艰深的内容"的灌输，不强制要求学生熟记哲学流派或者哲学家的生平，更多的是能够在教师的引导下围绕一些哲学的基本概念进行自主思考。

法国中学的哲学课主要按照概念和主题来组织教学

法国哲学课教师在授课内容和方式上也享有很大的自主权，国家颁布的教学大纲只作了较为宽泛的规定，教师可以在大纲列出的哲学家和概念中选择授课内容，也可以拓展到大纲外的人物或读本，特别是教师可以自己决定授课的模式和学习的进度。

法国中学的哲学课主要按照概念和主题来组织教学，根据法国国家教育部大纲，哲学教育分为逻辑分析、表达能力、文学艺术、科学知识及历史知识几大部分。哲学课的日常学习和考试不设填空选择题，学生需要在思考和批判的基础上完成逻辑性的论述，并合理地表达。表1是法国国家教育部颁布的高中哲学概念范围。

表1　法国国家教育部颁布的高中哲学概念范围

文科	主题：意识、感觉、潜意识、他者、欲望、存在与时间	参考标准：相对/绝对，抽象/具体，契约/权力，分析/综合，原因/结果，偶然性/必要性/可能性，信仰/了解，本质性/偶然性，解释/理解，事实上/法律上，形式/实体，性别/族群/个体，理想/现实，身份/公正/差异，直觉/推论，合法的/合理的，间接/直接，客体/主体，责任/限制，根源/根本，劝说/说明，相似/一致，原则/结果，规律/推论，理论/实践，超越/内在，普世/总体/个别/特殊
	文化：语言、艺术、工作与技术、宗教、历史	
	理性与现实：理论与经验、推理、阐释、生存、物质与精神、真理	
	政治：社会、正义与法律、国家	
	道德：自由、责任、幸福	
社会与经济科	主题：意识、潜意识、他者、欲望	
	文化：语言、艺术、工作与技术、宗教、历史	
	理性与现实：推理、阐释、物质与精神、真理	
	政治：社会与交流、公正与法律、国家	
	道德：自由、责任、幸福	
理科	主题：意识、潜意识、欲望	
	文化：艺术、工作与技术、宗教	
	理性与现实：推理、生存、物质与精神、真理	
	政治：社会与国家、公正与法律	
	道德：自由、责任、幸福	

十几年前，法国部分学者开始尝试在初中、小学甚至幼儿园开设哲学课，这些课程体现了法国哲学教育培养公民批判、创新、自由等法兰西民族特质的宗旨。在课上，老师会让孩子来阐释什么是"自由"、什么是"死亡"、什么是"不同"、什么是"正义"；老师会让孩子思考"死亡""美"这类关乎个人幸福的问题，也会让孩子思考关于"平等""工作""爱情"

之类关系自我与他者、自我与社会的问题。授课教师在经验分享的时候发现，有些"落后"的孩子在这类课程上会投入更多，"因为这样的课程没有任何价值判断，也没有错误或失败的概念，小朋友不需要担心评价或者他人的眼光，所以也愿意参与""小朋友们语言掌握能力进步很快，与同学们一起组织语言，而并非只是跟着老师学习。他们的语言整合能力越来越能够表述复杂的情况，从而可以让对方更加理解自己的意思，他们的遣词造句也越来越贴切"。

当然，法国哲学教育的道路并非一帆风顺，特别是考试方式和教学方法更是多方争议的焦点。反对者认为，哲学考试虽强调自由地思考和逻辑地表达，但"申论"体的要求却使学生往往更偏重于解题而非思考，与我国语文作文面临的同样尴尬在于，学生在接受过起承转合的结构训练作出的"八股"文却常常符合阅卷人的审美标准。每年哲学题目公布之后，法国也常常有各路专家教授对题目进行一番庖丁解牛似的演绎和论证。另外，哲学教育对于教师的哲学素养有很高的要求，而教师的教学方法对于学生的学业成绩也有重要影响。虽然法国中学的哲学教师都具有研究生学历并身经百战，然而有些教师过于死板的教学方法实则难以让学生对哲学感兴趣。

哲学与传统文化：触及根本的教育

1945 年，联合国教科文组织指出哲学的任务之一就是向人类阐明和传播诸如正义、人权、自由及和平的思想，"战争起源于人之思想，故务需于人之思想中筑起保卫和平之屏障"。1946 年教科文组织制订了一项哲学计划，旨在"向公民灌输那些视为基本知识的哲学和道德观念，因为这个概念也促进对人的个性的尊重，对和平的热爱，对狭隘民族主义和暴力传统的憎恶，促进团结及对文化思想的信奉"。

1995 年，哲学家们在巴黎通过《哲学问题宣言》，倡议各国开展或扩大哲学教育，让"哲学思考在教学和文化生活中发展，通过发挥公民的判断力——一切民主的基本要素——促进公民的塑造"。2005 年教科文组织发布关于哲学的跨部门战略，指出"哲学是一所'自由的学校'，它发展一些智力工具来理解和分析正义、尊严和自由之类的核心概念；它建立独立思考与判断的能力；它促进辩证技巧的发展从而理解和质疑世界及其挑战；它培养对价值和原则的思考"。2006年，教科文组织公开支持小小孩哲学教育，将此类教育定义为自由与民主精神的教育。美国人利普曼在20世纪90年代开创了小小孩哲学课，这类课程不在于传授哲学思想，而在于启发幼儿思考，练习其表达、分析、判断、逻辑思维能力。2007年教科文组织出版了一本世界哲学教学艺术的参考书《哲学，自由的学校》，自此世界众多国家和地区开始讨论并实施有关哲学的教育。除了法国之外，西欧不少国家，如德国、葡萄牙都在中等教育阶段开设哲学必修课。近些年，东欧、拉美地区也有不少国家在高中开设哲学课，以增强青年一代的公民意识。

事实上，西方的哲学教育与我们提倡的社会主义核心价值观教育殊途同归，正如习近平总书记在2014年北京大学师生座谈会上的讲话中所说的，"富强、民主、文明、和谐是国家层面的价值要求，自由、平等、公正、法治是社会层面的价值要求，爱国、敬业、诚信、友善是公民层面的价值要求"。不管是哲学教育还是核心价值观教育，都关乎最为根本的问题，即关于个体、关于社会、关于国家的根本问题。这种教育不是极权主义的价值灌输，而是基于内生的、反思的、行动的、批判的、创造性的教育。

今天，我们讨论阅读素养、科学素养，我们做美育、体育、媒体素养教育、金融素养教育，然而所有这些在没有关于人性的思考、价值观的思考、批判的思考和创造性思考的前提下，都可能归于零。今天，我们看到社会上太多现象，诸如对于公共事务的冷漠、对于侮辱行为的容忍、对于贪婪与腐败的妥协，这些无疑都是社会和国家发展的毒瘤。

在我交稿之际，传来巴黎爆恐事件的新闻，焦虑、震惊、悲愤各种情绪涌上心头的同时，我再次提笔修改这个结尾。正如法国学者扎卡在对巴黎恐怖危机和"9·11事件"的对比分析中所说的，西方社会在关注物质幸福、社会权利、社会保护的同时，却没有给出"生存"的理由。道德和文化脆弱的欧洲，其传统历史上的宽容和多元的理想，在全球化的今天，受到了移民大潮和极端主义的强烈冲击。美国政治哲学家沃尔泽指出，用苦难和不平等来解释恐怖主义是行不通的，恐怖分子永远不应该成为某些人眼中的自由战士。今天，让我们重申哲学教育，通过哲学教育去发现个体、社会和国家最持久发展和最深层的力量，重新唤回"对人类个体的尊重，对和平的热爱，对狭隘民族主义和强权政治的憎恶以及对于文化理想的忠诚"。

（作者系北京师范大学国际与比较教育研究院副教授）

（本文原载于《人民教育》2015 年第 23 期）

韩国：环境教育的本质是环境价值观教育

张雷生

到韩国旅游的人，常常会对其干净整洁的街道、碧空如洗的蓝天以及人们自觉进行垃圾分类的行为留下深刻的印象。这些都得益于韩国广大市民环境保护意识的增强和广泛深入的自然环境保护教育的有效开展。韩国环境教育的开展始于 1972 年，当时是韩国工业化阶段的巅峰时期，一度创造了"汉江奇迹"，成为"亚洲四小龙"之一。然而也就是在那时，出现了过于重视经济发展而忽略甚至忽视环境保护和环境教育的问题，从而导致了严重的环境污染现象，极端恶劣天气出现的频率越来越高，严重地影响了人们的正常生活和身心健康。广大民众认识到不能再以牺牲环境的昂贵代价来换取经济的发展，加强环境保护和环境教育的呼声越来越高，环境教育开始得到发展。其中，幼儿园和中小学是环境教育开展的主要阵地。

环境教育不同于环保教育

环境教育不等同于环保教育，环境教育包含环境知识、生态伦理、生态美学、环境文化等方面，其本质是环境价值观教育。通过教育让人们认识到环境的多元价值，重构生态价值体系。环境教育的宗旨在于注重环境保护的价值观、态度、参与意识，人与自然和谐共存、社会经济发展与自然环境保护并重，向资源环境和人类社会可持续发展的方向转轨。

几十年间，韩国学校开设的环境教育课程经历了诸多改变，如今已发展成为一个"体系健全、内容丰富、形式多样"的有机整体。环境教育部分涵盖了幼儿园、小学、初中、高中、大学等各个阶段，在正规教育课程中开设环境教育选修科目。

学校环境教育课程主要包括以下几个方面：首先是环境保护概念认知，把环境分为自然环境和人工环境两个方面；其次是环境保护相关内容，涉及生物多样性保护、湿地保护、有害废弃物的国际间流动和有效处理、濒临灭绝的鸟类保护、人口问题、粮食安全问题及合理利用和开发、可持续性的农业及农村开发等议题；再次是环境污染相关教育，内容涉及环境保护教育的各个方面。随着年级的增高，课程逐渐由浅入深，由易到难。

环境教育的目标及领域包括环境保护的相关知识及意识、技能、价值和态度、行动和参与实践等四个层面。

环境教育的内容分布在"生活、社会、自然、道德、劳动实践"等科目中，尤其在"社会"和"自然"两门科目中出现的频次较高。其中，"社会"科目主要从国土开发使用和保护层面上，对资源、人口、环境及由于产业化、城镇化、现代化等带来的环境污染问题与相关处理应对措施等为主线展开。这些都可以为国内学校环境教育的开展提供宝贵的参考借鉴。

环境教育的创新举措

在韩国环境教育的开展过程中，先后遭遇到了包括师资不足、教育内容和环境教育设施匮乏等在内的诸多现实问题。为了解决这些问题，韩国教育部教育开发院、环境与国土海洋资源部，以及青少年儿童发展研究院等相关机构采取了一系列创新举措。

首先，为了提高环境教师的专业水准，韩国教育部教育开发院、环境与国土海洋资源部，以及青少年儿童发展研究院，以学校校长、副校长（教导主任）及环境教师为对象，制订实施了环境教师在职培训提高方案。该方案也包括从2010年开始新设的面向校长和副校长（教导主任）开展的学校环境教育政策特别课程。同时，国立首尔大学等高等教育机构专门开设了委培和定向培养课程，对于环境教师开展在职培训。这些在职培训和委托培养的开展与实施，从数量上或者人才的储量上解决了环境教师人员供给不足的问题。

另外，为了提升环境教育的实际效果，韩国教育部教育开发院、环境与国土海洋资源部，以及青少年儿童发展研究院，以幼儿园学生和小学学生为对象，从 2004 年开始实施并在全国范围内推广"跟我来移动环境教室"项目。这种教室是将大型集装箱卡车或公交车进行改装，配备上相关的环境教育器材之后形成的环境教育空间。接到学校的预约后，这种教室将会开进幼儿园和小学校园内，按照不同的环境教育领域和难易水准，分门别类地提供内容和形式多样化的体验式环境教育。众多韩国学校都愿意借助这种现代化的环境教育手段来开展学校环境教育，"跟我来移动环境教室"项目每年的申请量高达 1200 件，但该项目只能满足 150 所学校的教育教学要求，形成了供不应求的局面。

韩国学校环境教育的持续深入开展，为儿童、青少年形成正确的环境价值观和环境保护态度，增强环境保护自觉意识，珍惜和爱护生存的生活环境空间，身体力行地做好自然环境保护起到了不容忽视的重要作用。

对国内环境教育的启示

韩国的环境教育已经开展了 30 余年，积累了成功的经验，从环境教育立法、制度保障、课程内容体系完整、参与主体多元化等方面为环境教育提供了有力保障，从中可以得到如下启示：

首先，从国家法律和制度建设保障层面上，建议相关部门协力合作，推进环境教育立法工作，将环境教育写进《教育法》及其相关法律条款中，从法律制度层面上确保环境教育的深入开展实施；建议相关部门联合中央及省地市县电视台等媒体，通过环境教育公益广告等形式加大环境教育宣传，提高全民环境责任意识，营造环境教育的良好舆论氛围；利用立法手段，通过税收减免等形式号召和鼓励国有及民营大中型企业、大学科研院所、民间团体等机构，从资金、技术、人力、智力等多方面积极参与到学校环境教育中来。

其次，学校的教学大纲以及教育课程体系设置上，应在保证不加重学习压力的同时，充分利用课外学习时间，结合青少年儿童认知发展的个性心理特征，开展富有科学性、趣味性、知识性的环境教育活动，做到书本理论知识和生活实践相结合，校内理论学习和校外实践探究相结合，学校教育和社会及家庭教育相结合。通过电影、教学片、照片等形式，注重和生活中的环境现象紧密结合，将雾霾、酸雨、沙尘暴、地下水污染、植被破坏等引入课堂教学，使环境教育课堂开放化，使环境教育学习内容涵盖环境概念、环境保护意识、环境和自然灾害预防等方面，使青少年儿童在环境保护方面进行主动的学习和探究，形成正确的环境伦理意识。同时，从师资力量配备、培训以及教育教学设备器材、场地和空间、校外实习基地建设等方面给予支持和扶持，确保环境教育有效开展。

再次，环境教育的教学模式方面，考虑到学校教育教学的实际，今后的环境教育可考虑"多学科融合渗透"，通过语文、数学、科学、品德、物理等学科化整为零地实施，将环境领域各方面内容分门别类地呈现，使广大青少年儿童在各学科的学习中获得相应的知识、技能和情感，减少因为专门配备师资和教育教学时间所带来的教育成本。

（作者系吉林大学高等教育研究所教师，韩国延世大学教育科学研究院博士、研究员）

（本文原载于《人民教育》2014 年第 20 期）

美国中学如何开展社会与情感学习？

王　俊

当今时代，传统以知识为导向的教育已经不能适应经济社会发展的需求，培养学生对未来环境的适应能力成为各国教育改革的重点。2016 年 3 月，世界经济论坛在《教育新视野——以科技促进社会与情感学习》这份报告中，从如何运用核心技能、如何应对复杂挑战、如何适应环境变化三个方面，提出了 21 世纪的教育应当如何培养学生的综合能力。这份报告还特别指出，与过去只重视学术能力培养的教育相比，兼具社会与情感学习的教育不仅能改善学生的学业表现，更能为学生未来深造、就业或取得成功产生长远的影响。

早在 1995 年，哈佛大学心理学家丹尼尔·戈尔曼（Daniel Goleman）就凭借《情感智商》一书，让美国社会特别是教育工作者开始认识到培养学生情感智商的重要性。后来，戈尔曼与多位教育学者联手创建了名为"学业、社会与情感学习协作"（Collaborative for Academic, Social and Emotional Learning, CASEL）的组织，通过为教育实践者、研究者和决策者调查提供有关社会与情感学习的经验和指南，提高学前教育至中等教育阶段学生的社会与情感技能。在 CASEL 看来，强化社会与情感学习，能够帮助学生掌握五大核心技能——自我意识、自我管理、社会意识、交往技能以及负责任地作决定。

考虑到学生在不同教育阶段呈现不同的心理与成长特征，社会与情感学习的侧重点也相应地有所区分。在小学，教师通过教导学生学习与情感有关的词汇，让他们认识和描述诸如"我很开心""我觉得很激动"等积极情感和"我好失望""我特别难过"等消极情感，进而启发学生的自我意识，帮助他们辨识和调整自己的情感。在中学，青少年学生开始步入人生发展的青春期，他们在这个阶段会经历生理、认知和情感的重要变化。随着独立性的增强，他们会逐渐面临课业负担、同伴影响、考试焦虑、社会媒体等带来的挑战，与处在小学阶段的低龄学生相比，也更容易接触危险行为。

美国疾病控制与预防中心会定期面向14～17岁学生开展"青少年风险行为调查"（Youth Risk Behavior Survey），而2013年发布的调查结果也引发了美国教育界的担忧。数据显示，在该调查开始前的12个月中，有29.9%的学生曾经在连续两周或者更长时间段中每天都感到悲伤或绝望，甚至有17.0%的学生想到了自杀。同时，在该调查开始前的30天内，有7.1%的学生因为担心安全问题而没有去学校上学，甚至有6.9%的学生曾在校园被人手持武器威胁或伤害。因为对校园暴力、欺凌以及青少年自杀现象的忧虑，美国一些中学正在探索如何通过社会与情感学习帮助学生更好地认识自己，采用更恰当的方式抒发内心情感，尤其是当他们面对学习和生活中的挫折时，能够将负面情感转化为正面成长力量。

校园文化：积极环境和情感支持并行

纽约的东区中学在校园提出"百分百尊重"的口号，努力在学生之间，以及学生与教师之间营造相互信任、相互支持的氛围。面对那些存在欺凌同学、课堂违纪、拉帮结派等问题行为的学生，学校采用"图书疗法"，引导他们有针对性地阅读相关主题的优秀青少年读物。教师在与学生畅谈阅读心得时，帮助他们慢慢地纠正和避免问题行为。为了让学生在犯错后可以重新被同学认可和接受，避免孤立感，东区中学倡导"行为修复"原则，例如要求学生如果对他人造成了伤害就必须进行公开道歉。

在一些学校，管理部门会安排专门的教师帮助纪律不良的学生理解和管理自己的情感，为他们提供持续的关注与辅导，逐步改善其行为方式。

这样的做法不仅能让公平与正义的行为理念渗透到校园文化中，更重要的是让学生感受到安全、安心的环境氛围。

在中学阶段，尽管学生的独立意识和推理能力都有所增强，但是往往会出现考虑问题不成熟、作出决定太草率的情况。如何教导学生在学习和生活中更全面地考虑社会准则、道德标准、安全因素、相互尊重以及各种行为可能造成的后果，从而负责任地作出决定，也是学校在开展社会与情感学习时应当关注的。克利夫兰的大都会中学采用了一款叫作"涟漪效应"的软件，让学生在电脑上模拟可能遭遇的问题与冲突，通过预见和评判不同反应行为可能产生的影响后果，引导学生在学校、家庭和社区负责任地作出决定。

情感容易波动是中学生青春期的普遍体验，所以引导学生更好地调整和平复情感波动，也是让他们有充分的时间与精力用于课业学习的前提之一。对于在芝加哥芬格中学工作的教师而言，"倾听学生的声音"是这所学校最强有力的教育信念。在这里，学生可以在学校安排的正式环节中畅谈自己的想法，还可以在非正式的场合与教师谈谈自己的困惑。面对冲突和挑衅行为频发的学生，学校要求他们参加名为"先思后行"的情感管理课程。学生在每次课程的小组恳谈中扮演不同的角色并分享体会，在教师的指导下每周设定新的行为改进目标并进行自我监督，逐渐提高面临情感波动时的行为处理能力。与此同时，芬格中学为那些遭遇家庭变故、至亲离世等情感创伤的学生安排心理辅导课程，缓解他们可能出现的情感压力紊乱情况。可以看到，学校和教师以学生为中心聚集了丰富的社会与情感学习资源，让他们清楚地知道面临社会与情感问题时如何寻求帮助，共同构建具有社会与情感支持的校园文化。

课堂教学：专门课程和教学方法并重

美国的一些教育组织会开发社会与情感学习课程并向学校推广使用，CASEL 在经过评估后也会在其发布的社会与情感学习指南中进行推荐，其中"狮友探路"和"面对历史与自我"则是影响较广的课程。为了帮助学生全面掌握和运用社会与情感学习的技能，"狮友探路"会采用一系列的教学方式，例如团队合作、分组讨论、同学互教、小组反思、问题解决等。当教师在"狮友探路"课程中提出讨论主题时，会首先鼓励学生进行独立思考，然后让学生之间进行分组讨论，最后由每组的代表与所有学生分享心得体会。"面对历史与自我"课程则是在传统的历史学科教学基础上开展社会与情感学习。这门课程以重大历史事件为主线，引导学生结合自己在现实生活中的个人选择，思考尊严、道德、法律和责任在人类社会发展中发挥了怎样的意义。随着教师不断带领学生追问历史与人类行为的因果关系，学生也开始反思自己的思维方式，逐渐意识到应当如何作出负责任的决定，能够为自己、他人以及所在社区带来积极的变化。

除了专门课程，教师在学科教学中也会注意采用恰当的教学方法，在帮助学生提高学业表现的同时，让他们在社会与情感学习方面有所收获。在芬格中学，负责英语文学课程的教师为讲授莎士比亚的《奥赛罗》与当地剧院合作，以剧本结合表演的形式开展英语读写教学。为了表演好剧中角色，学生们开始认真阅读剧本，遇到阅读和理解障碍时，他们更愿意向同学和教师请教，这进一步激发了学生的学习热情与乐趣。教师们发现，原本有的学生因为学习压力和考试焦虑而产生厌学情绪或学习障碍，但在这门课的学习中非常投入，出现了积极的变化。

同时，文学作品对人物性格的描写也成为很好的社会与情感学习资源。教师让学生从现实生活的角度思考自己对剧中人物有着怎样的共鸣和体会，并尝试用文字描述出来，比如学生在读完《奥赛罗》后，会在作业中描述自己是怎么理解"嫉妒心"的。当学生在课堂上分享各自对不同情感的体会时，他们能够对"什么是好的行为"和"什么是不好的行为"形成相对一致的看法，这反过来能够改善他们的行为方式。在芬格中学的一些教室里，就张贴着学生在对一些情感和行为问题进行讨论后达成一致的行为守则海报，甚至每一位学生还在上面签字以表示自觉遵守。

外部支持：家庭参与和社区联合并济

学校在开展社会与情感学习时，同样离不开家庭和社区的广泛参与。斯普林菲尔德的复兴中学给每个学生安排了一名指导教师，他们在多年的指导关系中建立起相互信任的亲密关系，让他们时刻感受到在学校也有一个像家人和朋友的角色。当他们遇到问题时，知道谁是他们的倾诉对象，谁能给予他们相应的帮助。学校每年举行 3 次由学生自己主导的学习恳谈会，学生在指导教师的陪同下，向父母展现自己过去几个月的学业成果与进步情况。在恳谈会上，学生不仅与指导教师和父母一起回顾自己的成长历程，也要共同确定下一个阶段的学习目标。学生通过这样的机会观察自己的学习情况，并且在指导教师和父母的共同帮助下确定新的目标，这能让他们逐渐养成调整与规范、反省与规划的习惯。与此同时，随着指导教师更多地了解学生的家庭情况，他们能够在学生因为遭遇例如至亲离世、课程压力、考试焦虑等情况而出现社会与情感问题时，寻求更恰当的方式为学生提供指导支持。

社会与情感学习倡导让学生走出校园，把社区变成一本教科书，在课堂之外培养学生的社会意识。以问题解决为导向的探究式学习是常见的形式，它强调学习内容均应来自社会与生活现实。教师从社区发掘教学主题，带领学生一同探究答案。格林维尔的费舍尔中学在 STEM（科学、技术、工程与数学）课程中普遍采用探究式学习，鼓励学生在一定时间范围内发现和分析社区存在的问题与面临的挑战，并提出解决方案。学生们也经常会将社区的垃圾回收、能源供应、清洁水源等问题作为探究式学习的主题，在设计解决方案的过程中获得知识与技能。学习报告是展现探究式学习最终成果的方式，学生们往往要开展多次的小组讨论，付出很多的时间和精力才能呈现一份优秀的作品。这对于学生发挥社会与情感技能，表达自己的观点想法并且听取他人的合理意见，都是很好的锻炼。同时，教师也不是学习报告的唯一评价者，学生们还要在公共场合面向社区民众宣讲他们的学习报告，听取不同人群从不同角度提出的看法。在这个过程中，学生的批判思维、团队协作、问题解决、自我管理能力都能得到提高。

应当说，与美国联邦及各州教育部门推出的很多教育举措仅关注单一的教育问题相比，社会与情感学习能够使学生具备更为深层次的社会与情感技能。它在有效促进学生中学学业发展的同时，也能为他们毕业后进入大学接受高等教育或者就业从事专门工作打下更为坚实的发展基础。

（作者系北京教育科学研究院高等教育科学研究所助理研究员，
中国人民大学教育学院博士研究生）

（本文原载于《人民教育》2017 年第 8 期）

美国社区学校：社区参与学校改进的"试验田"

王　铄

美国学校和社区的互动非常频繁

美国学校和社区的良性互动由来已久。20世纪初，随着大量移民的涌入，社区成了跨文化教育的关键。以此为契机，学校和社区的合作开始启动。社会逐渐形成一种共识：教育不仅是家庭、教会的责任，也是政府、社会乃至社区的责任。到20世纪80年代末90年代初，美国政府启动了许多鼓励学校和社区互动的政府项目，州政府也开始鼓励公立学校参与社区服务，以至从联邦到各个州政府，再到各个学区，基本都设有组织学校与社区合作的机构，以确保学校与社区合作的有效实施。

美国学校和社区的互动非常频繁，并呈现出多样化的特点。从形式上说既有学校和其他社区机构的正式合作，也有学生参与社区建设的实践活动。社区在学校办学活动中的参与既可以是独立的社区成员，也可以是社区内的企业、政府机构和宗教组织等。学校在社区中的作用也不尽相同，有的被视为社区的中心，有的则作为社区的发展机构。

长久以来，美国社区为家庭、学生和学校协调并提供各种资源和服务，在学校发展中扮演重要角色。那么，美国社区和学校之间到底是如何互动的？社区是如何推动学校发展的？本文以社区学校为例，探究美国中小学校和社区之间的互动实践。

社区的枢纽，综合的学校

20世纪初，受杜威主导的进步主义教育运动的影响，社区学校运动在美国逐渐兴起，将学校建设成为社区社会生活和社会服务中心的观念以及改革实践一直延续至今。关于社区学校（Community School）的定义，我们可以从属性和功能两个角度来界定。从属性上讲，社区学校既是社区的公共场所，又是学校和其他社区资源的一种战略合作。从功能上看，社区学校不仅是一种整合了社区所有优质资源的教育机构，还是整个社区的社会生活和社会服务中心。简单地说，通过社区学校，社区参与到学校教育中，同时社区学校也为学生、家长和社区居民提供多种服务，希望借此改进整个社区的状况，但是社区学校的根本目的是提高学生的学业成就。

社区学校的核心理念可以通过"发展三角形"充分展现出来（见图1）。所谓"发展三角形"的三条边分别指社区学校发展的三个关键因素：有效整合的核心课程、丰富的学习机会和综合支持服务。这三个关键因素通过社区和家庭共同为处于核心位置的儿童和学生服务，从而实现社区学校的发展目标。

图1 社区学校的"发展三角形"理念

社区学校本质上是一所公立学校，是学校与社区互动制度化的体现，与普通学校具有诸多共性，但由于社区和家庭的深度参与，社区学校也具有不同于普通学校的独特优势。

社区学校与普通学校的共性体现在教育教学是社区学校的核心职能。作为社区枢纽的社区学校，教育是其诸多职能中的根本，其他社区支持服务是为了移除学生接受教育的障碍，保证教师可以将更多精力投入课程和教学上，为学生提供更多时间和更多的学习途径。

社区学校的独特优势体现在两个方面：一是社区学校体现了学校、家庭和社区的共同参与与充分合作。社区学校运动的兴起和诸多公立学校向社区学校转型的根本原因在于学校无法满足学生和家长（尤其是来自贫困和农村地区的学生与家长）提出的多样化的需求，因此需要社区通过借助和整合来自社区、社会、政府机构等不同渠道的可用资源，帮助学生和家长解决学生学习过程中面临的挑战与威胁。

二是相对于普通的公立学校，社区学校能够为学生提供更多学习时间和学习机会。大多数社区学校建立在学术表现不佳的公立学校的基础上，这些学校一般位于经济发展欠佳的贫困和农村社区。如果没有社区和其他社会组织的帮助，在这些学校就读的学生无法从家庭中获得像中产阶级家庭出身的学生一样丰富的学习机会。为了改善这些学生的学业状况，社区学校充分利用课后、周末和假期的时间为学生提供丰富的课程资源来补充学生的学习机会，同时将学生课堂所学知识融入到课外课程和实践活动当中，帮助学生强化学习效果。

在学校和社区的诸多互动形式中，社区学校已经成为学校和社区深度融合、积极互动的典型模式。基于社区学校的独特优势，美国教育部部长呼吁将每一所学校都打造成为社区学校。

本杰明·富兰克林高中

本杰明·富兰克林高中是美国历史上学校和社区互动的典型代表，该校一直保持着这一特色。富兰克林高中与社区的互动首先体现在学校领导团队的人员构成上。具体而言，其领导团队包括行政管理者、社区学校协调员、教职员工、家长、当地居民和学生，该团队共同评估学校的发展需要并一起出谋划策，也共同决定如何开展项目满足社区的实际需求。例如，为了帮助该校修建运动场，当地一家国际运输公司资助了100万美金，此外巴尔的摩市政府、当地的一家基金会和一些企业也参与了该项目。

为了帮助学生学习和发展各项技能，该校的合作伙伴为学生提供了许多机会。例如，当地一家公司为学生成立了理财素养工作坊，并为学生参与环保活动提供交通服务。类似的活动还有志愿服务和科研项目等。值得一提的是，该校的学生组织"自由发声"与一个反贫困草根组织"工人联盟"合作，成功阻止了一个垃圾焚烧厂在学校附近的设立。

作为社区学校，本杰明·富兰克林高中还为社区的稳定作出了积极的贡献。为了帮助学校所在社区解决高人口流动率的问题，该校与非政府组织、大学和教会合作开展"稳定家庭项目"，帮助60个家庭留了下来，学生的流动率也从61%下降到41%。

社区学校的主要模式

社区学校的起源可以追溯到19世纪末20世纪初的城市社会服务中心。时至今日，美国社区学校已经形成了多种典型模式：儿童援助协会社区学校、灯塔学校、校中社区、大学支持的社区学校。

作为美国历史最长、规模最大的社会福利机构，儿童援助协会（CAS）早在1992年就开办了第一家CAS社区学校。如今CAS已经与纽约教育局合作建立了20余所社区学校。CAS社区学校的一大特点是课后项目。学校教师、大学生、专业人员、青年工作者和社区居民等共同合作开展课后项目，由教师和CAS的专业人员担任协调员，将课后项目的教学内容与学校的课程结合起来。CAS社区学校的另一个特点是为居民提供医疗和健康服务，在一些社区学校设有医疗中心。作为社区学校，其建筑和设施在课后和假期仍然对社区居民开放。

灯塔学校最先出现在纽约市，并发展到丹佛、明尼阿波里斯、费城等其他城市。这种模式的社区学校主要是一些在青年和社区发展方面具有专业资质的社区组织利用教育相关部门提供的经费和学校的场地，向社区儿童、青年和社区居民提供多样化的课程和活动项目。由于灯塔学校根据学校需求提供支持和服务，所以在组织形式和项目内容方面存在较大差别，它们的项目涉及青年发展、家庭和文化建设、创新创业、扫盲教育等不同主题。

校中社区创始于20世纪70年代的纽约，如今已经发展成为拥有近200个地方分支机构的全国性组织。其创始者比尔·美利肯（Bill Milliken）认为："当年轻人能感受到成年人的关怀和社区归属感的时候，他们就会茁壮成长。"校中社区的目标是把学生留在学校继续学习知识和技能。为了实现这一目标，校中社区已经形成了一套规范化的五步工作程序：第一，评估学校和学生个体的需求；第二，根据学校和学生的学术与非学术需求，制定支持方案；第三，为学校、学生和家长提供综合性的支持与帮助；第四，持续监督学生和学校的综合表现，不断调整支持方案；第五，效果评估。

宾夕法尼亚大学内特社区合作中心是大学支持的社区学校的典型代表。从1985年发展至今，该中心已经在宾夕法尼亚大学所在的区域启动了13个社区学校项目。在宾夕法尼亚大学内特社区合作中心的努力下，该校共开设了150门社区服务课程，这些课程由大学教师和中小学教师共同开发。在讲授环节，大学生担任任课教师和中小学生的学习导师。此外，波士顿学院、佛罗里达大学、俄克拉荷马大学塔尔萨分校和新墨西哥大学等大学及学院，也都通过教师培训、课程开发和评估等积极参与到学校建设项目当中。

社区学校发展的成功经验

第一，寻求共同的发展愿景和价值追求。社区学校的发展需要学校、家庭、社区、企业和其他社会机构的多方合作与共同努力，相同的信念和目标是社区学校良性发展的不竭动力。加利福尼亚州萨克拉门托的家长-教师家访项目的建立缘于家长对学校的不信任，所以在项目启动之初，该项目的重要参与方（学区、萨克拉门托市教师联合会和萨克拉门托市的一家社会组织团体）专门就信念和态度问题进行会谈，并最终达成共识：（1）家长和教师是同等重要的教育者，家长是孩子成长方面的专家，教师则是课程和教学方面的专家；（2）为保证教师能够高效地传递关于学生学习的重要信息，教师和家长应提前建立积极的沟通机制；（3）教师必须对所有学生进行家访，因为只锁定学习困难的学生将加剧不信任的恶性循环；（4）所有家长都可以帮助学生获得学业成就，有效的家长参与能够在每个家庭进行。

第二，从数据出发聚焦发展重点。提升学生的学业成就是社区学校的根本办学宗旨，也是判断社区学校发展的关键指标。为此，社区学校发展重点的制定需要以学生学业成就的相关数据为基础，判断学生学习过程中取得的进步，更重要的是发现现存的不足，进而采取相应的改进措施。在各种社区学校模式中，校中社区模式最为关注数据。校中社区模式工作流程中的每一步都与数据息息相关，例如，项目开始前开展需求调查和现状评估，项目开展过程中跟踪学校和学生的表现，项目结束后针对项目效果进行终结性评价。

第三，深入开展多方合作。学生学业表现的改善不仅需要学生个人的努力，更需要社区内外的组织和个人的积极参与。在宾夕法尼亚州东部城市伯利恒，为了保证学生的健康，政府部门、大学、医院、医学院、非营利组织和企业以社区学校为中心，开展了多方面的合作。例如，宾夕法尼亚州利哈伊大学的学生研究发现，当地布劳夫中学的学生可能会由于长期步行上学而受到铁路运输造成的空气污染的影响，政府部门立刻对铁路线路进行了调整；圣卢克医院和天普大学圣卢克分校分别派遣医生和医学专业学生为该校学生提供专业的健康医疗服务与课后活动。此外，这些组织和机构还合作在该校开设了多种课余活动。通过这些努力，布劳夫中学的学生出勤率和参与课后活动的积极性得到显著提高。

第四，优先锁定急需帮助的学校和学生。尽管美国拥有多种社区学校模式，而且不同类型的社区学校也在不同地区经历了十几年至几十年不等的发展过程，但面对数量庞大的基层社区和学校，社区学校的建立和发展优先考虑最需要外部支持的学校与学生，并针对这些学生、学校和社区的特定需求以适合当地文化的方式给予帮助。以儿童援助协会社区学校为例，纽约市的全部社区学校（21 所）均分布在低收入和教育资源匮乏的地区。

第五，将学生与社区充分联系起来。社区学校不仅强调为学生提供良好的学习环境和充足的学习资源，同时也鼓励学生参与社区事务，这不仅是检验学生学习成果的有效手段，也可以培养学生服务社区的意识和社区归属感。俄亥俄州哥伦布市的"将学习融入生活"项目的初衷是帮助教师培养学生学以致用的意识。作为该项目的一部分，林登 - 麦金莱 STEM 学院的师生开展了一项名为"水，水，到处都是"的项目，学生们想要了解不恰当地处理危险品对水质的影响。他们通过研究社区用水的供给，与致力于减少污染和改善水质的社区组织合作，获得研究结论，并将他们的研究发现和建议向林登社区相关人士进行汇报。学生在研究过程中获得了多方面资源的支持，增强了社区参与感和归属感。

（作者系北京师范大学国际与比较教育研究院博士生、美国匹兹堡大学教育学院访问学者）

（本文原载于《人民教育》2016 年第 10 期）

探究式学习是如何发生的?

——以加拿大阿尔伯塔省中小学探究式学习模式为例

郭　燕　刘晓莉

　　近30年来,探究式学习一直是中外教育领域研究的热点话题。探究式学习基于这样一种认知:人们对事物的理解是在共同合作与交流过程中构建起来的,即通过协作,人们提出问题、解决问题、发现规律、检验真知。[①]加拿大是联邦制国家,教育由省级政府负责。2014年,阿尔伯塔省教育部宣布中小学课程设计采用探究式学习模式,这种学习模式被证明卓有成效。本文以阿尔伯塔省中小学为例,深入研究探究式学习是如何发生并实施的。

为什么要进行探究式学习?

　　观察、提问、探索,一直是人类了解世界最基本的方法。人们在尝试做既感兴趣又有挑战性的事情时,学习效果最好,这反映了情感与认知能力发展的密切联系。虽然有人认为探究式学习耗时太多,不如直接给到学生信息效率更高,但是大量研究表明,学生在进行探究式学习时,他们的学习兴趣、学习投入、学习质量和成果都会大幅度提高。

---

① Galileo Educational Network. (2013). What is inquiry.

采用探究式学习方法的六年级学生，比同学校沿用传统方法的十一年级和十二年级学生，对物理基本原理掌握得更好[①]。在低年龄阶段，用探究式方法帮助二年级孩子学习几何中的三维概念，结果孩子们对三维概念的理解甚至超过了对比组一流大学的本科生[②]。

另外，掌握事实和信息已不再被看作当今世界最重要的技能。事实会发生变化，信息越来越容易获得，而如何获得信息以及如何分析理解大量的信息变得越来越重要。因而，教育的目的不再是单纯的知识积累，而是如何获得有用的知识。这正需要探究式学习。探究的前提是"需要或想知道"。探究不以寻求正确的答案为目的，而是寻求适当解决问题的方法。探究式学习强调探究技能的发展和培养探究的态度或习惯，使个人能够实现终身学习。

对于探究式主题由谁来确定存在一种误区，即认为如果教师为学生选择一个主题，就不是以学生为中心的教学。但实际上，一个好的选题更重要，好选题能让教师和学生积极参与。教师可以通过思考下列问题明确主题：

学生会觉得问题有趣吗？他们能够结合自己的经验找到进入探究问题的方法吗？探究问题能保证每个学生都可以参与其中吗？问题有足够的挑战性吗？为什么这个主题很重要？最近的研究发现揭示了什么？什么让你感到惊讶？可以收集到什么相关资料？你在这些领域的知识水平怎么样？你需要解释哪些概念？你是自己教学还是与别人合作？你希望学生在完成这项研究后真正理解什么？学生必须了解的核心概念是什么？

探究式学习模型

研究者和教育工作者进行了大量的理论与实践研究，形成了很多探究

---

① Willms, J. D., Friesen, S., & Milton, P. (2009). What did you do in school today? *Transforming classrooms through social, academic and intellectual engagement*. Toronto, ON: Canadian Education Association.

② Lehrer, R., & Chazan, D. (Eds.). (2012). *Designing learning environments for developing understanding of geometry and space*. Routledge.

式学习模型推进探究式学习。弗里森①将这些模型归纳为三种类型：

一是普遍探究式。普遍探究式模型关注过程，包括一系列固定步骤，可以普遍应用到各类学科和各种教学内容。这种模式的关键假设是学生需要一个高度结构化的循序渐进的框架保证独立自主的探究活动。2004年阿尔伯塔省教育部②为教师提供的探究式教学设计框架即普遍探究式模式。

二是非指导式。非指导式探究模型强调以学生为主导，重视学生的经历。在此模型下，整个探究过程由学生自主完成，学生自行搜集并整理资料，最终解决问题。教师在整个过程中只提供材料和提出一些问题，给予学生充分的鼓励。该模式的关键假设是学习的最佳途径是发现，而不是被告知。在整个过程中教师作为指导者要避免高水平的或直接的指导。

研究表明，并非所有的学生皆适合使用非指导式探究教学法。卡恩和森德③认为，学生从事非指导式探究学习时，必须能够自己发掘问题，提出问题。罗伯莱尔、爱德华和哈弗路克④发现，非指导式探究教学法只有在学生具备充分的相关知识，有过多次探究式学习活动的经验，具备独立分析问题、解决问题的能力时，探究式学习才有效。基尔申尔、斯威勒尔和克拉克⑤甚至指出，无引导的教学法不仅效率低，而且当学生的知识储备不够时，容易产生负面效果，比如对基本概念的误解。因而，在实际教学中这种模型需要谨慎使用。

三是基于学科式。基于学科的探究为学生提供了"了解整个过程"的

---

①　Friesen, Sharon. (2015 August). Focus on Inquiry. *Galileo Educational Network and Werklund School of Education,* University of Calgary.

②　Alberta. Alberta Learning, & Alberta. Learning and Teaching Resources Branch. (2004). *Focus on inquiry: A teacher's guide to implementing inquiry-based learning.* Alberta Learning.

③　Carin, A. A., & Sund, R. B. (1985). *Teaching Modern Science.* 4th edn. Columbus: Charles E.

④　Roblyer, M. D., Edwards, J., & Havriluk, M. A. (1997). Learning theories and integration models. *Integrating educational technology into teaching,* 55-72.

⑤　Kirschner, P. A., Sweller, J., & Clark, R. E. (2006). Why minimal guidance during instruction does not work: An analysis of the failure of constructivist, discovery, problem-based, experiential, and inquiry-based teaching. *Educational psychologist,* 41(2), 75-86.

机会，学生可以体验到在特定的学科内知识的创造与验证[①]。其关键假设是探究的方式要与学科相适应。学生需要学习学科特有的思维方式，教师需要使用与学科内容相适应的教学法，并采取以学生为中心和直接指导相结合的方式设计教学活动、进行评测[②]。

2014 年阿尔伯塔省教育部为教师提供的探究式教学设计框架

步骤 1：计划开始。

如果探究式学习是全校性计划，需要考虑学科与年级不同，并确保学生的学习是循序渐进的。如果学校尚未实施全校性计划，教师则可从探究活动的结果出发，寻找教师和学生都感兴趣的主题。

步骤 2：与他人合作。

理想的探究式教学活动是教学团队合作设计完成的。同年级同学科的任课教师是团队合作的最佳人选。团队合作不仅可以利用每个教师的专长，还能减轻工作量。团队合作计划之后，每个教师要根据自己的需要调整活动计划。

步骤 3：学生参与。

选择适合探究式学习的单元；决定哪些单元适合采用探究式学习活动；与年度教学计划相结合；寻找既能引起学生兴趣又能引出问题的突破口；在教学大纲的基础上，选择的主题应该是学生熟悉或者可以通过自行搜集资料了解到的；考虑主题是否适合所有学生，比如积极主动的学生以及需要鼓励的学生；复杂的主题可能需要额外的指导；有些主题会受学生能力的影响，比如学生的阅读水平。

步骤 4：确定主题。

确定探究活动的主题和具体内容。如果是初次开展探究式学习，通过

---

① Perkins, D. (2009). *Making Learning Whole: How Seven Principles of Teaching Can Transform Education.* San Francisco, CA: Jossey-Bass.

② Friesen, S., & Scott, D. (2013, June). *Inquiry-based learning literature review.*

控制时间、主题和活动的难度，确保探究活动的成功。为学生设计一种简单或熟悉的交流方式。

步骤 5：选择资源。

选择适当的资源并有计划使用。此时可能需要根据可利用资源，重新设计探究活动；根据不同的阅读知识水平，选择不同格式的资源（例如，打印、非打印、数字、多媒体）；如果资源非常有限，尽量使用可以在课堂或图书馆能够让学生接触到的。

步骤 6：时间安排。

确定授课单元和探究活动的顺序。将探究活动设计在单元中间，给学生时间了解相关主题的背景知识，并有机会考虑他们感兴趣的问题；提前告知学生将进行探究活动。允许学生与朋友、家人谈论该主题，并提前收集资料，还可以帮助选择和缩小主题，以及找出有争议的问题。

步骤 7：选择信息搜索技能。

确定在整个探究过程中将强调哪些信息搜索技能，并在探究活动之前教授这些技能。

步骤 8：设计监督和评估。

提前设计如何在探究过程进行监督和如何对探究结果进行评估。评估设计需要考虑学生已经掌握的知识，他们需要了解什么，教学重点是什么，以及预期学生将会通过探究活动学到什么。需要设计如何持续监督和评估学生在内容和过程中的进度，如何让学生了解监测和评估要求，如何让学生自我评估，如何让学生进行反思，如何进行修正，如何判断探究过程是否成功。

步骤 9：开始查询。

将课堂探究活动作为课堂研究的一个组成部分。将学习中出现的问题总结列表，以便进一步探究。提前告知学生探究活动，以便学生有时间思考感兴趣的话题，与朋友或家庭成员交谈，并找到自己关注的焦点。

步骤 10：确定有效活动。

在探究活动过程中以及之后，记录有效和无效的策略。

探究式学习特点

探究式学习并不像"第一步发现问题，第二步寻找答案，第三步……"那样可以按照固定程序按部就班进行的教学法。相反，探究鼓励提出真实问题，更重要的是，在探究过程中所有可能的答案都需要得到认真对待，并深入探究[1]。虽然探究式学习没有唯一固定的模式可依，但也有自己固有的特点[2]：

第一，真实性。

探究源于对学生有意义的问题，有一个真实的主题。探究问题往往是成人在现实社会或者是具体专业领域实际遇到或可能发生的。探究问题允许学生贡献个人知识，并对社会有所影响。

第二，学术专业性。

探究引导学生建立对知识的深刻理解，为学生提供灵活的方式处理问题，鼓励学生提出问题，培养思维习惯。比如，为什么这个主题重要？谁的观点？需要了解什么依据？如何了解那些依据？依据 A 与依据 B 有什么关系？

第三，评估。

将形成性评估融入探究的设计，为探究活动提供详细及时的反馈。评估包括自我评价和同伴评价。评估既指导学生的学习，又帮助教师进行教学规划。主张让学生参与制定评估标准。学生利用评价反馈设置学习目标，制定有效的学习策略。

第四，走出学校。

学生需要解决的问题，既与课程相关，又与学校以外的社会相联系。要求学生发展组织和自我管理技能，以完成研究。引导学生获得和使用高

---

[1]　Gardner, H. (2006). *Five Minds for the Future.* Boston, Mass. Harvard Business School Publishing.

[2]　Galileo Educational Network Association. (2016). *Rubric for Discipline-Based and Inter-Disciplinary Inquiry Studies.*

效的工作技能，例如，团队工作、解决问题、沟通、决策和项目管理的技能。

第五，使用数字技术。

使用数字技术展示新的思维方式和做事方式。技术是完成任务的关键，学生需要确定哪种技术最适合该任务，学习使用复杂的科技手段，如多媒体 / 超媒体软件、视频、模拟、数据库、编程等。

第六，主动性。

学生需要花大量时间做现场工作，如设计、实验、访谈、建筑等。学生会利用各种信息来源进行真实的探究。学生会通过演讲、展览、网站、wiki、博客等展示学习内容。

第七，专业性。

探究任务与专业知识直接或间接相关，有成年人参与探究过程（教师、专业人士、家长等），他们与学生一起进行探究活动的设计和评估。

第八，交流性。

学生在讨论相关概念的理解时，能支持、回应或挑战彼此的想法。学生有机会参与小型和大型的集体讨论。学生可以选择多样的方式表达他们的理解。为学生提供与不同人交流沟通的机会。

探究式学习课堂实例

下面通过两个实例分别说明探究式学习如何应用于加拿大阿尔伯塔省中小学的科学和语文课堂。

实例 1：一二年级科学课——拯救蝙蝠

（1）探究的开始。

学生先开展了一场关于冬眠动物的讨论，并将问题引向了蝙蝠。学生从老师那里得到了这样的信息：在卡尔加里当地，受寒冬威胁，蝙蝠濒临灭绝。学生们对这个话题很感兴趣，老师开始引导孩子探索更多关于蝙蝠的知识，比如让他们从网络上查找图片和视频资料。随后，老师邀请了一名卡尔加里动物园的饲养员来到教室，他给大家带来了一只蝙蝠，给学生们讲解蝙蝠的不同类别以及蝙蝠面临的各种威胁。老师又邀请了一名野生动物、生物学家来到学校，给学生们进一步讲解蝙蝠的重要性、数量下降的原因，以及保护措施。

（2）将探究问题与课程大纲联系在一起。

这个话题与一二年级科学课程大纲的两项内容密切相关：学生能够识别和描述动物在不同季节发生的变化，如位置、活动和数量的变化；学生能够选择合适的材料，设计和构建一个手工建筑作品。

（3）探究任务：为蝙蝠搭建一座温暖的冬眠房子。

首先，学生讨论并设计组成蝙蝠的家的各个部分。他们需要描述每个部分的设计目的，尤其是这些设计应如何适应当地环境。然后，学生以小组合作方式动手建房子。这个过程是分任务分阶段完成的。学生们会停下来讨论、思考、改进设计。最后，全班共造了四座房子，帮助蝙蝠安全过冬。

（4）深入探究。

学生们还想让学校和社会也意识到蝙蝠面临的威胁。于是他们将研究结果制作成海报，展示给学校的其他学生。在父母的帮助下，他们开始了一个"拯救蝙蝠"的运动，呼吁对蝙蝠的保护。

实例 2：九年级英文课——激昂式演说"困扰我的事"

（1）与教学大纲结合的主题。

九年级的英语教学大纲要求学生能够通过写作组织语言、表达思想；还要求学生能够通过演讲构建意义、阐述联系。以大纲要求为出发点，老师设计了探究主题——"困扰我的事"。

（2）探究活动设计。

老师首先选择与主题相关的视频，让学生观看并自由讨论。通过讨论，学生发现有的视频谈论困扰自己的事情只是单纯的抱怨，而有的视频却能引起观众的共鸣。在老师的引导下，学生讨论确定了学习任务，以电视新闻评论人里克默瑟的"激昂式"演说为模板，录制一段内容为"困扰我的事"的视频。为了确保每个学生参与以及任务的挑战性，老师将视频长度要求设为 45 ～ 90 秒，让学生有选择的空间，自行确定视频长度。

（3）协作探究。

首先，通过头脑风暴、集体讨论、独立构思等方式，每个学生确定自己视频的具体内容，并完成初稿写作。然后，每两人组成搭档互相拍摄视频，并对文稿和视频表现提供反馈意见（反馈意见表由老师设计，老师指导学生进行反馈）。学生通过协作完成视频初稿，老师对视频初稿进行评价反馈。根据老师的反馈意见，学生与搭档再次讨论修改。完成终稿后，学生在课堂上进行演说，同时搭档为其录制视频。

（4）探究反思与评价。

学生讨论找出需要反思的三个问题：① 在演说视频中，你有什么特殊习惯（比如肢体语言、视线、手势等）？② 在整个过程中（包括选题、计划、准备、练习、协作、修改以及演讲），你的表现如何？③ 哪些方面需要改进？针对这三个问题进行自我评价。老师将自我评价汇总并在课堂上展示。

探究式学习面临的挑战

多里尔和加西亚[①]研究了探究式学习在 12 个欧洲国家实施的现状，总结了应用探究式学习面临以下挑战：

传统模式的惯性。尽管各国都在鼓励并积极推行探究式学习，但在实施过程中，很多教师和家长拒绝改变，仍然倾向于采用传统的教学模式。研究数据表明，在多数国家，传统模式仍然占主导地位。探究模式挑战了教师知识的权威性，因此教师即使意识到探究式学习的益处，也不愿作出改变。尤其是对于那些刚开始实施探究式学习国家的教师和家长来说，他们自身并没有接受过探究式教育，因而对探究式教学法的抵触很大。

---

① Dorier, J. L., & García, F. J. (2013). Challenges and opportunities for the implementation of inquiry-based learning in day-to-day teaching. *ZDM*, 45(6), 837-849.

缺乏专门教师培训。一方面，教师入职前的教育培训缺少探究式学习的相关内容。另一方面，教师就职后也没有获得相应的在职培训。探究式学习的相关培训一般是由个别老师自发组织的，几乎没有国家或地方政府组织官方培训。

评价体系不对应。评价方式对探究式教学的实施很重要。很多国家虽然鼓励探究式学习，但相关的教育评价政策变化缓慢，没有达成形成性评价体系，因此，并不足以鼓励教学实践发生真正的变化。

教学资源匮乏。另外一个与实践相关的重要问题是教学资源的缺乏，如网络资源、教学文献等，特别是教科书。大多数教师（特别是小学和初中）非常依赖教科书。此外，在一些国家，学校或教师缺乏自主选择教材的权利，官方指定教材滞后，无从选择满足新课程要求的教科书。

〔郭燕系加拿大卡尔加里大学教育学院终身教授、博士生导师；

刘晓莉系哈尔滨工业大学（威海）语言文学学院讲师、

加拿大卡尔加里大学教育学院在读博士生〕

（本文原载于《人民教育》2017 年第 6 期）

第四辑

人在技术之上

第三种学习方式来临？

蒋鸣和

近年来，以移动互联网、智能终端、云计算等为代表的新一代信息技术对教育的影响已初见端倪。新一代信息技术带动教学变革的一个显著标志是不再局限于某种单项技术在教学中的应用，而是集结多种技术构建新型学习方式的生态环境，从而推进教育结构的整体变革。

据估计，目前全国开展数字化移动学习实验的中小学已超过1000所，"移动学习""微课程""慕课"（MOOC）和"翻转课堂"也成为网上的热门词。当然，在这股潮流中，质疑的声音也始终不断，从"慕课"之争到关于技术在教学中的作用的讨论，都表明我们对于信息技术在教育变革中的作用还未达成共识，信息技术与教学过程融合的规律还有待进一步的探索。

抽象地讨论泛在的"融合"模式对实践的指导意义不大

信息技术与教育教学过程的融合是从发达国家引进的概念，其本来意思是把信息技术融入教和学的过程之中。由于教学过程表现在具体实践中，既有教学目标和教学方式的不同，也有学生、教师、教学内容和教学环境等基本要素及其组合方式的不同，所以，抽象地讨论泛在的"融合"模式对实践的指导意义不大。

基于课堂的教学方式大致可分为接受式和探究发现式两类。接受式教学中，学习目标常局限于基本知识和基本能力，学生往往不需要进行独立发现，他们的任务是把教师呈现出的材料全部接受并内化到自己已有的认知结构之中。探究发现式教学中，学生通过自己的努力再发现知识形成的步骤，以获取知识并发展探究性思维。在这种教学方式中，教学内容一般以问题方式间接呈现，提出问题、分析问题、解决问题作为主线贯穿始终。

当信息技术融入这两种教学方式时，它所起的作用是不一样的。在接受式教学中，信息技术的作用在于帮助学生突破知识的重点和难点，从而达到掌握基本知识和基本技能的目标。此时，技术的作用基本上是"辅助"功能。而探究发现式教学运用信息技术时，主要是利用信息技术构建起分析问题和解决问题的环境与工具，让学生在情境中体验、学习、理解和运用知识，积累课程经验，发展基本学科思想。此时，技术起到了引领的作用。

近几年来，随着互联网技术的迅速发展和移动终端的全社会普及，形成了"第三种学习方式"，即网络学习和面对面学习相融合（也称之为线上线下学习融合）的混合学习方式。这种学习方式着眼于用技术支持学习的个性化和泛在性，是对基于课堂的接受式教学和探究发现式教学的深化与拓展，代表了教育信息化的未来发展趋势。

近三四年间，对这种混合学习方式的探索，如微课程和翻转课堂都还处于实验阶段，争议也较大，难点在于如何实现网络学习和面对面学习之间的转换。目前看来，还没有形成规律性的模式。当前，相对形成普遍共识的是：

第一，从学习分析和课程标准分析着手，提出不同学业水平学生的差异性学习目标、提供差异性的学习内容和差异性的学习途径。

第二，学习从课内延伸到课外，用多种学习方式释放学生差异化学习的时间与空间。

第三，强调面对面对话和交流对于促进知识内化的关键作用。

在从知识传授为主向能力培养为主的转变过程中，以上三种教学方式在教学中不是替代而是兼容的关系。但在理论和实践中，我们对三种教学方式转换过程中技术应用规律的认识还远没有达到"自由王国"的高度，技术和教学"两张皮"的现象确实存在。正因为如此，信息技术与教育教学的融合是教育信息化的核心理念和"重中之重"。

关于"微课程"：有其适用范围、优势和弱点

"微课程"的概念最早于 2008 年由美国圣胡安学院的高级教学设计师戴维·彭罗斯（David Penrose）提出。他实施了一项"逆向工程"实验，把长达 1 小时的课程视频浓缩成仅为"1 分钟"的音频或视频材料。他认为微型的知识脉冲（Knowledge Burst）只要在相应的作业与讨论的支持下，就能够与传统的长时间授课取得相同的效果。

可汗和他创建的可汗学院（Khan Academy），对于微课程在基础教育领域应用的探索具有全球性的开创意义。可汗学院构建了以微课程视频为核心资源的完整的在线学习系统，覆盖学科全部内容，包括了视频、在线练习和模拟的课程资源以及基于知识地图的学习导航系统和学习分析系统。

2011 年，著名的 TED 网站推出了 TED Ed 频道。（编者注：TED 是 technology、entertainment、design 的缩写，即技术、娱乐与设计。）该频道的创新在于动画短视频的运用，丰富了视频内容的呈现方式，强化了学生学习的体验特征；为解决微课程满足不同层次学生多样化的学习问题，允许教师对课程资源进行二次加工。

微课程在很大程度上满足了现代快节奏社会的泛在学习需求，为自主学习提供了一种可操作的学习模式。但是微课程也有其适用范围、优势和弱点。

第一，以可汗学院的数学课程为例，基于美国中小学数学基础比较薄弱的现状，它重点要解决的是美国学生的"两基"问题。通过深入浅出的讲解和配套的基础练习，可汗学院让学生把教师呈现出的材料全部接受并内化到自己已有的认知结构之中，尽管学习场所从课堂转向网络，实质上还是接受式教学方式。

第二，如果把学生学习的认知水平分为记忆性学习、概念与原理的理解和问题解决三个层次，那么基于讲授式的微课程学习在概念与原理的理解和问题解决学习中是有局限性的。可汗学院也深知这一缺陷，其专家团队完成课程标准核心要素分析后，正在设计用于测试深层次数学思维能力的新练习系统，力图以此为起点，发展学生的高阶数学思维能力。

第三，对于网络学习和面对面学习之间的转换，可汗认为：微课程在线学习仅仅是课堂教学的补充，应用的重点要由在家学习转型成为一种重要的课程教学资源。2011 年，可汗学院在加州 Los Altos 学校里的 4 个五年级和七年级班级试点，2013 年在 23 个公立学校实验。不过值得注意的是，微课程进入课堂的方式主要是把微课程作为一种课程资源嵌入到课堂教学活动中，并非全盘采用翻转课堂模式。由于实验处于起步阶段，网络学习和面对面学习之间的转换还没有形成规律性的模式。

关于翻转课堂：如果你不是一个好教师，翻转课堂不会真正确保有更好的学习成效

翻转课堂起源于美国一所山区学校——"林地公园高中"两位化学教师的实验。他们把课堂讲解的内容录制成视频，以学生在家看视频、听讲解为基础，把课堂时间用在面对面交互中完成作业和动手做实验。这种教学方式把传统的课堂上学习和课后做作业的顺序翻转过来了，其更为深远的变革意义在于赋予了学生学习更多的自主性和选择性，而在课堂内则强化了师生之间的沟通和交流。翻转课堂模式的核心思想是学习的个性化和知识内化的交互性，在我国的实验中归纳为"先学后教、以学定教"。这在教学结构变革中具有普适意义。

翻转课堂的实验和推广要因时、因地、因人和因课程制宜。从我国的国情和学情分析，以下几点是不可能回避的：

第一，我国中小学每学年的学习日在 180 天左右，课外学习花费的时间比其他国家更多。在课业负担繁重的现实下，把课堂学习全部转移到课外是不现实的。

第二，学生自主学习习惯是随着年龄增长逐渐养成的。在小学中低段，课外看视频进行学习，会受到可控性等因素干扰，学习效果未必会达到预期效果。

第三，更为重要的是，知识的学习与知识内化一样，同样需要在体验中建构，也需要交互的环境，单靠讲授式的视频学习显然不能适应这样的

学习要求。

第四，不同学科的学习方式是不一样的。我多次参与或评价翻转课堂实验，发现在中学语文学习中，把阅读移到课前，让学生带着问题自主阅读，课内则在交互环境下深化学生与文本的对话和解读，收到了较好的效果；而在中学数学学习中，教师针对数学概念和原理设计问题，课前让学生用几何画板作为工具进行以问题解决为导向的自主学习，课中则把重点放在进一步深化数学概念和原理的理解与应用上。这两个案例恰恰课前都没有用讲授式的视频学习。

需要特别指出的是，有关翻转课堂的实验假设至今没有得到有说服力的实证。轻易地全盘肯定或全盘否定，都不是科学的态度。下面介绍的国际最新研究或许能佐证这一判断。

2012—2013学年，美国加州哈维穆德学院的专家团队在中学的科学课堂开展了一项关于翻转课堂模式成效的研究。由同一位教授用相同的课程及相同的学习材料，分别应用翻转课堂模式和传统模式执教两个班级。实验设计了学生多方面学习成效的测试，例如学生解决问题的知识迁移能力、他们的学习态度以及学习考试成绩。专家团队成员Lape教授认为，在大多数测试类别中，两种教育模式没有明显区别。"我想说的是，事实上没有统计学意义的差异。人们同心协力推动翻转课堂，但是没有真正的结果。"专家团队对评价结果进行了分析，学生在匿名调查中说，他们有的喜欢而有的讨厌新模式，一部分学生说他们感到翻转课堂的学习负担较重，因为它要求学生留出更多时间看冗长的讲座视频。教授们也不得不花更多的时间制作和编辑视频以吸引学生。Lape教授认为，考虑到这些缺点以及实际的学习效果，可能不值得如此麻烦。

当然也有相反的实证材料，美国翻转课堂网络提供了教师实验报告，其结果是80%的学生学习态度有所改善，标准化考试成绩上升了67%。美国一位在线学习教育顾问Andrew Miller教授对此评论说："如果你不是一个好教师，翻转课堂不会真正确保有更好的学习成效。如果你不做一些补救措施，它不会给你带来任何好处。"

关于慕课：那种认为"学生只需坐在家里，通过网络就能及时解决学习问题"的看法，违背了学习的基本规律

慕课在高等教育变革中的作用举世公认，但要克隆到中小学却引起很大的争议，形成了所谓"挺慕"和"慎慕"两种观点。

"挺慕派"认为，慕课首先能使学生只需坐在家里，通过网络就能及时解决学习问题，而且又是免费的。其次，慕课还能促进基础教育的均衡与公平，因为它是由优质学校的优秀教师上课，师资绝对有保障，供学生自主选择。最重要的是，通过慕课的手段，改变了传统教学模式，将学生在线学习与学校学习结合起来，提升了学习效率。

关于慕课的争论其实包含了大家对微课程和翻转课堂的反思，争论的实质又回到了一个古老的命题：人们是怎样学习的？重温一下学习理论的基本原理，"慎慕"是有道理的。

第一，众所周知，不同地区、不同学校的教学是有差异的，这在中国这样一个基础教育发展极不平衡的大国中尤其如此。教无定法、因材施教是教学的基本原则，认为"学生只需坐在家里，通过网络就能及时解决学习问题"的看法，违背了学习的基本规律。对于教学而言，合适才是有效的，认为优质学校的优秀教师的教学经验能适用于全国所有学校教学的见解也是绝对的看法，历史教训值得吸取。21世纪初，有一项在农村实施的远程教育工程，就试图用发达地区优秀教师的20分钟短课视频播放去代替农村地区的教学，实践证明是失败的。共享优质的微课程对于促进农村地区教学是有益的，但它应该是起到借鉴的作用，而不是取代当地教学。

第二，知识是在情境中建构的，同时知识也是在互动过程中建构的。这是苏联心理学家维果斯基90年前提出的著名论断。同时，基于脑科学的现代学习理论进一步提出，情绪能促进认知。网上交互不能取代面对面交流，正因为如此，我们要特别强调课堂变革不是用在线学习取代课堂教学。

第三，基础教育的课程具有规范性和选择性的双重特点，课程标准规定的基本教育目标是每个学生都要达成的，目前在线教育全球平均通过率约为7%，对还没有养成自主学习习惯的小学生和初中生而言，通过率可能

更低。这也是在基础教育中不宜大规模推广的一个原因。

如何融合线上线下学习是需要长期探讨的问题

开展网络学习和面对面学习相融合的混合学习是教育信息化的发展方向。但如何融合，只能通过教学实验来加以检验和完善。要鼓励试验，轻易否定不是科学的态度。《人民日报》2013 年曾刊载《基础教育要警惕过度信息化》一文，提出信息技术在教学运用实践过程中存在诸多问题，如只是将纸质内容电子化，使得教学过程中本应具备的灵活性、生成性因素很难体现出来等，这些问题确实存在。但究其原因，症结在于"新瓶装旧酒"，即技术的应用仍局限于知识传授和机械解题。此时，我们只是用传统的知识传授思维定式来看问题，从而得出"过度信息化"的结论也是不符合实际的。

微课程、翻转课堂和任何一种教学实验一样，都有其优势、弱点和适用范围。在实验中，我们要进行实事求是的分析。我认为，微课程在教学内容和方式上要多样化，除讲授式视频教学外，还需增加体验和探究的微型学习活动，这些从广义上讲都属于微课程范畴。微课程作为一种新型的课程资源，教学应用方式要因时、因地制宜，在课前、课中、课后都能应用，不能固化为翻转课堂的一种模式。

科学实验不是全盘模仿，对发达国家提出的线上线下学习融合的混合学习方式必须从中国教育实际出发，本着"正视现实、承认差距、密切跟踪、迎头赶上，走自主创新道路"的原则，有选择地借鉴。单靠技术不能解决中国基础教育的改革问题，需要教育综合改革配套，更需要切实提升教师专业能力，这都需要时间。不顾条件、用浮躁的心态"扩风"和"跟风"，搞"群众运动"，或将其推向极致，视之为破解教育变革难题的无所不包的灵丹妙药，都不是历史唯物主义的态度。

（作者单位系上海市教育科学研究院）

（本文原载于《人民教育》2014 年第 23 期）

人在技术之上

陈　平

　　当下，几乎所有的教育媒体、教育论坛都在谈论"互联网＋"及信息化对教育的影响。未来教室、智慧学校、慕课、翻转课堂、在线学习、移动学习等让很多学校跃跃欲试，许多学校迫切地想去拥抱、实验它们。一些地区已经制订了未来两三年建成几十个"未来教室"的计划。我们似乎看到了新时期的学校改造运动开始了，正如有人呐喊的一样——新的教育革命到来了！

　　面对汹涌而来的新技术、新事物浪潮，面对即将到来的"新学校"建设，我觉得有一些问题值得探讨。

建设的兴奋点在哪里？

　　在新技术、新事物面前，我们都会怦然心动，但是在动心之前需要考虑一下，我们拥有它的兴奋点在哪里？

　　追求"新"，是有价值、有意义的事，但要在自身条件许可的范围之内。作为学校组织，需要审慎考虑，学校组织并非一个真实的"生命体"，无法感知"新"给它带来的快感，也就是说从"快感"层面上讲，对学校无意义。所以，对学校来讲，建设的兴奋点主要体现在"实用"及"有效"上。技术本身无好坏，只要能适用学校教学，能促进教学发展就是好技术。技术的新与旧不是学校建设的主要标准。

在教育现代化过程中，类似 20 世纪 90 年代的多媒体教室的建设是必需的，因为这时候的多媒体，对于大部分教师来讲是"奢侈品"，它让教师们了解了这一新事物。但在建设中也确实存在着"赶潮流""凑热闹"的现象。20 世纪八九十年代建的学校几乎都要有一个天文馆，而天文馆建成后，大多只是空壳；新世纪以后的学校开始时兴微格教室，设备越来越先进，教室环境却越来越封闭、昏暗，进教室上课的老师也寥寥无几。其实很多学校的多媒体教室使用次数也并不多，其设备最后不是用坏的，而是自然淘汰的。很多时候，学校对于新技术、新事物的追求，其兴奋点在于"拥有"而不是"使用"。

如今，学校发展到"互联网 +"时代，与教育有关的新技术越来越多，课堂 3.0、慕课、微课、翻转课堂等等，足以让我们兴奋不已。新一轮建设已经在很多地方展开，人们生怕一步落后，步步落后。

追求新技术与赶潮流式的建设和生活中人们追求时尚品是一个道理，需要花很多经费。我购买过一款 55 英寸的 4K 海信电视，2014 年 4 月售价为 7700 多元，6 个月后已经降到了 5000 元。2014 年 9 月，苹果公司宣布 iPhone 6 在香港上市，一个"果粉"愿意出上万元托人在香港购买，但一个月后，在内地发售价格为 5288 元起。这就是时尚的代价。购买时尚品你付出的是远远高于产品本身的价值。时尚品很大一部分价值在"时尚"上，"时尚"的价值在于满足人们精神的需求。王尔德百年前吐槽时髦："时尚是一种让人难以忍受的丑陋，以至于我们不得不每六个月就更改一次。"追求时尚是一件"烧钱"的事儿。

追求时尚的消费心理应用到教育领域是不太合适的，因为教育不是私有品，公立学校的教育资源是公共品，动用的是公共经费。公共经费只能购买能惠及大部分人的产品，一般不会购买"时尚品"或者"奢侈品"。在这方面拥有更多财富的私立学校却反而变得更加谨慎。多年来教育技术的浪费，是一个不被人关注却不可小视的问题。

教育"弄潮"的代价不但很高，而且可能会发生方向性的偏差。

谁是未来？

因为向往，我们喜欢预测未来，但预测是一件十分困难的事。杰出人士也不例外：

比空气重的飞行器是不可能的。
——开尔文爵士，英国数学家、物理学家，英国皇家学会会长，1895 年
没有理由要每个人家里有一台电脑。
——肯·奥尔森，数字设备公司总裁，国际未来社会大会上的发言，1977 年
640K 对任何人来讲都足够了。
——比尔·盖茨，1981 年

要建设"未来"，首先涉及的问题是：未来是什么？谁来定义未来？

具有很好市场潜力的新能源汽车，现在遇到了很大的困难，这里有技术问题，有成本问题，但更主要的是方向问题。目前市场上比较成熟的新能源汽车主要有两种：以特斯拉为代表的纯电动汽车和以丰田为代表的用燃料电池作为动力源的汽车。市场面对这两种新能源汽车显得犹豫不决，难以决断。因为这两款汽车都需要配备无数充电基础设施，一个是充电，一个是充氢。面对巨大的资金投入，市场很有可能做单选题，最后能选谁呢？这就是一个方向问题，在没有选择之前，很少人会贸然行动。

建设"未来教室""未来学校"同样会遇到这样的问题。你能判断选择的这些技术就是被未来选择的技术？你能判断砸下重金建设的东西能使用几年？2000 年国内电视行业面临着方向性的选择，当时有三种选择：等离子、液晶和背投电视。当时的长虹投巨资豪赌背投电视，结果市场无情地淘汰了长虹。原想抢占先机，再次领导电视业，但没有成功。如今，我们到一些学校还能看到这些笨重的、弃之可惜却不再使用的背投电视。

未来是一种诱惑，但盲目拥抱也隐含着某种风险。2014 年 10 月 26

日，被称为"地平线之父"的莱瑞·约翰逊博士来到上海，看到上海一些学校的"电子书包"探索后，讲了这样一件事：洛杉矶的经验和你们正在做的"电子书包"有类似的地方，早先他们投入 100 万美元购买了 30 万台 iPad 给学生，很多人都看好项目启动，却没有成功。因为项目片面强调了技术，没有考虑到师生、学校、家长、社区的想法，没有注意互动，也没有平衡政府、公司、学校、市场的关系……

所以，技术方向尚未明朗之前，我们略微等一等，不然"先驱"很可能会变成"先烈"。

是否所有的技术都要拥有？

一些学校已经在进行微课、翻转课堂的探索，但从展示的课例及家长反映来看，还是值得推敲的。课堂中播放着其他教师的"微课"，而教室里的老师却傻傻地站在一旁陪着学生看，这场面总让人觉得有些怪异。

因为要"课堂翻转"，学校把老师的课先拍成视频，让学生在家里观看。但这样一来家长有意见了，不是所有的家庭都装有宽带不说，本来孩子的课后作业就多，很辛苦，现在还要求在网上看视频，无形中增加了孩子的负担。家长为了保护孩子的视力对上网时间有严格规定，但要"翻转学习"，孩子正好就有了长时间上网的理由。

对于新技术的追捧程度，国内教育界要比国外来得高。2013 年 9 月，我参加了南京某中学组织的国际教育论坛，该论坛邀请了国内外著名教育人士畅谈教育。我观察到，国内学者、校长谈的基本是数字化时代的责任、慕课的意义等，国外学者、校长们谈的是"如何将增加教师工资与提高成绩结合起来""新教育改革与学生成绩不佳的关系""思维如何促进学生成长"等。

谈到"慕课"问题时，美国斯坦福大学本科招生与财务资助办公室主任讲道：斯坦福大学也有很多"慕课"，但只是课堂教学的补充，全球化发展、技术引领世界，但创新精神最重要，学校是创新的"孵化器"。

我不否认慕课、微课、翻转课堂等对于未来教育可能会产生的影响，但是不是一定要引入当下的中小学教学？这些技术和学习模式放在更有空间、更有选择性的大学教学中，是否更为恰当？

任何事物都有两面性，新技术、新事物也是如此，它们给学习带来的不全是积极、有利的影响。移动技术可以让学生实现随时随地学习，但移动设备未必只可以用来学习。设备在学生手中，他们可以随时随地学习，也可以随时随地不学习。互联网学习的一个特点是"碎片化"，碎片化带来的问题是学习没有系统性，缺乏深度思考，这无助于孩子思考能力的提高。

如今进入了大数据时代，大家习惯用数据说话。大数据确实可以导入教育领域，如每次考试后可以进行数据统计及分析；对学生作业通过数据采集后进行学习分析，再给学生提出个性化的学习建议；学生的日常管理也可以进行量化考核等。但教育领域能够采集到的往往都是一些外化的、可量化的东西，教育是复杂的，它的绝大部分内容是不能被量化的、难于用数据来表达的，比如教学评价。在学生评价中，数据仅仅是一个方面，我们更多还应采用质性评价和描述性评价，这对学生的成长更有帮助。使用大数据，但不能迷信大数据。

我们所获取的对未来教育可能产生影响的技术，基本来自由地平线项目顾问委员会选定、由新媒体联盟每年发表的《地平线报告》。但《地平线报告》讲，他们发布的只是对教育领域有"潜在"影响，"可能"会被应用的"新兴技术"，其主要意义是供研究者研究及分析。这些技术及技术的实践模型都不是很清楚，远没有达到实践的层面。

如果对所有的新技术都表现出极大热诚，那么学校很有可能成为新技术的试验场。

美国纽约州立大学的哲学教授唐·伊德在《技术与生活世界》一书中提出：我们生活在"由技术构造的生态体系"，"在如今生活世界的高科技结构中，可能性的激增是多种多样的、多元稳定的，通常既眼花缭乱，也危险重重"。我们正享受着最新技术带来的喜悦，但如果沉迷其中，就可能成为新技术的"囚徒"。

因此，不是所有的技术都能走向未来，不是所有的技术都有明天，也不是所有的技术都能为教育所用。

技术能改变教育什么？

技术改变生活，技术也改变教育，但改变的是什么呢？能在多大程度上改变？

科技再怎么发展，人类的关键问题，有关人类自身的问题最终还需要人去解决。

2011 年，日本东部海域发生 9.0 级大地震，引发了大海啸，海啸导致了日本福岛核电站大规模核泄漏。这次核泄漏事故等级被认为与苏联切尔诺贝利核电站核泄漏事故等级相同。

技术是一把双刃剑，核电作为新型能源，被认为是节能环保，凝聚最新科技的能源，但在自然的力量面前，暴露出了它的脆弱，问题还不止于此。随着反应堆的爆炸，核泄漏越加严重，为了防止事态进一步扩大，需要进入厂区摸清情况并供水冷却。日本作为智能机器人研究及应用最先进的国家，当然首先想到了使用机器人进入厂区，但让人没有想到的是，这些先进的机器人进入核泄漏严重的厂区活动不久就"罢工"了。最后东电公司不得不招募 50 位年纪稍大的志愿者参与抢险工作。科技再怎么发展，人类最核心的问题还是需要人去解决。而教育就是人类核心问题，是有关人与人的问题，人的合作精神、交流能力与学习体验需要在一个类似于学校的组织中完成。

技术确能让教育发生变化，也能在一定程度上推动教育发展，如让教育手段变得更加多样，学习资源更加丰富，媒体形式更加多维，交往范围更加广泛等。这些变化确实可以在一定程度上提高学生学习的积极性，提高教师的教学质量。

但就目前而言，这些技术远没有能让教育发生本质变化。

所谓的"慕课"学习，也就是把原本在课上的预习提前到家里完成。到学校后，师生在教室里依然需要重新学习，从教学效率来讲不是提高，反而是降低了，因为学生的学习时间更长了。学习程序的翻转，依然不能缺少师生之间面对面的交流。

呼声很高的在线学习，事实上是雷声大雨点小，难以成为学习的主流。由斯坦福大学的计算机科学教授吴恩达和达芙妮·科勒联合创建的教育科技公司 Coursera 与大学合作，开通在线免费教学。截至 2014 年，有 200 个国家超过 400 多万人注册，但最终完成率仅是 7% ～ 9%。

　　有人说"慕课"中上课的老师都是水平最高的老师，但这里有一个问题，生活中人们可能愿意花几千元到现场听二流歌手的演唱会，而不愿意花几十元看一流歌手的演唱视频。在教学中不也是这样吗？听合格教师在教室中上课，要远比听一流教师在视频中讲课来得有效。因为影响教学的因素很多。因此，不要迷信在线教育真的能消灭学校。

　　就当下的技术而言，技术对于教育的影响只能是改善或丰富教育形式、教育方法及教学资源，不能从根本上改变教育的本质。

　　教育技术再先进，只要还存在物理意义上的学校，只要还有教师这个职业，师与生、教与学的关系就不可能改变，师生面对面的学习交流永远是最好的方式。当整个教育生态没有发生变化，单纯的技术改变难以推动教育的变革。所以，目前的教育改革还是要慎提"革命"。

　　在教育奔向未来的热潮中，我似乎像一个刚出土的"秦俑"。一些学校在谈及新技术对他们教学的影响时会感慨万分，但如果真正走进学校，走进常态的课堂，你会发现其实也没多少变化。

　　我们身边有许多科技"潮人"，能在第一时间拥有最新的科技成果，如谷歌眼镜（Google Project Glass）、苹果手环（Apple Watch）、可弯曲触摸屏手机等等，仔细观察他们的举止行为、生活方式并没有太多改变，依然按点吃饭、照旧上下班、周末与朋友聚会……纵然装备了各种标示未来的东西，但他们本质上还是人，还过着人的生活。我于是觉得自己没有落后多少，也自信在关于类似人的生活与发展的基本问题上彼此还可以对话。技术对教育的影响大概也如此。

　　教育是一种文化，某种技术的变化难以改变其文化的本质。技术与教育没有人们想象的那么近。给人带来无限遐想的"未来"技术，极有可能只是你心中的"都教授"。

教育如何拥抱未来？

技术难以从本质上改变教育，并不意味着教育不需要技术，并不是说教育可以漠视技术。教育需要技术，教育也需要面向未来。那么教育应如何对待技术？教育应如何拥抱未来呢？

1. 学校发展重点应该放在基础建设上

巴黎是一个多雨的城市，因此我们看到老电影中的巴黎人往往要带上一把伞。据报道，巴黎从未因暴雨成灾，也从未因暴雨而影响城市的交通。究其原因，巴黎地下有宏大的、密如蛛网的下水道。自 19 世纪中叶开始，巴黎花了 20 年时间修建了 2300 公里的下水道。修建下水道所消耗的时间、财力和物力，并不输于巴黎城的建设。这样的建设，很难被一般人理解。但它恰恰保护了巴黎，保护了巴黎的民众，让巴黎有了未来，让巴黎民众有了未来。这就是城市发展的基础。学校建设及学校发展也需要这样的基础。

学校发展应把重点放在基础建设上。教育技术的基础应该具有前瞻性及可拓展性，如学校服务器、机房、网线、班班通、无线网络等的建设，要有超前眼光，保证日后能可持续发展。重视基础建筑，要围绕"学习"与"教室"展开，配备让师生能用、愿意用的技术与设备。

一些学校斥巨资购买高端产品后，种种困惑也随之而来：一是因为高端，怕用坏，大家都不舍得用；二是有些产品华而不实，缺少实用价值。结果这些"好"东西反而被束之高阁，几年以后也就自然淘汰了。有学校舍得花大钱建"高大上"的样板课堂，却不舍得花小钱更新教室里老旧不堪的设备。有教师讲：花上百万建一个教师们并不怎么去用的"样板教室"，不如给每间教室投入两三万元，这样一来可以提高所有班级的现代化水平。科学的建设应该是能让好技术走进教室，为一线教学服务，为常态课堂服务。

基础性建设不必是最高端、最先进的。学校建设不必"赶潮流"，潮流跟上了这一波，也未必会跟得上下一波，技术投入稍微落伍一点不是坏事。

《微软的秘密》（迈克尔·科索马罗等著）一书中有这样一段话：微软有一个法宝，就是用于开发产品的计算机不是市场上"带着许多 RAM 和硬盘存储空间的高性能机型"，而往往是普通客户所使用的机子，这样开发出的产品，一出厂就能适应千家万户。他们有一个经验，"只要哪一项目中开发员用的硬件设备比客户要优越，产品推出后准保会出现问题"。

越是给孩子最好的技术与条件，那么孩子适应未来的能力可能会越差。这就是基础教育的意义。

2. 教育技术要引入相对成熟的产品

我们这个时代每天都会有新技术、新产品诞生，但大多数产品会昙花一现，新技术也面临迅速被淘汰的危险。真正好的产品需要时间检验。多年前，随着 QQ 聊天技术的发展，视频聊天也被高度重视，有的教育行政部门要求每一所学校都建视频会议室，开了几次会议后，再也没有人想起它了，这些设备也就被自然淘汰了。

投入巨大不说，新技术还可能存在漏洞和不确定因素。北京儿童医院推出了挂号 APP，原本想方便百姓挂号，没想到这个新技术让票贩子更容易抢到票了，成了票贩子牟利的"利器"。教育技术也会出现类似的问题，需要时间去完善。

技术需要市场来检验，但学校与企业不同，它是非营利组织，并不被允许成为新技术的试验场。每个学生在学校受教育的机会只有一次，没有人希望自己成为并不成熟技术的试验品。因此，学校建设没有必要追赶潮流，没有必要成为第一个吃螃蟹者，首先要考虑的是产品的成熟度及可靠性。

3. 教育要培养的是具有未来意识，而不是急于拥有"未来技术"的人

被国内一些媒体称为"美国最难进的大学"——美国幽泉学院，坐落在美国加利福尼亚州与内华达州交界沙漠深处的一片小绿洲。这所学校并

不是一所现代化学校，学校并不提倡学生看电视，网络及电话也会经常因天气原因中断。学校把整个校园建成了一个自给自足的牧场，学生要放牛、挤奶、种地、养鸡、盖房子以供给自己的日常生活。学院学制为两年，两年后大部分学生会转入耶鲁、哈佛、康奈尔等常青藤名校。这所学校有着自己鲜明的办学理念："劳动·学术·自治"，而这些恰恰是现代人需要的基本素养。

办学条件的好坏，教学技术的先进与否，与能否培养未来所需的人才没有必然的关系。2014年，《大数据时代》一书的作者舍恩伯格来到上海，他讲了这样一件事：在欧洲的一所大学里，老师曾经让一群学建筑的学生设计出2050年学校的样子。这些年轻人在25岁至30岁之间，他们设计的学校都包括教室、黑板、图书馆、实验室，甚至还有一间专门的电脑室，却没有平板电脑。社会再怎么变，学校的一些基本特征不会变；教室再怎么变，师生之间的角色关系不会变。人们大可不必担心，因为教育技术落后了一步，而在以后的发展中会步步落后。教育是否有未来，重要的是学校是否能培养出具有现代素养、未来意识及创新能力的人。

"互联网+"时代，重要的不是要拥有互联网技术，而是要有"互联网思维"。最早提出互联网思维的百度公司创始人李彦宏说：可能你做的事情不是互联网，但你要逐渐用互联网的思维方式去想问题。马云说自己不懂IT技术，不懂互联网，但他成为互联网时代的领袖。这些都说明思想比技术更重要。

最好的教育可以诞生在"未来教室"中，也可以诞生在只有一位教师和几个学生的村小中。最好的教育可以依靠最先进的技术，也可以依靠一本书、一支粉笔。

因为这也是教育。

（作者单位系江苏省无锡市锡东高级中学）

（本文原载于《人民教育》2016年第1期）

技术革命与教育改革

吴国盛

《人民教育》：我们如何判断技术？人工智能、虚拟现实（VR）、互联网（包括移动互联网、物联网等）、大数据等技术飞速发展更迭，究竟哪些新技术会真正影响人类未来？这些新技术最终会给人类文明带来哪些颠覆性影响，尤其是在人性、生活、工作、学习等方面？

吴国盛：人类历史上从未有过这样一个时期，技术发明如此之多、出现的速度频率如此之快、对我们的生活影响如此之大。面对日新月异的技术创新，我们难免有些眼花缭乱、不知所措。不过，有些技术暂时看来似乎新奇，但从长远来看也可能并不重要；有些技术暂时不起眼，却有可能改变历史。所以，严格说来，我们没有办法说出哪些新技术会真正影响人类未来。尽管如此，我们还是可以从历史的经验之中作出一些有限的判断。

从技术史上看，动力的运用和新动力的开发，曾经是改变历史的一大动力。从畜力（牛马）、风力水力的运用，到蒸汽动力、电力的开发，最后到核能的开发和运用，可以说达到了动力开发的极致。当然，核能安全且高效的运用还是问题，电能的存储也还有很大的技术空间。

信息的存储、加工和传播，是改变历史的另一大动力。从文字的发明、书写工具的改进到印刷术的发明，是一次革命性变化；电讯技术的发明是另一次革命性变化；目前，方兴未艾的电子信息技术是第三次革命性变化，因此的确值得重视。

目前，方兴未艾的另一项重要技术是生物技术，特别是基于基因技术的生物技术，可能会成为改变历史的重要动力。生物技术会影响每个人的日常生活，也会影响社会生活的结构，还会影响对人性的理解，因此特别需要引起重视。人的存在，一方面是社会学意义上的，一方面是生物学意义上的。信息技术改变了人类的交往方式，因而影响人类的社会学存在方式；生物技术改变了人类的生物学存在方式。如果这两类技术结合起来，就必定会从整体上改变我们人类的自我认同方式，因此，它们的未来发展是最有可能给人类文明带来颠覆性影响的。事实上，这两类技术的确已经在结盟，它们在数字技术的基础上联合起来。

你提到的人工智能、虚拟现实、互联网、大数据，都是数字信息技术的各种突出表现，它们的进一步发展已经形成了一套世界观和方法论。比如，有人认为思想的本质就是计算，并不神秘。大脑不过就是一种特殊的计算机，不是基于硅元素的芯片，而是基于碳元素的人类肉身，因此，如果我们称现在每天使用的计算机是硅基电脑，那么人脑就是一种碳基电脑。这些观念，已经是很有颠覆性的思想。

《人民教育》：目前，许多学校在积极探索"互联网＋教育"、教育数据挖掘、智慧校园建设等，也有的学校对技术有困惑甚至有恐惧。学校该如何看待、选择、运用新技术？新技术将给学校教育带来哪些重大改变？

吴国盛：学校作为传承文明的场所，应该是相对保守的地方。当然，高等学校特别是研究性大学，要走在时代前列，引领时代的前进方向，不能太保守，但初等教育和中等教育不能太过激进，不能被新技术扰乱。学校的基本功能还是传承人类的价值、完善人性、学习知识。比较成熟的新技术可以逐步引进中小学教育教学作为辅助手段，但是对新技术的运用不要过分热衷，以致忘记了教育的本分。

比如，多媒体 PPT 的运用可在一定程度上提高学生兴趣、提高教师授课效率（减少板书时间），但是也不必夸大它的神奇作用，它也有负面作用。从教师方面讲，使用 PPT 降低了对教师演讲能力和临场发挥能力的要求。从学生方面讲，PPT 强化了"看"而弱化了"听"，特别是弱化了现场感：有的学生课堂上不认真听讲，把 PPT 拍下来或者拷贝回去，以为就是"听"了课。PPT 等视觉技术的运用，减弱了学生课堂上动脑筋思考的动力。有些学校强制性要求教师上课必须使用 PPT，那恐怕是错误的管理方式。

网络技术一定程度上改变了优质教育资源的空间局限性，使得优质教育资源跨区域共享成为可能。但是，教育的目标不只是向学生传递知识，教育过程从根本上讲是一种润物无声的过程，因此网络上优质资源的普遍共享，并不能代替课堂教学。中小学使用新的教育技术是必要的，可以根据自身经济条件适当引进，不必唯高技术主义。要根据具体教育环节的实际需要来决定使用，既不要不切实际地热衷引进新技术，也不必恐惧和拒绝。

由于网络的普及，海量知识可以很轻易地通过网络获得，弱化了传统教育中教师"传授知识"的角色。一个教师如果在今天不会使用搜索引擎，那很有可能会遭到学生的鄙视。但网络技术的进一步发展，会更加要求教师传授所谓的"隐性知识"（tacit knowledge）。隐性知识是不可能从网络上获得的，相反，"显性知识"，即可以通过语言、文字、概念、公式表达出来的东西，都很容易在网络上搜索到。"隐性知识"，就是"只可意会不可言传"的知识，需要教师在情境之中"亲授"。网络教育的发达，不能代替现场的课堂教学。随着网络交往的普遍化，"现场感"越来越成为一种稀缺资源。正如唱片业的发达并没有使音乐会变得萧条一样，网上名师视频仍然不能代替课堂教学。当然，网上名师名课的流行，必然会给学校的课堂教学带来压力，促使教师改进教学方法，引进新鲜的教学内容。

《人民教育》：技术时代，教育发展的速度常常赶不上技术发展的速度，学校教育内容在学生毕业后可能就过时了。在这种情况下，学校该教什么、怎么教，尤其是学校该如何进行科学教育？现在小学一年级就开设科学课，您认为不同阶段的科学教育重点是什么？

吴国盛：教育的内容是人类数千年来知识的积淀，具有相当的稳定性，不可能轻易过时。所谓在新技术条件下的"知识爆炸"，其实是"信息爆炸"，而信息爆炸中指数增长的信息，多数是无效信息、垃圾信息，不值得关注，因此也不必恐惧。

学生学习的过程也是成长过程，不同年龄段的学生有不同的学习能力，因此不存在教育内容过时一说。以科学教育为例，尽管随着科学的职业化，研究成果呈海量增长，但科学的基本范式并未有根本改变：我们仍然秉承着牛顿所开辟的科学范式。

科学教育的内容大概满足某种"重演律"，即每个个体的受教育过程，基本重演整个人类科学发展的过程。小学生大体学习的是四大文明古国所取得的科学知识，初中开始学习古希腊人的几何学，高中开始学习牛顿力学，大学学习微积分和四大力学。

这里有一个问题我愿意多谈一下，就是小学科学课程内容的设置。初中开始，科学学习就进入了现代科学的模式之中。我们需要准确地掌握现代科学的概念、范畴、公式、方程，以便能够以现代科学所要求的方式方法解决实际问题。但是在小学阶段，应该学习什么呢？是直接学习现代科学理论的通俗版、低幼版，还是学习前现代科学时期的人类自然知识？我倾向于后者，即按照"重演律"，学习古文明所积累的自然知识。对于我们中国人而言，就是学习中华古文明所积累的自然知识。我们的祖先有一套关于天地人的看法，这些看法，有些在今天看来是奇怪的，有些仍然具有合理性。无论是合理的还是不合理的，我们都不应该回避。在前现代科学时期，博物学是主流形态。小学的科学教育应该把博物学作为重点，以便让孩子们从小就懂得认识自然、亲近自然，从而热爱自然。

《人民教育》：目前，创客教育、机器人课程、编程等科技类活动和课程非常火热，您认为在这些课程中应该重点培养学生哪些科学技术素养？科技与创造力密不可分，对于创造力培养您有哪些建议？

吴国盛：机器人编程本来就具有很强的娱乐色彩，是需要一定数学能力和智力水平的游戏，因此自然会受到学生的喜爱。那些有天赋的学生，自然会开动脑筋，搞出与众不同的东西来，那些没有天赋的学生，也未必会喜欢这类课程。不过，编程毕竟是技术性、应用性、娱乐性的，不能作为主业，不能代替数学学习。要引导学生从对机器人编程的喜爱，延伸到对数学的喜爱、对其他科学的喜爱，如果只是停留在玩玩机器人，那是不够的。

关于创造力，我觉得教育工作者、管理者、研究者首先要搞清楚一件事情，创造性本来属于天赋，不是培养出来的，教育的目的只是呵护、维系这种所有人都或多或少会拥有的东西。想培养某种创造性，那是把事情说反了。我们的教育需要思考的倒是，如何能够少扼杀一点孩子的创造性。

创造性与多样性相伴相生，因此"标准答案"是创造性的天敌。我们的教育传统是应试性的，因此通常偏爱"标准答案"、偏爱"整齐划一"，创造性所表现出来的"与众不同""异想天开""特立独行"，并不为我们的教育文化传统所喜爱。我想，这是创造力培养的一个致命问题。那些有点"古怪"的学生往往是创造力很强的，我们首先要"宽容"他们，然后是懂得"爱护"他们。如果教师根本不懂得宽容和珍惜孩子的独特天性，而是想尽一切办法扼杀他们的创造天性，那所谓的"创造性人才"培养完全就是痴人说梦了。

现在的语文教学中，"标准答案"问题最为严重。多年来，家长、学生和某些教师都说出了问题，但是如何改，好像还没有很好的办法。可以说，语文教学中的"标准答案"模式，已经且仍然在扼杀我们民族的语言创造性、文学创造性。

语文不应该有"标准答案"，那科学科目是不是就不存在这个问题呢？也不是。相比语文而言，科学教育中的标准答案比较多，但也不绝对。有创造能力的学生，可以提出不同的解题思路和解题方法，如果教师只允许一种思路和一种解法，就是在扼杀学生的创造性。对于那些有能力提出新思路的学生，应该给予高度鼓励和奖赏。另外，与语文教育一样，我们的科学教育也基本上是尽量以精确、系统、正确的知识加于学生，并不重视学生在学习过程中的主动参与环节。提问是主动学习的一个重要标志，中国学生通常默默地听课，没有问题，或者有问题不敢问，这都与中国传统的教育文化有关。据说，儿童读经不需要理解经书的内容，只需要机械地背下来就行。这就是一种典型的被动学习、被动灌输，与我们提倡的创造性教育思想几乎是背道而驰的。

创造性是人类自由的自然表现。如果说创造性可以培养的话，那就是培养自由的心灵。自由的心灵有三大要义。其一，自己做主、自己决定、自己负责；其二，遵从内心的召唤，不由外部环境所左右；其三，理性是通往自由之路。"听话教育"有违"自主原则"，通常培养的是"顺民"，而不是独立自主的现代"公民"。"功利化教育"有违"内在原则"，学生通常不能选择自己喜爱的专业发展，而是根据社会认可的热门专业或者据说就业容易的专业标准来决定自己的专业，久而久之，会有越来越多"混口饭吃"的混世者，对自己的本职工作缺乏热情。国家之所以发达，不仅在于有发达的科技、先进的社会制度，更重要的是有自由的人民。自由的人民是负责任的人民，对公共事务充满热情，对自己的本职工作亦充满热情。如果你不喜欢目前的工作，可以自由地选择自己喜爱的。我们看到在一些国家，无论是售票员、超市收银员、出租车行收车员，还是导游、司机、讲解员，对自己的工作都充满热情。相反，在我们国家却有很多人厌恶工作，他们工作只是出于生存的需要，而没有将其看作是有意义的生活本身。

　　科学研究中的创造力并不是特殊的创造力，而是像一切创造性一样，均基于自由的心灵。过分功利的人，不可能有真正的创造性。这就是为什么希腊科学特别强调真正的科学是无功利的。创造性还基于自由的批判和发问，不敢发问、不愿意发问，当然不可能培养出创造的心灵。中国的教育要鼓励学生大胆提问、主动提问，把提问作为学习的基本方式。提问题、提好问题，是培养创造性的不二法门。没有问题意识，被动记忆、被动学习，只能束缚思想，只能培养思想僵化的新一代。中国教育的危机，主要在这里。

　　《人民教育》：您创作了"吴国盛科学博物馆图志"丛书，还计划筹办清华科学博物馆，可以看出您对科学博物馆特别重视，为什么？目前我国博物馆教育还在探索中，您对此有哪些建议？

　　吴国盛：与学校教育比起来，博物馆教育只起辅助作用。科学教育的主战场仍然是学校，而不是科学博物馆这样的科学传播场所。只是目前学校教育理念往往比较落后，又受制于高考指挥棒，所以科学博物馆这样的非正式科学教育场所，可以起一点纠偏作用。在单调的学校科学教育之余，给少年儿童一个调剂的空间。

科学博物馆是一种来自西方的文化景观，西方发达国家发展科学博物馆有很悠久的历史和很成熟的传统。办科学博物馆，可以学习西方发达国家的先进经验。但是，我们的学习经常会走样，所以需要经常纠正。

比如，西方的科学博物馆有三种类型：自然博物馆、科学工业博物馆、科学中心，分别展陈动植矿标本、科技文物和工业遗产、互动体验展品。我们的自然博物馆非常少，以前只有北京自然博物馆、上海自然博物馆两家，最近几年，浙江、重庆两家自然博物馆才开张。自然博物馆受制于标本条件，不容易建起来，这是一个根本的限制。科学工业博物馆这个类型中国也非常缺乏，目前只有沈阳建了一个中国工业博物馆，其余有像汽车、铁道、航空、航天这样的专业博物馆，但缺乏综合性的科学博物馆。目前，我们最多的是由科协系统建设经营的所谓"科技馆"。这些"科技馆"没有收藏，相当于西方国家的"科学中心"。科学中心适合低幼儿童玩，在动手中学习，其用意很好，吸引了许多年龄小的观众。但是，科学中心没有收藏，这就使得它缺乏深度和底蕴，不能吸引青年和成人。西方国家是三种类型兼而有之。我们国家因为缺乏科学工业博物馆这个类型，就会给人一种印象，以为科学博物馆都是给小孩子准备的。清华大学正在创办的科学博物馆将改变这个局面，使科学博物馆更像是博物馆，而不是游乐场。我们将为有一定知识底蕴的青年人（首先是清华学生），提供深度学习和思考的场所。

《人民教育》：在社会领域、教育领域，我们需要格外注意哪些技术发展带来的问题？比如，数字鸿沟对教育公平和均衡的影响，大数据预测对人的可能性的局限等。

吴国盛：数字技术建立了现代人类新的交往平台和信息流通方式，不能熟悉掌握和运用这种技术，意味着丧失了社会学意义上的优势地位，就像是文字时代的文盲一样，必定会错失大量的有用信息。我们的政府要尽量让所有的公民有机会有能力上网，让人民能够运用网络增进知识、扩大社会交往面、了解天下大势、参与公民社会的建设。

数字化的信息技术当然也有许多问题。由于信息海量、容易获得、良莠不分，对于涉世不深的少年儿童在多大程度上鼓励他们上网，是一个尚未解决的问题。总的来看，学校教育应该取保守一点的态度，不要让少年儿童过多上网。传统的书本阅读不能被取代，哪怕是读电子书，也比一般上网乱看要好。

总的来说，今日中国的教育问题，不在于教育技术的使用不够，而在于教育理念的偏差。技术革命固然会带来人类文明的一些根本性改变，但这种改变在教育中应该是相对滞后的。教育界不必对技术的任何一点进展都过分敏感。从根本意义上讲，教育本身就是一种社会技术，这种技术与狭义的技术即科学化的技术之间担负的角色完全不同。科学化的物质技术起前瞻、引领和拉动作用，社会技术（教育）起积淀、传承和稳定作用。它们之间应该有一个张力，而不是完全顺应狭义的高新技术的路数。

《人民教育》：您理想中的未来教育什么样？比如，10 年后什么样？50 年后什么样？更远的未来，教育什么样？

吴国盛：哲学家不谈未来。"密涅瓦的猫头鹰只是在黄昏之际才开始飞翔。"我没有办法谈那么远的未来，但是，理想的教育还是可以说一说。过去有一句话叫作"教育要培养全面发展的人"，这个理想就很好。理想的教育就是，一能因材施教，顾及每个孩子的区别，量身定制教育方案；二能全面发展，不致成为"利手"和"近视眼"；三是最要紧的，我们是在培养"人"，而不只是作为"有用工具"的"人才"。

（作者系清华大学科学史系创系主任、博士生导师）

（本文原载于《人民教育》2018 年第 1 期）

"互联网+"给教育带来五大革命性影响

张杰夫

2015 年 5 月 23 日在青岛召开的国际教育信息化大会开幕式上，时任国务院副总理刘延东在致辞中明确指出："信息技术在教育领域的广泛应用，对教育理念、模式和走向都产生了革命性影响。"如何认识这种影响，需要跳出哺育我们成长的印刷文化的局限，从人类媒介变迁、教育范式转换的视角，来审视、认识这场革命的意义价值。目前，信息技术给教育带来的"革命性影响"初露端倪，主要体现在以下五个方面。

新技术是革命的动因，教育范式由工业化时代转向信息化时代

一个时代教育的性质和水平，不仅在于它传播了什么，还在于它选择什么样的技术、媒介，以什么样的方式传播。国际著名传播学理论家、被誉为信息社会"代言人"的马歇尔·麦克卢汉提出"媒介即讯息"的思想，认为技术对社会产生的影响和对人的存在方式的改变远远大于技术所负载、传递给人们的具体信息内容。他认为，"新技术是一种革命的动因"。

回溯人类教育历史，我们可以看到，教育小的变化看内容，大的变迁看媒介。每当技术（媒介）出现重大发明，都将引发人类教育革命。6000多年前，人类采用书写作为教育工具引发了教育革命，不仅改变了信息记录方式，而且颠覆了教育"口耳相传"的单一知识传授方式；970 多年前，我国北宋时期发明家毕昇在世界上首先发明了活字印刷术，又一次引发教

育革命，借助印刷媒介，知识第一次走出书院，来到寻常百姓家，极大地推动了教育的普及。信息时代的到来，以互联网、云计算、大数据为核心的现代信息技术，实现了人与人、人与机器之间信息的瞬间沟通和传递，人类又一次站在了重塑教育未来的重要关口。美国赖格卢斯教授认为："如今，我们正在由工业时代进入信息时代，同样需要一次系统的范式转变。"范式的转换将重构一个时代教育所共享的信仰、价值、技术等，决定了教育培养人的方向、传播内容的性质和传播方式。

在人类教育面临重大转型之时，我国政府准确地把握了世界教育发展趋势，从战略高度作出全面部署，将我国教育引入信息化发展轨道。比如确定了教育信息化的战略地位、开展了大规模的以"三通两平台"为核心的信息化基础设施与资源建设等。

信息化教育是人类社会主动适应新科技革命和信息时代要求而建立的新型教育。目前，我国教育正在发生转变。（1）教育从功利化、标准化、同质化人才培养模式转向促进学生个性发展、培养创新人才模式。这是教育对人的幸福和发展本原价值的尊重与回归。（2）学习方式和教学方式发生"双重变革"，探究学习、合作学习、个性化学习、翻转课堂、混合式学习、移动学习等新型学习方式逐渐成为教学常态。教学正从以课本、教师、课堂、考试为中心转向以学生个性发展为中心。（3）数字设备、资源和服务融入学生的学习过程中，丰富多彩的世界"走进"课堂，学习内容由分科教学走向综合化的主题单元教学。（4）几千年来，人类文化知识都是由教师传授给学生的，而如今，这一状况正在改变，教师从知识的"搬运工"变成课堂教学活动的设计者、组织者、指导者与参与者；学生从知识的背诵者、接受者变为知识的实践者、探索者和创造者。（5）教学评价从过度注重学科知识成绩、分数排队，转向综合素质的大数据分析。（6）教育管理从单纯依靠文件、行政命令管理，转向大数据支持下的现代教育治理体系。（7）学习空间从封闭走向开放，从以学校教育为中心转向学习无处不在的学习型社会。

学生过上数字化学习生活，网络塑造一代新人

21世纪的中国教育正出现40多年前联合国教科文组织在《学会生存》报告中预测的现象："教育在历史上第一次为一个尚未存在的社会培养着新人。"为未来培养人，这是人类教育的一个重大转折。从这个意义上说，让2.6亿名学生、1600多万名教师过上数字化生活，其本身就是一场革命。

为未来培养人首先就需要改变教育环境。在相对薄弱的基础上，近年来，我国加速了信息化基础设施和资源建设。2015年，我国高中阶段学校和高等教育阶段学校已经基本实现网络全覆盖。义务教育阶段学校的互联网接入率从2011年的不足25%上升到74%，35.5%的学校实现全部班级应用数字资源开展教学，100%的学校开展信息技术教育，全国6.4万个教学点的400多万名偏远地区的孩子享受了与城里孩子一样的教育资源。全国中小学学籍管理信息系统实现了1.77亿入库，学生学籍管理实现便捷化和精确化。我国教育由此从黑板加粉笔时代跨入信息化教育时代。

学生过上数字化学习生活到底有何意义？俗话说，"一方水土养一方人"，说明环境对于人的成长的重要意义。那么，信息化这方"水土"对人有何影响，又将会滋养出一代什么样的新人呢？

对媒介技术有着深刻洞察力的麦克卢汉认为："媒介是人的延伸。"电子媒介是大脑的延伸，其余的一切媒介是肢体的延伸。也就是说，这两种媒介对人有着截然不同的影响。一般媒介延伸的是我们耳、鼻、眼、肢体的功能，而电子媒介延伸的是我们的智力。媒介延伸加强或扩展了人的某种感觉和感官，重建了人的感觉方式，从而改变了我们认识和分析周围事物的能力与对待世界的态度。在印刷文化时代（包括工业化时代），由于印刷媒介只注重使用人的一种感官，文字（尤其是西方拼音文字）使人的思维方式变成分析的、抽象的、线性的，因此，培养的是一代"被分割肢解、残缺不全的畸形人"；而在信息时代，电子媒介延伸了人的中枢神经系统，形式上再一次整合了人的主要感知器官，培养的是更高层次的全面发展的人。其实，早在20世纪80年代初，著名未来学家阿尔文·托夫勒在《第

三次浪潮》中，通过提示未来社会将产生"影像文化文盲"的方式，预言了信息时代（也称视觉文化时代）一代新人的产生。

当 20 世纪 90 年代，著名的未来学家尼葛洛庞帝教授喊出"计算不再只和计算有关，它决定着我们的生存"的时候，人们还有些诧异。而如今，我们目睹那些从出生开始，就伴随着电脑、iPad、手机、游戏机等数字媒介一起成长的"数字原住民"，其认知、态度及行为习惯受到媒介深远影响的时候，不得不承认与其父辈不同的一代新人诞生了。

不同的环境与经历会塑造不同的一代人，对"数字原住民"而言，网络就是生活、虚拟就是世界。这代新人有其典型的视觉文化时代特征，"其心灵世界携带着一种神话式的精神特质，感性的、直觉的、幻想的、浪漫的，充满激情与活力"[①]。而这些特征正是我们这个时代所急需的。美国著名未来学家丹尼尔·平克认为，当前，我们正进入概念时代（又称为"创感时代"），这是一个由右脑主导、更加注重创造性和感性（情商）的时代，是一个需要培养六大全新思维能力（设计感、故事感、交响感、共情感、娱乐感和意义感）的一代新人的时代。教育应如何倾听"数字原住民"的心声、满足他们的诉求，提供适合他们心理特征的学习方式和环境，是时代赋予教育的新的历史使命。

放大优秀教师的智慧，促进教育公平

教育公平是社会公平的重要基础。我国是一个发展中国家，教育发展不均衡。据教育部公布的数据，我国有 400 多万儿童在教学点上学，由于缺少教师，这些教学点连国家规定的课程还开不齐。如何让这些孩子就近接受良好的教育，与城里孩子一样共享优质教育资源，是党和政府最为关心，并直接影响我国到 2020 年能否实现全面建成小康社会目标的重大现实问题。

---

① 张杰夫.视觉文化时代动漫的育人价值研究——基于小学生动漫活动现状调查 [J]. 教育研究，2014（10）.

目前，我国政府启动的"教学点数字教育资源全覆盖"项目以及各地名校开展的远程教学等，通过"同步课堂"将城市优秀教师的智慧送到贫困地区、教学点，开启了贫困地区孩子健康成长、实现梦想的幸福之门。

千百年来，人类教育基本上都是小规模的传播过程，几名、几十名、上百名学生跟随一名老师学习，而信息时代这一状况正在发生改变。卫星、网络技术可以让优秀教师的智慧跨越时空，到最需要教育的地方，从而成百倍、千倍甚至万倍地放大优秀教师的智慧，极大扩大了优质教育资源的覆盖面，以有效解决贫困地区学校开不齐课和教学质量低下的问题。

像我国独创的全日制远程教学，采用"同时授课、同时备课、同时作业、同时考试"的教学模式，通过卫星或网络可以将名校课堂教学实况直播、录播和植入到成百上千公里之外的400多所学校，创造出高中同时在线学生近3万人，初中录播受益学生5万余人，小学植入教学学生3万多人的"西部最大的学校"。十多年来，全日制远程教学已经让远端学校95万多名学生、6万多名教师受益。这种模式受到贫困地区学生、教师、学生家长和当地政府的普遍欢迎，被外国专家称为"中国教育奇迹"。

依托大数据技术，教育治理体系和治理能力走向现代化

有学者认为，我国进入了信息时代，但没有进入信息社会。主要原因是虽然我们在日常学习、工作和生活中已经广泛使用了计算机、手机、网络等信息技术，但并没有建立起与信息社会相匹配的信息意识、信息自由交换与共享规则、信息化标准与发展模式等，美国社会为此花费了近百年时间。

我国教育领域亦是如此。不过，这种状况正在发生改变。党的十八届三中全会将下一阶段全面深化改革的总目标确定为："完善和发展中国特色社会主义制度，推进国家治理体系和治理能力现代化。"现代教育治理是教育管理的一种高级形态，集中体现了管理的科学化、民主性、数据化、多方参与等特性，教育信息化是推动教育治理体系和治理能力现代化的强大动力。近年来，国家在教育管理公共服务平台建设上取得突破性进展，初

步实现了数据准确采集、信息共享、流程优化再造、科学决策等功能，成效初步显现。

按照教育部的部署，全国中小学生学籍信息管理系统已实现全国联网并稳定运行，国家平台在考试招生、校舍管理、学历认证、学籍管理等方面实现了大数据管理，仅 2014 年该系统为 577.1 万学生办理异地转学，节省了学生、家长大量的时间和约 32 亿元办理费用。

信息时代教育教学的所有问题都可以从大数据的分析、判断中探寻教育规律、寻找问题解决办法和策略。电子学籍的建立，不仅为每名中小学生建立了一个永久性数据库，还可以扩展记录他们个性化的数据，比如利用电脑、手机、传感器等终端与设备，记录下学生身体与心理健康状况、学业成绩、学习过程中的"数据脚印"等。这些数据汇集到一起，会形成一个巨大的知识宝库，通过数据整合、分析，会反映出学生的基本状况、成长轨迹和群体面貌。这些大数据将从根本上颠覆我们认识和改变教育的方式，构建更加符合人类未来发展需要的信息化教育。

不仅如此，电子学籍是教育底层基础数据，为未来继续扩大数据记录范围、测量范围和分析范围，解决传统办法长期以来难以解决的像课业负担过重、教育不均衡、粗放管理等顽疾创造了条件，从而推动我国教育治理体系和治理能力走向科学化、数据化和现代化。

移动互联让学习无处不在，学习型社会正在形成

国家主席习近平在给国际教育信息化大会的贺信中强调，要建设"人人皆学、处处能学、时时可学"的学习型社会。

2009 年美国知名的摩根士丹利公司发布的《全球移动互联网研究报告》指出，目前计算机正处于过去 50 年来的第 5 个发展周期——移动互联网周期的早期阶段。这一阶段的主要特征是移动终端的普及。据工信部统计，截至 2014 年 1 月底，我国移动通信用户达 12.35 亿，其中 8.38 亿（67.80%）为移动互联网接入用户。我国移动终端已经基本普及，为学习型社会打下了坚实的物质基础。

技术的迅猛发展，带来教育内容供给的社会化。在过去的一年里平均每天有 2.6 家互联网教育公司诞生，各重量级互联网企业纷纷进入互联网教育领域，海量教育资源的供给正由政府逐渐走向社会，不同地域、民族、群体和年龄的人都能便捷地获取适合自己需要的教育资源。

技术革命将学习者从计算机键盘和显示器中解放出来，人们可以随身携带并与之"交谈"，地球变成地球村，构筑起几十亿地球人的虚拟学习家园，教育冲破学校围墙和国门，正在形成一个覆盖全球的网络化、数字化、智能化、个性化的教育体系，为每个中国人实现教育梦想开辟了新天地。

（作者单位系中国教育科学研究院）

（本文原载于《人民教育》2015 年第 13 期）

数字化时代的变革与教育工作者的使命

陈玉琨

时代的挑战

在当今的数字化时代，人们赖以生存的社会已经发生了巨大的变化，无论是社会各行各业的业态，还是人们的生活方式都大大不同于以往的时代。

鲁伯特·默多克（Rupert Murdoch），美国著名的新闻和媒体经营大亨，曾经在"教育：最后需要开垦的地方"的演讲中细数了近 50 年来社会的变化："不知道大家有没有想过，当今科技发展是如此迅速。如果有一个 50 年前的人从沉睡中醒来，他将完全不能相信今天他身边发生的事情：

"医学领域，以前用着听诊器的医生绝对想不到今天的同行们正在使用 CT 扫描和核磁共振。

"金融领域，股票经纪曾经靠发放纸制的股票本票进行交易，这在今天已经被网上交易取代。

"就拿我自己的行业来说，曾经只靠纸制报纸出版的编辑们，也会对读者用平板电脑和智能电话来接受新闻信息的行为而感到惊讶。"[①]

除了鲁伯特·默多克列举的这些领域之外，如果有人再仔细地扫描一

---

① 鲁伯特·默多克.教育：最后需要开垦的地方［J］.世界教育信息，2012（Z1）.

下数字化社会的变化，他会发现更多令人震撼的事实：智能手机与平板电脑的兴起，已经培养出了"低头一族"，即使在亲友相聚时也忙着发短信、刷微博。以至天津一家餐馆为了让食客"好好吃饭"，推出每周一吃饭不玩手机，账单即打对折的举措。

而中国少先队事业发展中心发布的《第七次中国未成年人互联网运用状况调查报告》（2013）显示：六成以上未成年人在 10 岁前开始接触网络，其中 23.8% 的未成年人在 6 岁前开始接触网络。2012 年时的数据却是：在 6 岁前开始接触网络的儿童为 17.5%。短短一年间，这一比例就大幅提升。

数字化悄无声息地入侵我们生活的方方面面。然而，令鲁伯特·默多克感到遗憾的是，教育界似乎还是这一时代的例外。"我们的学校是这场科技革命风暴没能席卷的最后一个角落。"他特别强调，"50 年前沉睡然后醒来的那个人，他将看到今天的教室和 50 年前维多利亚时代的仍然一模一样：一位教师站在一群孩子面前，拿着一本书和一支粉笔，背对着一块黑板。"

为此，他大声疾呼："在座的朋友们，这是我们一个巨大的失败。这是我们对下一代甚至下下一代的不负责任，对我们未来的不负责任。"[①]

教育工作者的使命

2011 年 9 月，美国联邦教育部部长邓肯重复提出著名的"乔布斯之问"：为什么在教育领域信息技术的投入很大，却没有产生像在生产和流通领域那样的效果呢？邓肯认为，原因在于"教育没有发生结构性的改变"。

时任国务院副总理刘延东在 2012 年 9 月《全国教育信息化工作电视电话会议上的讲话》中更为深刻地指出："教育信息化正是在全球信息化的大背景下产生的，信息技术的全面渗透深刻影响着教育理念、模式和走向，教育发展必须适应信息化时代的特征。在教育大国向教育强国迈进的进程中，加快教育信息化既是事关教育全局的战略选择，也是破解教育热点难

---

① 鲁伯特·默多克.教育：最后需要开垦的地方［J］.世界教育信息，2012（Z1）.

点问题的紧迫任务。""中国曾数次与科技革命失之交臂，今天面对信息化的战略机遇，我们再也不能坐失良机！"

"'慕课'是一场输不起的革命"，2013 年 12 月 12 日在"2013 年中国教育家年会暨中国好教育颁奖典礼"上，国务院参事汤敏先生以此为题进行了演讲。他认为，慕课不仅在推进教育公平方面效果明显，在提升教育质量上也有良好表现。但是，"到目前为止，最近一个统计，现在巴基斯坦和埃及上慕课、到慕课网上上学的人数都远远超过了中国"。他问道：这个对于我们是很大的压力，"我们能不能走出自己的一条路呢？"

C20 的应答

正是在这一背景下，2013 年 7 月 9 日，在线教育发展国际论坛在上海交通大学举行。会上，上海交通大学、北京大学、清华大学、复旦大学、浙江大学、南京大学、中国科学技术大学、哈尔滨工业大学、西安交通大学等"C9"高校及同济大学、大连理工大学、重庆大学等宣布：将在"在线开放课程"标准与共享机制建设、课程建设、开展高水平大学间在校生跨校选课、探索基于"在线开放课程"共享的跨校联合辅修专业培养模式、实施"在线开放课程"资源向社会开放等方面进一步加强合作，在实现和不断完善"在线开放课程"共享的基础上，逐步将平台课程资源向国内外开放，扩大享受优质教学资源的群体范围，致力于引领中国慕课发展潮流。①

与此同时，慕课在我国中小学也蓬勃兴起。2013 年 8 月 12 日，由华东师范大学慕课中心牵头，中国 20 余所知名高中共同发起成立了 C20 慕课联盟（高中）。此后，9 月 7 日，华东师范大学慕课中心再次牵头，会同全国 20 余所初中与小学共同发起成立了 C20 慕课联盟（初中）与 C20 慕课联盟（小学）。

---

① 姜澎 .C9 高校将共享在线开放课程　探索跨校联合辅修专业培养模式［N］.文汇报，2013-07-10.

华东师范大学慕课中心与 C20 慕课联盟于 2013 年 11 月和 12 月分别在广东省深圳南山实验教育集团、上海市七宝中学、浙江省杭州市学军中学、江苏省镇江外国语学校、江苏省苏州国际外国语学校等地先后召开了 19 场"慕课与翻转课堂现场观摩与研讨会",逾 6000 名中小学教师与会。这些活动受到盟校教师极大的欢迎。

2014 年 6 月,鉴于更多的学校有志于从事慕课与翻转课堂的教学改革实践,上海市静安区教育局、广州市教育局、苏州市教育局与华东师范大学慕课中心协商,联合发起成立 C20 慕课联盟(地市教育局)。该联盟旨在共同探讨"慕课 + 翻转课堂"的教学模式,以实现我国基础教育从知识本位向综合素质本位的转化,推动教育公平,实现优质教育资源的共享,全面提升我国基础教育质量。该倡议很快得到了众多地区教育部门的响应。目前已有近 20 家地市教育局加盟,共同参与"慕课 + 翻转课堂"教学模式的改革实验。

C20 的追求

C20 的功能定位:

C20 慕课联盟以"孩子身边的名师"与"教师交流的平台"为己任,服务孩子的成长,满足教师实现自身价值的需要。

C20 的价值追求有以下几个方面:

1. 优质教育资源的全民共享

在今天没有人会怀疑,与古代的个别教学相比,产生于近代资本主义的班级授课制是世界教育史上的巨大革命。

班级授课制无疑是对分散的小农经济和封建隔绝状态下长期实行的混杂教学组织形式的否定。它顺应了当时社会要求,把教育从少数特权阶级的手中解放出来,向国民大众开放。

同时,班级授课制之所以能发展,还得益于那个时代给它提供了包括技术在内的各种支持。雕版印刷术的推广和活字印刷术的发明,使读书不再是少数人的专利，从而有可能把教育从少数特权阶级的手中解放出来。

如今信息技术的发展和普及，对教育产生着不可小觑的影响。"审视今日，慕课带来的是超时空的变革。不仅在全球各个角落我们都能获取优质的教育资源，而且还是移动的，可以走到哪学到哪，甚至可以反复学，十年二十年后再学。这就是一个巨大的变革，是'继班级授课制以后最大的一次革命'，它使教育超越了时空的界限，使得优质教育资源全球共享、全民共享。"①

2. 助推教育公平

在我国基础教育领域，再也没有比"公平"更让政府犯难，更受老百姓关注的了。教育公平，最困难的在于教师资源的公平。实践表明，优秀教师在区域内小范围流动尚且十分困难，要在全国流动则几乎是不可能完成的任务。慕课的出现将使这一"不可能"成为"可能"。华东师范大学慕课中心和 C20 慕课联盟，正在组织联盟学校优秀教师，录制覆盖基础教育各学科知识点的慕课资源库，供全体学生共享。这对促进我国基础教育公平，提升中西部地区的教育质量，将会有重要的推动作用。

3. 推进学习型社会的形成

慕课往往以碎片式的知识呈现方式，出现在人们的移动终端上。它适应了工作在现代城市里白领们的生活节奏，无论是在地铁里，还是在大巴上，无论是在机场的候机厅，还是在休闲的咖啡吧，有 10 分钟、20 分钟，人们就能轻松地看上一段微视频，学习一堂微课程，更新自己的知识，开阔自己的眼界，而不必劳心费神地赶往遥远的大学。

有人质疑，即使在顶尖大学注册慕课的学生最终修习课程通过率也只有 3%～4%。为此，他们追问："慕课有用吗？"如果仅从通过率来看，慕课似乎是失败的。但是，学习的目的就在于获得一份课程证书吗？如果人们都能把零星的时间花费在前沿、高深知识的学习上，追求自身素质与能

---

① 陈玉琨．慕课：一场正在到来的教育变革［J］．上海教育，2013（10）．

力的提升，这难道不是我们最想追求的"学习型社会"吗？事实上，一开始就有很多人并没有以获得证书为目的，即使有的人由于时间或能力等多种原因而未能获得证书，但他毕竟经历了这一学习的过程，在一定程度上提升了自己，这不正证明慕课对学习型社会形成的作用吗？

学习型社会是大多数人有愿望学并有机会学的社会。没有多少人愿意学或者有愿望但没有机会学的社会（比如跨入校园有很高的门槛或较高的费用）绝不是学习型社会。学习型社会是尽可能地开启人们的学习愿望，并尽可能地为想学习的人提供机会的社会。它不以多少人获得证书为标准。学习型社会≠学历社会。慕课要推进的是学习型社会而不是学历社会！

上海交通大学张杰校长也认为："这将是一场学习的革命，其影响绝不限于大学，对推动继续教育发展，打造灵活开放的终身教育体系，构建人人皆学、处处可学、时时能学的学习型社会，也将具有积极意义。""中国大学应以在线教育发展为契机，重新思考自身的使命与责任。"[①]

4. 让学生远离家教

在中国，或许还包括韩国等地，慕课还有着特殊的重要意义：让学生远离家教。网上或者下载下来的视频材料，可以方便地将世界上最优秀教师最生动的课程带回家给学生学习。在有便捷网络的家庭里，学生学习或者做作业遇到困难时，可以随时请教老师或者寻求其他同学的帮助。如此，则可以免去家教带来的高昂成本和由各种原因（比如遥远的路途、滥竽充数的教师，甚至还有商业欺诈）产生的低效学习，切实减轻学生的学业负担，促进学生身心的健康发展。

5. 让教育从知识本位走向综合素质本位

有不少人一直在质疑：慕课是否适合中小学教育。在他们看来，中小学是孩子们世界观、人生观与价值观形成的主要阶段，虚拟的网络世界阻断了师生之间，甚至阻断了生生之间面对面的交往，这种交往的缺失，必

---

① 曹继军，颜维琦."慕课"来了，中国大学怎么办？［N］.光明日报，2013-07-16.

然会导致学生在情感态度价值观方面教育的缺失。

事实上，在中小学，慕课一开始就是以"微视频＋翻转课堂"为基本模式，这一模式为师生之间、生生之间进行更深入的交流提供了充分时间，为他们相互之间更深刻的影响提供了难得的机会。在这种模式中，可以促进教育从知识本位走向综合素质本位，此时教育从以往只注重知识的掌握，走向既注重学生知识的掌握，也注重学生能力的养成，其中主要是学生高级思维能力的发展。同时还可以更注重学生情感态度价值观的养成以及学生身体与心理的健康。

信息化和大数据已经改变了人们的工作、生活和交流方式，改变了商业运营模式，改变了知识生产方式。教育成了最后一块待开垦的领地。我们不能忘记，教育的首要目的是要让孩子适应当今和未来生活的要求，能在社会竞争中立足和生存。在信息化时代，培养孩子的信息技术素养，在繁杂的信息中有效选择信息、分析信息和应用信息，本身就是教育应有的职责。如果在教育学生的过程中，拒绝学生接触信息技术，是对孩子未来生活不负责任的表现。

在这样的时代背景下，如果教育工作者拒绝信息技术对教育的影响，不充分利用信息技术的优势来变革当今教育中的不当之处，是注定要被时代淘汰的。

慕课与翻转课堂是机遇，更是挑战。

（作者系华东师范大学考试与评价研究院院长、慕课中心主任）

（本文原载于《人民教育》2014 年第 21 期）

云时代的教学变革

朱　哲

　　100年后，一个冷冻人从"睡梦"中苏醒。在他沉睡期间，科技的发展已经让原有的世界发生了翻天覆地的变化，不再有他熟悉的汽车、电脑、手机，100年后的一切对于他是完全陌生的。但是当来到一个地方时，他突然激动地喊起来："我认识这个地方！这是学校……"

　　在广州举行的第二届科技与教育变革峰会上，陶西平先生讲的这个"科幻"故事让与会人员发出阵阵笑声。随着第三次工业革命浪潮的来临，科学技术转化为直接生产力的速度越来越快。相对于科技在金融、交通等领域产生的巨大变化，教育领域的改变虽然缓慢，却是不可逆的。时至今日，一场依托云计算、大数据而开展的科技革命正席卷全球，信息技术对教育发展的"革命性影响"初见端倪。

"云端"上的学校

　　云时代、云平台是当下时髦的词汇，而说起其真正的含义，相信许多人会有"云里雾里"的感觉。其实，云时代的准确说法应该是"云计算时代"。"云计算"中的"云"是由互联网连接的巨大计算机群，其本质是将基于互联服务的大规模数据处理能力和存储能力整合形成易于获取的服务与应用。当用户登录这朵"云"，就可以随时、随地、按需地通过网络访问共享其中巨大的软硬件虚拟资源。

在生活中，"云"并非虚无缥缈，我们已经时刻在使用"云"服务：发微博、逛淘宝、"百度"信息、地图导航，这些应用在后台都是由云计算平台来实现的。云时代打开了一扇大门，改变了我们对于计算机、软件和数据资源的理解。只要有能接入网络的终端，人们可以随时、随地完成绝大多数以前依赖计算机才能完成的事情，而且无需购买软件和存储设备。

美国新媒体联盟发布的《地平线报告》，连续几年将"云计算"列为即将在基础教育领域产生重要影响的技术。当"云计算"应用于教育领域，就形成了功能强大的"教育云"。

"我这次报告的 PPT 就存储在学校云平台上。"说完这句话，广州一中的吴海洋校长操作了一下手中的无线终端，《变革适应未来》的 PPT 便呈现在大屏幕上。从最初笨重的 Apple Ⅱ 到如今随处可见的平板电脑，吴校长所展示的广州一中教育信息化的历程体现了中国教育信息化不同发展阶段对信息技术的不同诉求。

基础教育信息化起步于 20 世纪 90 年代，随着计算机软、硬件设备的更新和推广，越来越多的学校配备了计算机，建立了校园网。进入 21 世纪，基础教育信息化的春天到来了，教育部先后实施了"校校通"工程和"农村中小学现代远程教育工程"。此时的广州一中已建立了以光纤为主干的校园网，从行政管理、教育教学、住宿生活全面实现了校园数字化管理。

现如今，随着移动互联网的普及和平板电脑等移动终端的广泛使用，学校利用云计算技术将教学、学习、管理等系统推向"云端"，建设了"广州一中云平台"，创造了一种无所不在的泛在学习、工作环境。

不管是在办公室、家中，还是在公共汽车上，只要有网络和一个终端，教师便可登录"广州一中云平台"进行备课、批改作业、疑难解答等各种教学活动。即使所处的环境没有网络，也不是问题。学生可以使用离线学习和作业功能进行个性化的自主移动学习，在能够连接网络的时候，预习、作业等学习成果会自动提交、同步到"云端"。

将教育资源存储在"云端"，可以跨平台、跨校区为所有师生提供服务，而不需要在不同地点分布建设，让学校之间的交流更加紧密。在今后的规划中，广州一中的初、高中两个校区将利用云平台进行协同办公、远程教学互动、云端资源建设和共享的实践，使学生不受时间、地点限制自由选课，实现个性化、自主的学习。

这种"教育云"可以将孤立、分散的教育资源打通，消除信息孤岛，实现系统互联、资源共享及应用互通，以此推动教育信息化的进一步发展。教育部制定的《教育信息化十年发展规划（2011—2020年）》中明确提出要建设国家教育云基础平台，充分整合和利用各级各类教育机构的信息基础设施，建设覆盖全国、分布合理、开放开源的基础云环境，支撑形成云基础平台、云资源平台和云教育管理服务平台的层级架构。

然而不可忽视的问题是，虽然教育信息化的推进过程轰轰烈烈，但这种热度往往只维系在政府和学术层面，学校和教师的热情则相对冷淡。"教育行政部门开这类会议，都是上面讲得火热，下面不冷不热。"一位校长无奈地说。吴海洋也遇到过教师的质疑："传统的课堂一支粉笔一张嘴，照样上得很精彩，参加了你的项目后，搞得我的课堂效率都下降了。"但吴海洋很坚定：只有变革才能适应未来教育的需求。虽然有人抱怨，但同时也有一大批愿意先学先试的教师支持他，语文老师何瑾就是其中一位。

穿上钢铁侠的盔甲

在好莱坞电影中，男主角穿上特制的盔甲就变身成为无所不知、无坚不摧的钢铁侠。智能头盔实时提供各种数据、分析和预测，为钢铁侠的下一步行动提供决策依据。拥有这样的盔甲是许多人梦寐以求的事情。

对于何瑾来说，除了熟悉的粉笔和黑板，她上课还有一件必备的工具——"睿易派"（教师端）。这台小小的带有好用的手写电磁笔的平板电脑，就相当于何瑾的"智能盔甲"。平板电脑本身并没有什么特别，但是只要连上"云端"，使用学校研发的系统平台，便拥有了意想不到的"智慧"。

何瑾很重视课前预习，因为从中可以测查学生已有知识的"深浅"，发现学生理解中的难点，从而根据学生的情况调整教案。对于学生的预习情况，以往要到课上进行检查、提问后才能掌握。前期的备课只能根据教材要求和自己的教学经验确定重点和难点问题，上课时一旦发现自己预设的教学设计与学生的实际情况不符的时候，只能临时调整教学方案，有时难免会顾此失彼，影响教学效果。

现在这种困扰不存在了。学生在预习结束后，用电脑将预习答题情况和相关疑问发送给何瑾，何瑾实时接收这些信息并进行分析。这样一来，她就可以根据"真实"的学生，设计真正符合他们需求的教案。

无疑，技术的发展带来了变革教育的机会，但正如与会的中央电教馆馆长王珠珠所言，"技术再好，平台再好，没有以学生为中心的理念都是白费"，除非做到信息技术与教育教学实际的深度融合！

如果说何瑾手中的平板就能让老师做到"以学生为中心"，多数人一定不相信。虽然这是一句常用的口号，但不得不承认，传统教育中，教师对学生个体差异和学习过程的了解一直是靠经验，因此经验丰富的教师能更好地把握学生的实际需要，而新手型教师只能通过"试误"的方式一点点积累相关经验。技术的发展让普通的平板变得更加智能，可以识别学生在学习能力、学习偏好等方面的差异，并对收集的真实的课堂数据进行深入分析，发现潜在的问题，帮助教师更透彻地了解学生，更好地掌控教学。

何瑾的学生属于"数字原住民"，相对于传统的学习方式，他们更喜欢用平板电脑上课。教师端平板电脑中的云备课系统支持视频、音频、图片和文字等不同格式资料的导入，避免了传统课堂的单调和乏味。课堂上，通过平板生成的报表，何瑾能够即时、准确得知回答问题的正确率及作答时间，并将回答错误的学生组成小组，讨论错误的原因。

在小组合作中，学生可以把讨论的结果写成文字，拍照上传，何瑾据此评估学生对问题的理解程度和分析能力，并对相应的学生提供思维与探索的指导和支持。此外，她布置的作业也会因人而异，根据课堂中学生的表现，推送不同的学习任务或知识要素，帮助学生巩固并反思自身学习。

使用这台平板，教师的整个授课过程，包括声音、在每个环节的讲解动作和用电磁笔书写的痕迹，会自动录制保存，并存储在云平台上。如果何瑾觉得某一部分讲得特别好，可以直接截取，做成微课。学生如果对课堂知识有存在疑问的地方，可以在课后随时调阅，重复听讲。对于这些功能，王珠珠馆长非常认可。

是不是使用了先进的技术就一定能促进学生的学习？答案当然是否定的。在教育信息化的过程中，被人诟病最多的就是"洗衣机盛大米"现象：花费巨额资金购买的设备要么闲置在机房"睡大觉"，要么设备的设计脱离教学实践，让使用者苦不堪言。针对这些情况，陶西平先生讲了他在瑞士考察的见闻。

瑞士教育信息化推进过程中，四分之一的投入用于软件和资源开发，四分之一用于购买硬件设备，二分之一的资金用来培训教师。瑞士人说了一个最朴素的道理："如果不用一半的资金和精力来培训教师的话，另一半的钱就白花了。"

新媒体联盟 2014 年发布的《地平线报告》（高等教育版）也指出，数字媒介素养已成为教师必须具备的一项日益重要的关键技能，因为数字媒介素养不仅仅在于掌握数字化工具的操作，更为重要的是养成一种思维方式。获得数字化思维能力比掌握特定工具技能更为重要和持久。

教育信息化进步的实质不在于我们用了多么炫、多么先进的软件和硬件，而在于所使用的这些东西是不是实用，是不是能帮助教师改进教学，帮助学生更好地实现个性化学习。

对于未来的教育，我们准备好了吗？

日新月异的变化累积到未来，将产生颠覆性的革命。"教育变革的发生有两条线索，一条是科学技术的发展，另一条是学习科学对人类学习的分析和研究。通过基于信息技术的环境设计，促进每个有差异学生的个性化学习，充分提高其学习效能和心智品质，是未来教育的根本取向。而何瑾和她的学生所使用的平板中的系统，正是借助学习分析学的框架，通过大幅提升每个学生学习过程中数据采集、积累和分析的效率，创生'智慧教育'的变革。"华东师范大学的吴刚教授这样告诉与会的教育工作者。

通过对近几年 PISA 测试的分析，吴刚认为，中国教育中"学而时习之""博闻强记"等传统文化有利于记忆、理解和应用等低阶思维发展，长期、反复的这类练习可以提高答题效率，因此上海及深受儒家文化影响的国家和地区的学生在 PISA 考试中取得了较好的成绩。但是仅有答题效率显然培养不出未来所需要的人才。

2012 年，美国提出"21 世纪能力"的概念，指出 21 世纪的人才应该具备认知的、内省的和人际的三大胜任力领域。认知领域包括认知过程及认知策略、知识、创造力，内省领域包括理智的开放性、职业道德、责任心和积极的核心自我评价，人际领域则包括团队合作与领导两种能力。

由此可见，在未来的发展中，除了价值观、合作意识等能力之外，分析、评价、创造等高阶思维能力是 21 世纪必备的素养。而这也正是我国基础教育的欠缺之处，因此教育需要深度变革。

"未来的教育改革离不开学习分析学的支持。"吴刚之所以如此断言，是因为学习分析学是一个全新的研究领域，被称为"教育技术大规模发展的第三次浪潮"。具体来讲，学习分析是以理解和优化学习及其发生的环境为目的，对学习者及其所处情景的数据进行预测、收集、分析与报告。

在教育实践中，学习分析技术可以让教育云更加敏锐地"感知"学习情境、学习者特征等因素，也能让何瑾及其学生使用的平板更加智能。

当众多学生的数据汇聚成海量"大数据"的时候，利用不同的分析方法可以对学习者的行为、经历等要素建模，描绘群体的学习规律。对何瑾的学生而言，根据建立的模型，可以预测他（她）未来的学习表现；也可以为其具体的学习过程提供个性化的报告、推荐、建议等，从而促进其更加有效地学习。对何瑾而言，基于系统提供的实时学生状态报告和干预建议等信息，使她能更准确把握学生的学习认知风格、思维方法、学习策略等内容，从而优化教学，制定出能够满足学生需要的教学方案。

在不远的将来，技术将最终改变教育的生态环境：教师不再是知识的传播者，而变成学习的组织者和促进者，学生也由被动接受知识转变为信息加工的主体和知识的创造者。当"智慧地球"的思想渗透到不同的领域时，"智慧教育"呼之欲出。

（作者单位系中国教育报刊社《人民教育》杂志）

（本文原载于《人民教育》2014 年第 17 期）

新一轮信息技术潮会颠覆教育形态吗？

尚俊杰

在人类发展历史上，技术一直是社会变革的推动者，但是还从来没有哪一种技术，像信息技术一样如此深刻地影响我们的学习、工作和生活方式。为此，《国家中长期教育改革和发展规划纲要（2010—2020年）》指出："信息技术对教育发展具有革命性影响，必须予以高度重视。"信息技术的作用被提到了前所未有的高度。

但是长期以来，我们一直认为信息技术只是一个工具、一个手段，它真的能够对教育产生革命性影响吗？许多人也怀疑：当年电影未能改变教育，电视也未能改变教育，信息技术就能改变教育吗？

信息技术对教育会有革命性影响吗？

想到这个命题，就经常想起自己的童年，想起我自己20世纪80年代初用过的老课本。在我的课本中，只有第一页是彩色的，上面是一幅图《我爱北京天安门》，其他页全是黑白的，那时候没有电视，偶尔看看电影，也没有各种画报。像长江、黄河、长城等，基本上是靠老师的描述来学习的。但在今天，即使是边远山区的孩子，老师也可以利用电脑或电视，给他们播放一些视频和图片，让孩子有更直观的感受。

更进一步的是，美国人萨尔曼·可汗自2004年起开始利用在线视频教亲戚孩子学习数学，后来不断发展，创办了可汗学院，利用一种简单的手写黑板技术，录制了许多教学视频，受到了微软创始人盖茨及社会各界的广泛好评和追捧，并先后获得微软教育奖和谷歌的资助。与此相关的是，翻转课堂自 2007 年开始在美国及世界各地流行起来。传统的教学模式是老师在课堂上讲课，学生回家做作业；在翻转课堂教学模式下，学生在家通过看视频完成知识的学习，来到课堂上做作业并和大家讨论。

可汗学院和翻转课堂对我们有什么启示呢？有许多人相信，尽管翻转课堂还存在许多问题，但是这可能是解决传统班级式教学很难解决的"个性化教学"问题的一种方法。尽管我们一直在强调因材施教，但是在传统班级制教学中，教师很难照顾到每一个学生。在翻转课堂模式下，课下看视频的时候，看得懂的学生可以快点看，看不懂的学生可以慢点看、反复看，一定程度上实现了个别化教学，在课堂上老师也有更多的时间和每一个学生互动。很多人认为，农业时代是私塾式教学，工业时代是班级制教学，信息时代一定会产生一种新的教学形态。可汗学院和翻转课堂不一定就是最终的答案，但或许是有益的探索。

谈到和视频有关的可汗学院和翻转课堂，实际上还有一件更令人深思的事情：对于一个病人，如果有条件，他一定希望请中国乃至世界上最好的医生给他看病。那么对于一个学习者，如果有条件，他是否可以跟着中国乃至世界上最好的老师进行学习呢？事实上，现在已经有中小学在做实验研究，比如有人提出"专递课堂"，一个好学校的优秀老师讲课，其他几个薄弱学校的学生利用网络同步上课，本校老师只是进行辅导。由此联想，理论上是否全中国中小学生都可以只听几位最优秀的老师讲课呢？如果真的这样，对于广大教师会产生什么影响呢？

当然，这在基础教育领域基本上还只是实验，并没有大规模普及。但是在高等教育领域则走得更远。2010 年前后，一批原来翻译欧美影视剧字幕的志愿者转而去翻译欧美公开课字幕，没想到这些公开课加上中文字幕以后在中国迅速开始流行，很多白领和大学生在网上"淘课"，甚至有学生逃课在宿舍看欧美公开课。

一个巨大的突变是在 2011 年秋，来自世界各地的 16 万余人注册了斯坦福大学 Sebastian Thrun 与 Peter Norvig 两位教授联合开出的"人工智能导论"免费课程，最后有 2 万余人通过考试。这引发了大规模多人在线课程的流行，比如美国斯坦福大学教授创办了 Coursera，同斯坦福、普林斯顿等大学合作，在线提供免费的网络公开课程。任何人都可以免费学习，如果通过测试并愿意缴纳少许费用，还可以获得学分证书。该项目成立第一年便吸引了来自全球 190 多个国家和地区的 130 万名学生。哈佛大学和麻省理工学院也宣布推出慕课网站 edx，北大、清华均宣布加入 edx。

泰普斯科特在著作《维基经济学》中曾指出"大规模协作改变一切"。慕课学习方式与以往不同的是，可能是几万人一起学习一门课程。这样任何人提的问题都可以在以往问题中查到，或者会在很短时间内得到回答，而一个普通班级的网络课程则比较难做到这一点。

当然，以上主要还是技术层面的改变，最重要的是 21 世纪的青少年发生了什么变化？当看到孩子迫不及待地拥抱电脑，当看到刚刚牙牙学语的幼儿抱着平板电脑不松手的时候，我们就知道：不管这种趋势是好是坏，信息技术改变一切已经是不可逆转的了。

看了以上的例子，我们基本上可以相信：信息技术对教育确实是有革命性影响的！但是看看目前军事、金融、企业信息化的程度，我们就会得出这样的结论：信息技术在教育领域还不够太革命。

让我们来看企业，先不提苹果、三星等大企业，就看一个专门生产文化衫的小企业。这个企业虽然只生产文化衫，但是企业负责人一直声称他们是做 IT 的，什么原因呢？他解释说：传统企业靠手工管理订单，如果排列组合（尺寸、颜色、样式、印刷字体等）多过 10 种，就可能会出错误，而他们利用 IT 系统来管理订单，理论上可以一件都不错。这个例子可以看作"从 IT 到传统"的典型代表。近几年，一批搞 IT 的人转而投向传统行业，但他们不是简单的养猪养鸡，而是利用 IT 思维和 IT 技术重新打造了传统行业。所以芬卡特拉曼曾提出信息技术引导企业转变的 5 个层次："局部应用、系统集成、业务流程重新设计、经营网络重新设计、经营范围重新设计。"而目前的基础教育和高等教育，基本上都刚刚处于局部应用向系统集成过渡的过程中。教育信息化与企业信息化的差距由此可见一斑。

还有一个与教育比较相似的行业，就是医院。医院信息化虽然发力较晚，但是近几年发展确实非常迅速。医院信息化有两个特点，一方面实现了流程信息化，从挂号到取药，全部利用信息技术完成；另一方面在核心业务方面，采用核磁、CT、微创手术等高新技术，有些以前检查不出来的病现在能检查出来了，有些以前治不了的病现在可以治了。有一个特殊案例，就是北京大学第三医院，他们依靠优化流程和采用新技术，实现了平均住院日全国最短，2000年平均住院15.31天，到了2010年则减少到了6.57天。缩短平均住院日自然意味着社会效益和经济效益都提高了。

这个例子值得教育领域深思。医院找到了一个可以量化的指标"平均住院日"，优化流程和采用新技术可以直接改变这个指标，而改变这个指标则意味着社会效益和经济效益的提高。在教育领域，我们能找到一个这样的指标吗？我们是否可以将"平均在校日"作为这个指标呢？采用网络课程等新技术缩短平均在校日，缩短平均在校日意味着可以招更多的学生，应该也意味着社会效益和经济效益的提高，这一切看起来很美！

当然，学制是否可以改变，是否可以缩短，需要严格的论证。我自己也认为学制确实不能简单地缩短。举这个例子只是引发我们思考：随着信息时代的到来，随着外部环境的变化，有一些约定俗成的规范是否需要重新考虑？是否可以真的改变？教育流程是否可以优化、再造？

教育流程再造

德鲁克在1992年曾说过：作为规律，对某一知识主体影响最大的变化往往并非出自本领域内。学校自从300年前以印刷品为核心重新组织以来，从未改变过自己的形态，但未来将发生越来越激烈的变化。这一变化的动力，一部分来自新技术的发展，如计算机、录像和卫星技术，一部分来自知识工作者终身学习的需要，还有一部分则来自人类学习机制的新理论。

目前颇受推崇的里夫金所著的《第三次工业革命》一书中有专门章节论述教育变革。其中提到，目前的教学模式是适应第二次工业革命对大批量标准化人才的需要的，但是第三次工业革命需要大批创新型人才，所以需要打造一批全新的教育机构。

美国政府于 2010 年 11 月颁布了《国家教育技术计划》(简称 NETP)，其中第七部分"生产力：重新设计和改造"指出：教育部门可以从企业部门学习的经验是，如果想要看到教育生产力的显著提高，就需要进行由技术支持的重大结构性变革，而不是进化式的修修补补。

阿兰·柯林斯和理查德·哈尔弗森在发表的著作《技术时代重新思考教育》中也认为，目前大多数学者努力研究如何将信息技术融合进学校教育中，殊不知信息技术的快速发展，已使教育的内涵不再仅仅局限于学校之中，移动学习、泛在学习、虚拟学习、游戏化学习、工作场所学习、个性化学习、翻转学习等新型教育模式，使得学习的控制权逐渐从教师、管理者手中转移到了学习者手中，从而动摇了诞生于大工业时代，以标准化、教导主义和教师控制来批量培养人才的现行教育体系。所以，他们认为技术时代需要重新思考学习（学习不等于学校教育）、动机、学习内容（课程），需要重新思考职业及学习与工作之间的过渡，需要重新思考政府在教育中的作用。

确实，我们仔细思考当前教育中的很多做法，再联想企业、金融、医院等其他行业的做法，可以看到有一些做法似乎确实应该改革。

比如基础教育中的课程，像生命教育、环境教育、法治教育、安全教育、职业规划教育等对一个人的发展来说，应该是非常重要的，可是我们的传统课程体系非常严密，这些课程基本处于边缘化的地位。再如信息技术课程，如果说物理化学课程对于第一次、第二次工业革命至关重要的话，信息技术课程对于第三次工业革命是否很重要呢？如今是否应该获得和物理、化学等课程一样的发展地位呢？可是现状呢？如果我们真的拿出学数学、物理、化学和英语的精力来学习信息技术，或许一个高中毕业生就可以找到编程、美工等工作了。

目前慕课的影响越来越大，美国《时代周刊》2012 年 10 月发表了一篇《大学已死，大学永存！》的文章，其中提到：这场从硅谷、MIT 发端的在线学习浪潮，理想是将世界上最优质的教育资源，传播到地球最偏远的角落。免费获得全球顶尖高校明星教师的课程，甚至取得学位，并非不可能。而对于学校官员来说，变化带来的恐慌随处可见。也有很多人认为，慕课将颠覆高等教育，会使很多高校消失。

实话实说，我个人绝对不相信慕课会使许多高校消失，但是我认为慕课对高等教育来说确实是一个巨大的挑战，确实会产生深刻的影响。不过我更愿意认为慕课对高等教育是一个机遇，可以促使高等教育进行新一轮变革。如果慕课延伸到基础教育领域，难道不是可以实现我们一直在追求的教育公平、教育均衡发展的目标吗？

其实，信息技术对教育的改变还不止这些，云计算、物联网、三网融合、虚拟现实、游戏、3D 打印等技术将继续产生让我们难以置信的变化。教育将是继经济学之后，不再是一门靠理念和经验传承的社会科学，而变成一门实实在在的实证科学。随着计算能力、存储能力的无限提高，随着人工智能、自然语言理解等技术的发展，利用大数据技术，对于每一个学习者的各种学习数据进行智能的、全方位的分析，然后给予其智能的、自适应式帮助，学习者是否可以学得更快，学得更好呢？比如，有一种扫描仪，学生考试完毕以后可以自动扫描试卷，并切分题目，进行分析，提供报告。尽管目前的报告还比较简单，但是已经能够对师生有所帮助。教师不再只是凭经验来判断学生存在的问题，而是靠数据说话。

未来的教育

大数据、云计算、3D 打印等新技术虽然看起来很美，但是目前确实还存在很多问题，比如许多企业力推的"云存储"，就有人担心，将资料保存在"云"中，这朵"云"会飘走吗？事实上，今天的各种信息技术尽管已经深刻改变了整个社会，但是还存在着安全性、稳定性等诸多问题，本质上我们现在还处于"Internet 的原始时代"。但是随着时间推移，随着信息技术的不断发展，我们总有一天会步入"Internet 的信息时代"。

如果到了那一天，我们的教育该是什么样子呢？首先看基础教育：高速有线网和无线网应该覆盖了每一个学校，班班通进入了每一间教室；传统教材应该还会有，但是每位学生应该有一个平板电脑，这个平板电脑功能非常强大，其中不仅有图文并茂、形象生动的数字教材，而且可以直接在线完成作业并提交，在做作业的过程中如果碰到问题，可以在线查看讲解视频，或者咨询老师和其他同学，也可以利用其中丰富的应用软件进行虚拟实验并和其他人交流；学习者的所有学习过程数据都会被记录下来并保存在"云"中，这一方面可以作为电子档案袋，在升学等需要的时候作为客观的评估资料，另一方面系统也会自动分析这些海量数据，发现该学习者存在的问题，并给予智能化的帮助。

再看高等教育：传统大学依然会存在，但是一定会发生剧烈的变革；大学将会变成一个智慧校园，给学生提供一个无所不在的学习环境；学生可以在传统教室中上课，也可以选择通过网络学习；学生可以选修本校老师开设的课程，也可以选修其他学校老师开设的课程，甚至是商业公司提供的课程；学生可以到一些慕课课程平台上修课，但是需要到指定地方考试，并获取学分，从而真正实现教考分离。

随着技术的发展，未来的教育或许会更加智能。事实上，大约 100 年前的人们曾经画了一幅画，他们幻想 2000 年的教育应该是这样子的：教师将教材扔进一个类似于搅拌机的机器中，助教摇着机器手柄，知识通过电流就传输到了每一个学生的脑袋里。当然，对这张图，不同的人有不同的解读，有人说，这是典型的灌输式教学思想。但是反过来想想，如果知识真的可以这样灌输，难道不也是一件好事吗？事实上，有许多研究者也在不懈地追求让计算机和大脑直接相连。随着脑科学和人工智能技术的发展，或许真有一天，这样的教学方式就可以实现了呢！当然，这一天可能会很遥远很遥远，但是联想到人们一步步从大型机到台式机，到笔记本，到平板电脑，再到眼镜、手表等可穿戴式设备，可能终有一天，IT 设备会进入人的大脑，到那个时候，教育又该会变成什么样子呢？

（作者系北京大学教育学院副院长、教育技术系系主任）

（本文原载于《人民教育》2014 年第 1 期）

第五辑

未来学习图景

未来教育的挑战和抉择

李 帆

在中国教育史上，过去十年是一座重大的里程碑。短短十年里，大规模的教育投入、各种思潮的激荡与冲击、观念的改变与飞跃，深刻地影响了中国教育的面貌。

可是，改革越深入，我们面对的问题就越复杂：新观念的普及，并没有必然带来教育教学方式的革新；寄望于通过课堂的改变来重塑学校文化，目的却远未达到；创新土壤的培养，仍然是举步维艰……

如何才能蹚过改革的"深水区"？只用"摸着石头过河"的老思路吗？答案是否定的。在"深水区"，我们需要学会搭梁架桥，用新的、科学的思路，去找到教育改革的新出路。

缺乏了科学性，教育就不太像教育了

我多次参加教育研讨会，感受到一个强烈的对比：西方教育工作者发言，或是国内专家介绍国外经验时，他们除了理念，更多谈的是数据、做法和实证。有个事例给我留下深刻印象：美国刚开发出一款游戏软件，可帮助小学生学习四则运算。设计者在谈及自己为什么出这些题时，他说，根据脑科学研究，一个孩子完成异母通分时，大脑里要经过四个步骤……他所出的题便是按照这一研究成果而设计的。

与他们相比，中国教育工作者更喜欢表达观念，"以学生为中心""自主学习""合作探究"，几乎在每个发言人口中反复出现。听得多了，不免使人昏昏欲睡。即便谈到做法和措施，在回答"为什么这样做"时，也往往是拿出"因为我们要以学生为中心"来解答。

这岂不怪哉？观念指导实践，然后再用这一观念来证明实践。这种"自证"，未免太缺乏说服力和科学性了！这也让我们倡导的各种观念，总是高高飘在天上，不容易落地生根。

一年多前，有单位发起"教师对新课改的评价"的网络调查。结果显示，教师对新课改的总体评价表示"很满意"的仅为3.3%，"满意"的为21.3%，即只有约1/4的教师表示满意。

原因可能很多，但新课程的可操作性差是原因之一。看看我们的各学科课程标准，薄薄的小册子，便涵盖了三年甚至六年的学习目标和标准。表述的简单，意味着标准的笼统、简化和不全面。

首都师范大学的邢红军教授曾指出，科学方法至今没有被纳入各学科课程标准，而且各学科课程标准还普遍存在以"科学探究能力"代替学科能力的做法。诸如"提出问题""猜想与假设""制订计划与设计实验""进行实验与收集证据""分析与论证""评估""交流与合作"等广为流传的"科学探究要素"，其实只是科学探究的步骤罢了，并没有涉及能力的本质。

与我们简单的课程标准相比，西方发达国家的课程标准十分详细，注重课程标准的可测性、严谨性、清晰性和精确性。据统计，美国基础教育阶段各门主要学科的课程标准累计达200多个，它们包含的次标准更是多达3093个。比如，公民和历史学科的次标准分别为427个和407个。

丰富而具体的标准的缺失，是教育缺乏科学性的另一个表现。缺乏了科学性，教育就不太像教育了，教育也就无法赢得其他人的专业尊重。

我们的教育为什么会缺乏科学性？

20世纪初，英国学者李约瑟提出了著名的"李约瑟难题"：尽管中国古代对人类科技发展作出了很多重要贡献，但为什么近代科学和工业革命没有在近代的中国发生？

对这个问题的争论一直非常激烈。但是我想，一个重要原因在于中国人所惯有的东方思维方式：中国古代有深刻的辩证思想，却未产生辩证逻辑；有判断，但没有系统论证，更没有由概念和推理组成的文本。简而言之，东方思维中缺少逻辑和实证的精神，而讲究逻辑和实证，正是当代科学思维的主要特征。

缺少了科学思维，近代科学没有在近代中国发生，导致了近代中国的落后；没有科学思维，也使我们的教育陷入感性的经验主义的泥淖：在各种观点和口号"贴标签"式的指挥下，有多少人知晓学习究竟是如何在大脑中发生的？有多少人分析过知识的类型？又有多少人研究过不同类型的知识是否需要不同的教学方式……

这些问题回答不好，教育改革的花样再翻新，口号再嘹亮，也不会触及教育的核心，只能是"雨过地皮湿"而已。

说到底，教育改革不仅需要一种形上芬芳的呵护，也需要晶莹剔透的科学理智主义的灯光。

所幸的是，一小部分先行者已经意识到了这个问题。在清华附小，他们研制出了自己的语文、数学、英语《学科质量目标指南》。清华附小的校长窦桂梅说，研制《学科质量目标指南》的目的，就是对国家课程标准进行细化，不仅有知识标准，而且有能力标准，以此"在国家课程标准和教学实践之间，搭建一级级的上升台阶"。

对知识标准和能力标准的补充和细化，并非易事。清华附小在窦桂梅的带领下，整整花了十年时间！

我钦佩于他们用科学思维办教育的勇气，更希望能由国家层面做这件事情。从课程标准的科学性出发，让科学思维慢慢扎根在所有教育者心中，让教育回归"既是一门艺术，也是一门科学"的本真状态。

"综合改革"是一个方法论问题

教育改革需要思想的力量。

思想的力量从何而来呢？除了思想的深度和密度外，同时也来自方法。然而，我们这样一个大规模的教育改革，却没有一个可以起指导作用的基本方法。很多时候，改革是"头痛医头，脚痛医脚"式的，从而导致十年改革呈现出"局部有效，整体出问题；短期有效，长期出问题"的状态。

　　用什么样的基本方法来指导改革？十八届三中全会有关决议在教育部分的第一段里，提到"教育领域综合改革"。其实，"综合改革"不只是一个政策要求，更是一个方法论的问题。

　　这是由教育本身的特点决定的。教育是一个复杂系统，它无法预设学生的未来，只是提供可能性。教育在实质上是不可计算的，全国上亿名中小学生，就有上亿种可能。教育的各个部分是不可分割的，它们相互浸透，构成一种独特的生活，一句话、一首歌、一个活动，都可能影响到受教育者的未来。所以，教育改革不可能是一个阶段或一个环节的改革，它需要的是各个方面、各个环节的协同推进。

　　教育领域综合改革至少可以分成三个层次：

　　第一个层次是宏观的，是教育与社会、社区、家庭的协同。在很多西方发达国家，都有把社会视作"一个伟大无比的学校"的传统。

　　在国外，常常可见博物馆前聚集着学生，他们是到那里上课的；有时候，课堂是图书馆，师生席地而坐，读书，交流；有时候，课堂又是社区，教育可以完全融入社区之中。

　　苹果公司横空出世后，许多中国人羡慕美国出了个乔布斯。但究竟是什么造就了乔布斯？

　　一个小小的例子也许可以说明一些问题：从小在硅谷长大的乔布斯，12岁时从黄页上查到惠普创始人休利特的电话。他给休利特打电话，向他要制造频率记录仪的电子元件。早已功成名就的休利特，不但没有不耐烦地挂掉电话，还让他暑假到惠普实习。

　　此时，社会、企业、高校甚至个人，都自觉地把自己看作教育资源的一部分。在这个"伟大的学校"里，孩子们可以尝试各种可能，可以放飞自己天马行空的梦想。事实上，是整个社会，而不仅仅是学校，给了孩子一个最能促进其生长的宽松条件。

　　与国外学校相比，如今我们很多学校的硬件比他们的好得多。有的国外校长看了中国的学校后，连连惊叹：在一些名校里，有几百万元一台的最先进的实验仪器，有几百门的选修课程……但一所学校能给孩子提供多少种可能性？能够穷尽所有孩子的可能性吗？不能。所以，陶行知才会把"不运用社会的力量"的教育称为"无能的教育"。

这种"无能"，还表现在我们总是抱怨社会和家庭，抱怨他们不理解教育，抱怨他们总是向教育传递压力。但我们忽略了教育自身，我们在教育与社会、社区和家庭之间竖起了一道无形的大门，从而将教育改革圈定在了一个小小的圈子里，无法突破，无法生长。

改革走到今天，如果我们再不进行宏观层面的综合改革，那么，这次改革所倡导的"适合的、可选择的、多元化的"教育理想，必定受阻。

第二个层次是中观的，是教育各个环节、各个阶段改革的协同推进。如今，大家注重课程、教材、教学、评价和考试改革等五个环节改革的同步推进，尤其把招生考试改革作为综合改革的突破口。这是非常正确的。

但是，中观层次改革还有一个重点，就是管办评的分离和政校关系的调整。这是多年呼吁，却一直没有得到解决的问题。学校缺少办学自主权，人、财、物受制于各个行政部门，责、权、利无法统一，学校成为行政部门的附庸。曾有局长坦言，自己那里每天都有校长去汇报工作、申请支出，人太多，只好让办公室编号排队。

当学校无法独立办学的时候，我们怎么能期待课程、教材、教学等各个环节个性化？如果课程、教材、教学是缺乏个性的，有个性的教育、有创造力的教育又从何而来？

近些年来，美国著名的教育哲学家诺丁斯和索尔蒂斯写了不少有关教育改革的书。他们思考的一个中心问题就是：为什么自1958年以来的美国教育改革总是不成功？思考的一个基本结论是：教育改革之所以不成功，是因为每一次改革最后都忽视了校长和教师的主体性，都把他们当成改革的对象，而不是改革可以依靠且必须依靠的力量。

事实上，任何一场教育改革，如果不能赢得校长和教师的积极支持与主动参与，只是靠行政命令是很难见效的。就目前的情况来看，我们教育改革带有明显的自上而下的特征，如一些地方推动全体学校进行统一的教学模式改革，对教材、课程和课时的统一把控等。

要激发学校和教师的主动参与，教育行政部门的放权，厘清政校之间的关系势在必行。

第三个层次是微观的，是学校和教师层面的综合改革。学校层面的改革需用综合改革的方法和思路，比较容易理解。那教师呢？

2010年，时任国务院总理温家宝同志在全国教育工作会议上指出："德育、智育、体育、美育是一个有机整体。"但在实践中，很多教师仍然习惯于把自己的眼界局限于专业界限之中，也无法把专业置于更为广阔的精神背景之下。这样的教师，永远无法发挥出教育最大的力量。

因为一个卓越的教师，必定是综合性的，他本身就是一本多姿多彩的教科书：对世界、对人生有自己的看法，对知识有自己独到的理解，对培养什么样的人有坚定的信念，从而使他呈现出一种个性风采。正如学生评价自己的老师、知名文化人顾随时，说他"有时站在讲台上，一语不发，也是无言的诗"。

优秀教师的魅力，正来源于此。

在山东省潍坊北海双语学校，我遇见了一位这样的语文教师，她叫李虹霞。她会用整整一学年的时间对孩子进行写字教学。为什么花这么长时间？她说："我不是仅仅让孩子写一手好字，还要让他们爱上我们的汉字，感受汉字的美。"她请美术老师开书法讲座，上书法课，还和这些一年级的孩子们，一起学习美学家蒋勋的《汉字书法之美》。

在她的课堂上，语文、数学、美术、音乐被巧妙地整合在一起。像她开设以"月亮"为主题的课，整整两周时间里，孩子们唱的是关于月亮的歌；用古筝弹奏《春江花月夜》；从《诗经》开始寻找有关月亮的古诗；笔下画的也是月亮……孩子们沉浸在中华传统文化的优美意象之中，也对这样的课堂产生了深深的眷恋。他们称自己的教室是"幸福教室"。

此时，综合改革的方法论背后，应对的是这样一个道理：只有当我们把人作为一个整体来加以研究时，"人"才会出现在我们的眼前。过去，我们教育出了太多的具有碎片化知识的学生，在成为杰出人才的道路上，这是一种"天然缺陷"。今天的改革，我们不能不重视它，反省它，也许，当综合改革的方法论深入每个人心里时，教育会达成预想不到的超越。

完备的制度必然改变教育的面貌吗?

教育领域综合改革的目的之一,是要形成一整套更加成熟、更加稳定的制度。

可是,一套完备的制度就必然能彻底改变教育的面貌吗?

中国政法大学教授王人博曾参与特长生加分考试评审工作。

考生里,一个来自山西的孩子让他印象深刻。当时,有教授问了他一个有关强拆的案例,让他谈谈看法。结果男孩讲道:之所以闹这么大,就说明政府还不够强硬,太软弱。

当时,王人博忍不住开导他:"孩子啊,你不能这样看,咱们都是普通人,但政府是强者……"没等他说完,男孩子抢话道:"老师,能允许我用另一套话来说吗?"

"我觉得特别悲哀,年轻人完全没有原则,老师认同哪一套就讲哪一套,只要能加上那20分。"大致算来,让王人博感到"悲哀"的这位学生,应该是比较完整地接受了十年课改的那一批学生之一。

为什么在这些学生身上,我们看不到教育改革梦寐以求的独立个性、自由思想?过去十年,有关课改的各项制度(如选修课制、学分制、综合评价制)不断建立,我们以为,通过制度带动教学方式、学校文化、师生关系等方面的改变,就能培养出一代新型人才。

十年里,小组合作、多元评价渐渐蔚然成风,选修课让学生有了选择的权利,知识的传递逐步高效,学生的表达、合作能力逐步提升。但是,为什么离理想的教育还是有差距?

关键是教育的精神内核并没有随着制度的改变而改变。

教育的精神内核从何而来?从局长、校长、教师的教育理念而来。

也许有人会说,自主合作探究不是教育理念吗?但我以为,它们更多是一种教育教学的原则或程序。就逻辑关系而言,教育教学技术(如导学案、小组学习)是根据原则设计的,原则是根据原理或理念提出的。事实上,在自主合作探究的背后,有更上位的教育理念,而理念的核心,则是

"那些终极的、最高贵的价值"（马克斯·韦伯语）。

在我看来，我们的教育正是缺少了"那些终极的、最高贵的价值"追求。其中两点最重要：一是挑战权威，二是宽容。

即便到了现代，中国仍然承载着"等级社会"所赋予的丰富性和沉重性，到处浸透着对权威的尊重和服从。校长、教师所做的一切，不是为了教育的长远，而是为了让"领导放心"；学生所做的一切，不是为了追求真理和自身的发展，而是为了得到校长和教师的认可、获得更好的分数和成绩。在这种风气之下，给学生再多的选择自由、再多的学习自主，最终得到的也只能是"划一"和"整齐"。

在国际 PISA 测试中，美国学生的成绩并不靠前，但当代许多大的创新都出自美国。原因何在？就在于美国教育中深藏着"挑战权威"的基因。

台湾历史学家许倬云有一位印度朋友在美国任教。有一次，这位印度朋友被学生问得无言以对，情急之下说："我是印度人，印度的事我当然比你们知道得多。"此言一出，举座哗然。有学生站起来说："老师，我们佩服你的勇气。但请你注意，我们只接受理论和证据，不接受任何人的权威判断。"

不屈服权威，正是美国教育甚至美国文化的精髓所在。

与他们相比，我们对权威的尊重，尽管可以很好地维持秩序，但同时也瘫痪掉了那些对旧规则、老观点的质疑。试想，如果一个孩子因为从众和融入群体而得到了奖励，他怎么会再去与众不同地冒险、探索新天地？我们培养创新人才、杰出人才的教育理想，又怎么可能实现？

和挑战权威相伴的是宽容。

学者胡适曾说，宽容比自由更重要。我们说自由的时候，我们说的是一种制度。当我们说宽容的时候，我们说的是一种文化，或者是价值追求。制度不建立在相应的文化基础和价值理念上，那再好的制度也"不过是一件借来的外套，一种暂时的伪装"。

应该说，目前教育改革所构建的一系列制度，目的之一就是让学生能够自由发展，但缺少宽容的基础，这种自由就是一种"浅自由"，或者说是"伪自由"：形式上是自由的，但精神上是不自由的；过程看似是自由的，但结果是不自由的。

2013年，上海市中考的作文题是"今天，我想说说心里话"。考试当天，有记者在考场外采访，一位学生说："如果真说心里话，一定考不好。"为什么会有这样的担忧？因为一旦真说心里话，就很可能是与评卷标准不符的"异质思维"，而对"异质思维"，我们向来缺乏宽容。

记得几年前，耶鲁大学前校长理查德·莱文在英国皇家学会高等教育政策研究所发表讲话时曾谈到，到目前为止，印度至少在一个方面比中国具有优势，这就是教师和学生在选择研究课题、表达和检验一些比较异端想法的自由度上更大。他强调，这种自由度是创建当今世界一流大学所不可或缺的重要元素。

其实，从更广泛的意义上讲，自由度及其背后的宽容，又何尝不是整个教育事业发展的衡量标尺呢？只有在宽容的文化氛围里，我们才可能形成充满活力的"思想市场"：师生可以大胆挑战权威，可以从容表达自己的思考，各种观点、价值相互冲撞，相互融合，从而让整个教育呈现出一种泼辣辣的生机。

我们希望，从事教育的人和教育培养出来的人可以不完美，但一定不要唯唯诺诺，而是有棱有角，有独立之精神和自由之思想——这，是推动现代社会发展的最基本的动力。

（作者单位系人民教育报刊社《人民教育》杂志）

（本文原载于《人民教育》2014年第2期）

未来属于拥有新思维能力的人

郅庭瑾　蒿　楠

纵观人类社会的发展历程，我们已走过以农耕和畜牧为主要物质来源的农业时代、以机器大规模生产极大提升效率和产量的工业时代，且正在经历以现代电子信息技术推动社会经济飞跃的信息时代。那么，下一个阶段是什么？

美国学者丹尼尔·平克认为：人类社会正在向一个全新的概念时代迈进。在已走过的农业、工业和信息时代，以逻辑思考和理性分析为主导的左脑思维起着决定性作用；而在即将到来的概念时代，人类的生存与发展需要的是右脑起主导作用的全新思维，即高概念与高感性能力。具体来讲，它包括实用价值以外的"设计感"、事实论据以外的"故事力"、能够化零为整并系统性思维的"交响力"、察觉自我感知他人的"共情力"、拥有快乐的竞争力的"娱乐感"和探寻人生终极幸福的"意义感"。[①]平克认为，"未来需要的是更感性、更富创意的右脑人，而不是理性的左脑人"。

这一论断提出之后，在世界范围内产生了很大影响，人们开始对照"右脑思维"重新审视自己的思维方式与所处的时代变革。然而另一方面，我们也必须认识到，平克论述的6大能力及其所提出的概念时代是以北美发达资本主义国家为出发点的。在他看来，这些国家知识工作者的当务之

---

① 丹尼尔·平克. 全新思维：决胜未来的6大能力 [M]. 高芳，译. 杭州：浙江人民出版社，2013：68-69.

急是要掌握"不能外包的技能"，才能在概念时代依然保持引领世界发展的角色，而中国、印度等新兴国家则被其视为迅速崛起且抢占发达国家劳动力市场的群体。

结合中国的历史传统、教育现实及未来发展，我们需要怎样的"全新思维"？学校教育该如何培养受教育者的思维能力？平克提出的"6大能力"虽然不能呈现一份完美的答案，但依然可以在诸多方面为我们提供前瞻性启示与借鉴。

我们需要怎样的思维能力？

对于"思维"的研究历来存在多元的学科视界，哲学、心理学、思维科学、脑科学等学科对于"思维"现象的认知有着不同的侧重点。认识论哲学为有关思维的研究构建了世界观框架，其后心理学在对人如何进行认知、如何发展思维有着更深关切的基础上，揭示了思维活动在个体身上的发生过程和逻辑规律，从而为教育学研究如何培养学生的思维能力奠定了基础。目前采用较多的定义是"思维，是人脑对客观事物概括的、间接的反映，是人脑对客观事物的本质和事物内在规律性关系的概括与间接的反映"[1]，简而言之就是一种理性的、高级的认知过程。由此，我们可以把"思维能力"界定为人脑通过对客观事物的认知，把握其本质与内在规律性关系的能力。青少年要能够在未来保持良好的竞争力并最终实现个体的生命价值，至少应该拥有以下几个方面的思维能力：

自主性思维能力。在许多国家，培养自主性思维能力已是普适性的教育理念。法国哲学家米歇尔·福柯曾指出，"在西方的教育与教学中几乎形成的共识是，自我决定、自我独立及自我的人生规划都可以说是个人自主，同时它也是教育的一种理想境界"[2]。对于我国的教育来说，自主性思维能

---

① 朱智贤，林崇德.思维发展心理学 [M].北京：北京师范大学出版社，1986：7.

② 詹姆斯·D·马歇尔.米歇尔·福柯：个人自主与教育 [M].于伟，李珊珊，等译.北京：北京师范大学出版社，2008：75.

力的培养对青年人的当下和未来都有着显著的现实意义。现实中，我们经常看到，当孩子面临生活、学习中或大或小的选择时，下意识的第一反应是望向父母或老师，而不是主动地独立思考。长此以往，孩子缺乏独立思考能力，创造性思维也就无从谈起。如何加强对学生自主性思维的意识和能力的培养，尤为重要。

实践性思维能力。强调实践性思维能力的重要性，也是针对我国人才培养现状提出的。所谓实践性思维能力，其本质是通过思维对实践活动的干预以达到预期的目的。"在实践之前，个体在自己的意识中构筑对象活动的图像，它是实践的过程及其结果的观念模型，不仅观念地包含着外部事务的客观尺度，而且要把人们自己内在的尺度观念地运用到对象上去，因此表现为外部事务的客观尺度和人们自己内在尺度的观念的统一。"[①] 所以，实践活动最终呈现的是内在思维与外部事务共同作用的结果，在外部因素客观恒定的情况下，思维活动，也就是内在尺度的作用对实践活动的影响将会是决定性的。

近年来，中小学不断在课程体系中增加实践性课程的比重，培养学生的动手能力。然而，实践性思维的培养远远不是几门课程就可以实现的。实践性思维能力，唯有在真正的实践活动中方能体悟和逐渐积累。这也启示我们，学校不能是远离社会和真实生活场景的象牙之塔，学校的教育教学唯有在与学生的真实生活世界保持恰当平衡与良好互动的情况下，才有可能为学生实践性思维能力的培养创造适宜的环境。

交往性思维能力。不管是"共情力""故事感""娱乐感"或是"情商"，在根本上发生作用的是个体在把握交往活动中多重作用因素的前提下、促进交往活动顺利进行从而达成活动目的的思维能力。例如，共情力就是直接阐述与人交往中情商的重要性，而凸显描述能力的故事感和强调快乐竞争力的娱乐感，均可视为交往中的技巧或实现顺畅沟通的必备素养。

诸多研究已证实，青少年在成长过程中人际关系的质量对其学业成就和身心健康都有着重要影响。尤其当青少年进入中学阶段，自我意识上升，

---

① 　夏甄陶. 认识论引论 [M]. 北京：人民出版社，1986：421.

与家庭和教师的关系逐渐弱化、依赖感减少，与同学、同伴、朋友之间的关系对他们的生活产生更大的影响。现实中，很多青少年出现心理问题、沟通障碍等，都与其人际关系状况不佳有关。从长远来看，人际沟通和交往活动伴随个体终身，良好的人际交往和沟通能力不仅关乎其身心健康、生活品质，甚至还影响和决定着其事业发展、人生际遇等。

情绪性思维能力。"情绪性思维能力"即情绪管理能力，从情绪性思维能力的学术研究角度看，是情绪智力理论的一个维度，是指根据所获得的信息，判断并恰当地进入或脱离某种情绪的能力，换言之就是指能正确认识自己和他人的情绪，并进行有目的的引导、调整、控制，从而让自己健康发展的能力。[①]

现代社会的一大显著特点是生活和工作节奏加快、竞争日趋激烈，人们面临越来越大的生存压力。我们都有这样的体验，情绪好、心情愉悦的时候，工作或学习的效率也会较高，反之亦然。对于青少年来讲，情绪管理的能力不只是人际沟通能力的延伸，更是其心理健康水平的重要影响因素。课业学习的压力、周遭环境的变化、人际关系的影响都会导致青少年情绪上的各种波动，如何调控、引导自己的情绪，使正在面临的各种问题都朝着正确的方向发展，需要具备良好的情绪管理能力。进入社会后，工作生活中所面临的各种各样的场景、突如其来的棘手问题，都要求个体具备良好的情绪管理能力去调节和应对。

审美性思维能力。审美可以说是人类特有的属性，是人的主观心理活动，贯穿于个体思维活动始终。个体拥有审美能力的前提是要有审美的意识与审美的情趣，从本质上讲就是要具备审美性思维能力。平克所讲的"6大能力"中的设计感及娱乐感，都与审美性思维能力密切相关。审美是一种以个人的学养、情操、阅历、品德等因素为基础的更高层次的能力，人类虽然生来就能感知美好的事物，但后天审美性思维能力的培养能够帮助个体更加积极、更具品质地感知世界。在平克的观点中，设计感是物质财

---

①   Mayer J D, Caruso D R, Salovey P. Emotional intelligence meets traditional standards for an intelligence [J].*Intelligence*, 1999(27)：267-298.

富创造的重要影响因素之一，因为我们即将面临的是"物质财富极大充裕的时代"，人们对商品的设计感、美感有了更高的要求，而不是仅仅关注商品的实用价值。这也启示我们，审美性思维能力的另一个重要功用是提升人的美学素养，培养创造美的能力。创造美，亦即创造价值。

从现实来看，我国中小学不乏各种艺术类课程，如培养学生的音乐技能、美术技能等。然而这类课程往往更多地凸显其工具价值，用于"培养一技之长"，而非提升审美修养或培养审美性思维能力。未来社会人类对人生意义及生命质量的追求将会更高，当物质需求不再是问题，精神上的享受就尤为重要。作为个体思维活动的重要意涵，审美性思维能力培养的价值在学校教育中将愈加得到凸显。

价值性思维能力。价值性思维能力对个体来说是一种内在的伦理或道德指引，是在面临各种选择之时，如何作出合乎伦理的价值判断的思维过程。平克所论述的最后一种能力是意义感，也就是对人生终极幸福的探寻。

什么是人生的意义？什么是人生的终极幸福？这一点对任何人价值观念的形成都极为重要，因为它决定了人的行为的根本准则。亚里士多德说"人生最终的价值在于觉醒和思考的能力""吾爱吾师，吾更爱真理"；爱因斯坦认为"一个人的价值，应当看他贡献什么，而不应当看他取得什么"；革命年代也有不少人把保卫国家、奉献社会、服务他人作为人生的最高价值。然而，现实中更常见的是为金钱的累积和物质享受穷尽毕生精力的人，有些更是不惜违背伦理道德甚至冲破法律的底线。所谓价值性思维能力，并不是一味地赞美追求真理不求名利的人生观，而是每个人在自身所处的具体环境中，可以在不触及伦理准则和法律规范的前提下，作出适宜自身发展的选择。

在价值思维的培养方面，中小学教育存在诸多值得改进之处。比如多年来对德育的反思已经不断提醒我们，空洞、生硬、单薄的道德说教远远不能达到培养学生道德品质的目的，需要顺应社会的发展和时代的变迁，以培养学生的价值思维和道德判断能力为根本。

学校教育如何培养"新的思维能力"？

未来社会的发展需要年轻一代拥有新的思维能力，作为人才培养主要场所的学校教育必须有所作为。

学校首先要做到的，就是坚守教育价值。在中国近20年来如火如荼的基础教育改革进程中，在一线校长和教师已经被铺天盖地地灌输了古今中外各种"好的""正确的"教育理念之后，学校教育尤其需要回归教育的基本价值，回归人才培养的常识。

归结为一句话，就是要在制度束缚下依然保有对教育现实的清醒意识和对教育价值的坚守。从现状来看，办学成绩对于大多数学校依然是决定性指标，不少学校无奈地把有限的资源和精力尽数投入到提高学生学业成绩和升学指标上。但越是在这种情况下，越是需要有对教育价值的认同和坚守。就学生思维能力的培养而言，学校应该首先将其内化到人才培养目标之中，形成相应的文化追求，从而带动教育者进行积极探索和实践。

课程教学是学校教育的核心环节，也是学生思维能力培养的主要途径。在思维可教、可训练已得到广泛认同的前提下，思维能力的培养必须逐步走向课程。这里主要有两层内涵：一方面，学校在有条件的情况下，要尽可能调动可利用的教学资源，开设专门的思维发展类课程；另一方面，教师在各门学科知识传授的过程中，应有意识地融入对学生思维能力的训练和启发。只有进入课程和教学，学生思维能力的培养才能得到系统、规范的发展。从已有的实践来看，不少学校和教师已经积累了成功的经验，比如上海一些中小学多年实践的儿童哲学课，不仅有效实现了学生思维能力培养和开发的目的，而且开发建设了成熟规范的课程教材体系，更重要的是，对教师的传统认识和授课方式带来了根本性触动和变革，真正形成了以培养学生思维能力为核心的教学行为和教师文化。

学生的思维能力如何测量，是目前制约学校思维能力培养的一大难题。若要使学生思维能力的培养不流于形式，就必须将其纳入学业评价指标体系之中。已有的研究有不少针对批判性思维、创造性思维等能力进行测评的量表，但在学校教育实践中尚无法得到良好的运用。究其原因，一方面是这些测量方法并未得到广泛认同，另一方面也是因为以标准化考试为主的人才选拔方式与思维能力的测量往往不能兼容，从而使得思维能力即使可以被测评，也只能独立于学科考试之外，最终沦为摆设。因此，把思维能力的测量融入学业评价指标中，需要从课程标准的制定、思维课程的类别到具体的教学活动等，提供一系列制度支持与保障。欧美国家早在多年前就把对学生思维能力的培养上升到教育政策的层面，通过政策和制度的强制作用推动中小学思维教学的研究与实践发展。例如，20世纪80年代，美国国家教育委员会等组织就强烈呼吁把思维能力的培养作为学校改革的重要措施，英国在2000年也将思维技能的培养纳入国家课程体系之中。唯有如此，学校对学生思维能力的培养才能真正落到实处。

（郅庭瑾系华东师范大学国家教育宏观政策研究院教授、博导、副院长，蒿楠系华东师范大学教育学部博士生）

（本文原载于《人民教育》2016年第22期）

系统思考与未来教育

——深圳南山外国语学校师生与彼得·圣吉的对话

朱　哲　董筱婷

2017 年 4 月 16 日—17 日，学习型组织之父、美国麻省理工大学斯隆管理学院资深教授、《第五项修炼》作者彼得·圣吉先生受邀参加了在深圳南山外国语学校举行的"系统思考与未来教育"高端对话活动。

未来教育是一幅什么样的场景？美国的系统思考实验学校如何培养学生的系统思维？系统教育如何影响学生的行为模式？围绕这些话题，彼得·圣吉与南外师生进行了现场对话。

学校在未来会被取代吗？

教师一：您对当今中西方文化的交汇有怎样的理解？中国的文化智慧对您提出的管理理论又有怎样的影响呢？

彼得·圣吉：首先，管理都是关于人的，当我们作为管理者或者领导者的时候，我们很容易忘记这一点，而更多地聚焦于事情本身或者目标。但实际上，所有的工作都是通过人去做的，所以我觉得某种意义上，做管理者与做老师非常相似。

只是管理者"教"的对象是成年人。做成年人的老师，我们不仅要思考对方看中的是什么、他们的动力是什么、他们想做什么，还要思考他们如何成长，看到有哪些东西在制约他们。这里暗含了儒家传统中的思想精髓。

南怀瑾老师跟我说，现在所说的教育多是西方的概念，其实中国有更古老的提法——教化，即通过"教"去"转化"。我想这不仅是老师，也是政府官员以及所有成功的领导者都要做的——通过管理助力他人的成长。一开始听到南怀瑾老师跟我讲"教化"这个概念时，我就非常有共鸣，因为我所观察到的所有优秀的领导者都是这样做的，他们能让共事的伙伴成长。帮助对方成长比告诉、命令他们去做什么更好，这是东西方管理之间一致的地方。

教师二：对于班级、年级和学校的三级管理，我们应该如何设立目标，建立共同愿景，进行持续、长期的团队学习？我们应该如何激励他们？有没有什么模式可以供我们借鉴呢？

彼得·圣吉：我觉得没有模式可言。实际上，创建共同愿景是很自然的一个过程，作为老师应该思考如何帮助每一个学生建立他们自己的愿景，同时辅以良好的互动氛围。当群体之间有共同的话语，自然就会有共同的愿景从这个群体当中生发出来。所以我个人觉得，共同愿景实际上是一个副产品。老师要做的有两点：一是帮助学生把共同愿景与个人愿景联结起来，二是在群体中营造健康、积极向上的氛围，使他们之间有共同对话的空间。

所以在《第五项修炼》中，个人愿景的自我超越发生在共同愿景建立之前。很多时候无论是作为领导者、管理者还是老师，我们有一个误区，似乎想自上而下地去帮助别人建立共同愿景，但其实我们要做的是让他们找到自己的愿景，否则就好像我们在种植物，却没有关注土壤的环境一样。

教师三：在未来教育中，学校这种学习系统会发生哪些改变呢？甚至学校作为一种集体学习的场所，是否会被取代？

彼得·圣吉：我的观点是这样的：传统的西方式学校很有可能会被取代，比如说老师教、学生被动听，老师有答案和统一的教学大纲这种模式。我觉得更有可能的状况是学校的某些作用会消失。但这个问题的根本在于我们如何思考学校的本质。

比如说，有人认为互联网大潮之后学校会消失，因为大家会在网上听课，教学的内容、老师的讲授都可以从网上获得，不需要再去学校。这种论调背后的假设是：所有的学习只是在学习一种知识。但是，学校在传授知识之外还能做些什么？那就是，学校还是一种社交场域。在学校里，孩子们能和大人在一起共同学习，孩子们能在操场上奔跑，一起参加运动俱乐部，一起参加演出……所以，学校是一个集体社交概念，而不是单纯的个体。我个人觉得，对于真正的学习，社交非常重要。网络是建立不了这种社交场景的，我觉得在这些方面学校可以做得更好。

学校要创建一个什么环境呢？那就是在这个环境里，每一个学习者、每一个学生能够在一起共同取得一些成果。所以，如果想要学校在未来真正有持续的意义，我们必须关注真正的学习。对于真正的学习，上述两点很重要：一是清楚一起学习意味着什么；二是群体如何共同达成学习的目标，并且这个成果对于学习者本身是有意义的。这与工业化时代下的教育，即像生产线一样把人从点 A 输送到点 B 是不一样的，在那种形态下只要知识传递出去就可以了，所以学校未来的发展取决于学校做了什么。

如何培养学生的系统思维能力？

教师四：学校可以运用哪些有效的途径帮助学生培养系统思维能力？

彼得·圣吉：在过去的 25 年，我与老师群体有一些互动，见证了他们如何在学生中培养系统思考，所以我可以分享一下我的心得。

孩子们是天然的系统思考者，因为他们在家庭中成长起来，而家庭是最基础的一种系统，家庭成员无时无刻不在互动；他们在自然中玩耍，与自然生态系统也有非常直观的互动，孩子总是置身于各种系统当中。

现在的问题是，工业化时代的现代学校不去关注这些层面，他们无论在意图、结构设计还是各个方面的运作上，都没有考虑学生这种与生俱来的系统能力。从这个角度讲，我觉得一些更为古老的教育体系在这方面做得更好。

我了解一些中国的传统教育。南怀瑾老师去世前创设了太湖大学堂，这个学堂是对5～12岁的孩子开展教育。学堂引入了中国传统教育思想中很多好的实践，比如诵读经典。

然而，这种诵读经典的教育方式被误解了，有些人尤其是一些西方教育工作者觉得诵读没有意义，认为这不就是把书籍背诵一遍吗，而且孩子们并不理解书里到底在说什么。在我看来，西方教育强调个人学习，他们忽略了在经典诵读过程中集体场域所发生的事情。如果你看到孩子们一起诵读经典的时候，马上就能明白其实这是一种唱诵。

南怀瑾老师曾经告诉我，这样的唱诵其实是社会和谐的重要基石。也就是说，当我们谈社会和谐的时候，它不仅仅是存在于一个理念层面，当诵读经典时，我们在身体层面、情感层面很自然地把自己放到了一个集体的、和谐的场域当中，这种实际的体验对于社交的和谐是至关重要的。所以，诵读经典对孩子意味着什么呢？意味着他将意识到他与每个人之间的联结，意识到他所做的事情能够联结到更大的集体，所以这种训练对于我们与生俱来的那种系统认知是有帮助的。

另外，西方对诵读不认同还有一个原因，西方更强调头脑层面的教育，较少关注身体层面和情感层面，所以西方教育工作者对经典诵读背后的那种智慧和价值视而不见。当西方教育方式被引进中国的时候，这种非常好的教育实践就被彻底抹杀了。

在太湖大学堂，每天吃完晚饭的时候，你就会看到孩子们在一起诵读孔孟学说，他们很喜欢，因为诵读就如大家在一起合唱一样。孩子们在诵读的时候是不是理解内容呢？可能他们理解那么一丁点，但是没关系，他们可能30年后的某一天突然间就悟到了。

如果你在美国参观一些系统学校，会发现他们的小学生每天放学之前都会做一件事情：在一张图上描绘一天的学习状况，图上的横轴代表时间，纵轴是每天学习的程度。可能早上开始学习的时候兴致比较高，纵轴上的点就高一些，10点钟的时候感觉累了，纵轴上的点就下来一点，到了快放学的时候兴致又比较高涨，纵轴上的点又高一些。

每个孩子都会向其他小朋友讲解自己的那张图。他们用身体动作演示学习程度，如果他们学了很多就站得很高，表演学得不太积极的时候就蹲在地上。这张图让每个小朋友都有机会讲述自己这一天的小故事，说明为什么我今天是这样一个曲线。这既给了孩子们自己反思的时间和空间，也让他们分享了这个体验，同时了解了其他孩子的状态。孩子们都喜欢这个很简单但很有意思的活动。这就是系统学习的练习。作为老师，最重要的挑战是如何设计这些活动，开发学生与生俱来的系统能力。

教师五：如何在课程中运用系统思考，您有哪些具体的建议？

彼得·圣吉：我以食品为例。在美国，特别是在城市里，很多孩子认为所有吃的东西是从超市里来的，不知道有土壤，不知道食物是在自然界中长出来的，因为他们没有种过任何东西。所以，当孩子们了解到一些食物是被种出来的时候，其实他们就了解到自己和农民之间是有关联的，自己的行为与生态系统之间也是有关联的，这就给他们提供了一个很好的进行系统观察的机会。

当孩子们年龄更大的时候，我们可以对他们进行更加成熟的系统思考训练。比如，可以带孩子们深入了解全球所面临的食品危机：当食品变成生意时，与食品相关的所有决定只取决于短期的利益。对于年龄更大的一些学生来说，他们的思考不能只基于利润去看待食品，而更应该关注土壤和生态环境的可持续性，农民是不是获得了应有的回报，以及我们是不是有健康的饮食习惯等，这些都是系统问题。

另外，年龄再大一些的孩子可以思考这个问题：当社会更加富有的时候，对食品的需求也会改变，这种需求的转变对全球的食品生产体系也会产生影响。

系统思考如何帮助学生与他人相处

学生一：在日常生活中或者是在学校生活中，当我们的人生观与他人的人生观产生冲突的时候，我们应该怎么做到理解自己、同理他人呢？

彼得·圣吉：在生命中的任何时候，这都是一个很重要的问题。当我们非常诚实地面对自己是谁的时候，会意识到每一个人都是如此的不同，思考方式不同、感受方式不同、三观不同，教育非常核心的一个目标就在于让我们学会如何与这些不同共处。

我觉得首先从学习聆听开始，当别人说了一些你不认可的事情时，你会很自然地因为不认可而把自己的内心之门关上，有的时候内在的声音如此巨大以至于你完全听不到其他人的意见。我觉得，聆听的第一层次是如何既听到自己内在的声音，又不被另一个声音遮盖，同时听到其他人的声音。

第二层次是聆听的时候不仅仅是用头脑去听，还要用心去听，并不是只去听他的话语，而是去感受话语背后的那个人，所以这是一种同理式聆听，这是我们必须学习修炼的过程。

第三层次的聆听与同理式聆听有一些类似，但更准确的翻译是慈悲。慈悲跟同理有一个细微的不同，"同理"是我考虑了对方的感受和想法，而"慈悲"是我不仅考虑了对方的感受和想法，而且我在这当中还有一份善意，这份善意是我希望对方能更好，这是一生的修炼。

虽然说是一生的修炼，但是我们可以从当下的每个对话开始，就像你提到的，当对方的观点与你不同的时候，就可以进行这样的练习。

学生二：作为中学生，我们应该如何应用您的理论去看待自己的失误，去改变自己固有的思维模式呢？

彼得·圣吉：当你能够直面错误的时候，固有的心智模式自然就会转化了，因为那种错误之所以会发生，就是因为你的思维方式存在问题。所以，当你正视一个错误的时候，自然就会去思考，当时是什么样的想法造成了这样的错误。

错误有两种，一种是你没有完成想要做的事，但不是因为你的想法有问题，你仅仅是没有完成你想要达到的目标；第二种是你有这个意图，也已经很努力，但结果还是错误。第二种情况下你就要去反思当时是什么样的想法。比如，有时候我们说了一些让别人觉得不太舒服的话，但我们当时根本就没有意识到自己其实伤害了别人。这可能是因为我们没有考虑到对方的感受，可能是太关注自己，所以当意识到这种错误的时候，我们就会反思自己是什么样的心智模式。

刚才说的两种错误，第一种在执行层面，第二种在思考层面，当思考层面的错误发生时我们去反思，这会促进心智模式的转化。但是第二种错误不容易被察觉，所以有时候需要一些好朋友给我们指出来。友谊很重要的一个点就是你的朋友能够告诉你一些你不想听的事情，这样的朋友才是真正的朋友。

〔本文由《人民教育》杂志记者根据彼得·圣吉先生在深圳南山外国语学校（集团）与师生的对话整理而成，由系统变革学院中国负责人倪韵岚女士现场翻译〕

（本文原载于《人民教育》2017 年第 10 期）

涌动的潮流

——关注当代世界教育教学改革新动向

陶西平

新一轮科技革命和产业变革的到来是我们所处时代的重要特征，也是世界许多国家教育改革的基本动力。

我们现在正生活在危机与机遇并存的时代。一方面，很多危机威胁着人类的持续发展，比如，人与自然之间的生态危机，人与社会之间的人文危机，人与人之间的道德危机，人与自己的心理危机，国家与国家之间的安全危机，文化与文化之间的价值观危机等；但另一方面，新一轮科技革命和产业变革又给我们提供了很多发展机遇。

2000 年人类刚跨入新世纪的门槛，美国国家科学基金会和美国商务部共同资助了一个研究计划，目的是要弄清楚哪些学科是新世纪的带头学科，70 多位一流科学家的研究结果是一份 480 页的研究报告——《聚合四大科技，提高人类能力》。报告认为，纳米技术、生物技术、信息技术、认知科学四个领域是被世界公认的 21 世纪最前沿技术，每个领域都蕴藏着巨大潜力，而其中任何几项技术的两两融合、三种会聚或四者集成，都将产生难以估量的效能。

美国经济学家杰里米·里夫金的著作《第三次工业革命》的出版，引起人们对以信息控制技术革命为核心的产业变革的高度关注。在新一轮产业变革中，科学技术将在推动生产力的发展方面起到越来越重要的作用，科学技术转化为直接生产力的速度加快，科研探索领域不断拓展，科学技术各个领域之间相互渗透，科学、技术、生产三者之间的联系大为加强。在这种背景下，知识型员工将成为核心竞争资源。

抓住机遇，应对挑战，教育是重要的武器。联合国教科文组织认为，人类可持续发展最终要依靠教育，要教育出新一代的人，他们具有可持续发展的理念和可持续发展的能力。而公平与质量是全球教育的永恒主题。顺应时代的发展，当代世界基础教育改革形成了一股涌动的潮流，关注点相对聚焦。

从"全民教育"到"全民学习"

世界银行在"2020年教育战略"中提出，面对全球教育面临的挑战，未来教育的目标应从促进"全民教育"转变为促进"全民学习"。"全民学习"目标的提出是在获得入学机会的基础上更强调受教育的结果，有利于在促进教育机会公平的基础上进一步促进教育结果的公平。

20世纪后半期，世界各国关注全民教育，努力扩大教育规模，增加入学机会，取得了重大进展。从21世纪初开始，关注点已从规模扩展向质量提升转变。联合国教科文组织在关于制定质量监测与评估体系的概念性文件中曾指出：增加入学机会方面所取得的巨大成功并未带来教育质量和教育针对性的提高，对于发展中国家尤其如此。大多数发展中国家正面临教育质量危机，大部分发达国家也并没有为所有学习者提供有质量的教育。

经济合作与发展组织（OECD）举行的"2013年论坛"也认为：当前，来自贫困家庭的年轻人在高等教育领域的代表严重不足，那些不能在义务教育阶段减少社会经济背景对学生成绩影响的国家，也不可能在高等教育阶段解决这一问题。

因此，当代世界各国教育改革几乎都指向提高教育质量。

从以课程为中心到以学生为中心

以学生为中心正在成为很多国家提升教育质量的核心导向。以学生为中心，一是全员化发展，即每个学生都是重要的；二是个性化发展，即每个学生都是不同的。与此相适应的是学校的多元化发展。

美国联邦教育部曾邀请学生代表共同讨论教育改革问题。联邦教育部部长邓肯说："如果我们不倾听学生的声音，我们的教育将难以进步。"在座谈中，不少学生提出，学生应该有更多发言权来评价教师，考试应该更符合社会生活的需要等。俄联邦教育与科学部部长安德烈·富尔先科宣布，新的联邦高中教育标准草案规定，学生不仅可根据自己的意愿来选择学习不同的科目，而且还可自行选择学习不同的课程水平。法国2010年秋季进入高一的学生已经在按改革后的"新高中"的学业组织模式接受法国的高中教育。用新的"探索课程"取代"定向课程"，对所有学生进行"个性化陪护"，为困难学生开办"学业水平补习班"，学生可以更换"学业道路"，所有学生都可以享受个别辅导，提高学习的自主性。

自2013年6月开始，韩国首尔定期对全市中小学生的快乐指数作调查。调查内容分四大领域：对学校生活满意度、对家庭生活满意度、对自己满意度及综合满意度。第一次调查的满意度是62%左右。首尔官方认为，虽然现在满意度较低，但这将引导教育行政部门和学校更多地考虑学生在学习过程中的感受。

从以能力为导向到以价值观为导向

世界各国教育出现的另一个引人瞩目的新动向是，从能力导向朝着价值观导向转变。价值观导向，归根结底就是教育学生如何对待自己、对待他人，以及对待社会、国家和世界。

新加坡的教育导向一直随着时代要求不断更新：从1959年起的"生存导向"，到1979年以后的"效率导向"，再到1997年以后的"能力导向"。

2011 年 9 月 22 日，新加坡教育部部长提出让教育系统变得更加以学生为中心，更加关注全面教育，更加强调价值观和品格发展，并将之概括为"学生中心、价值观导向的教育"。

法国政府则公布了《共和国学校重建导向规划法》，目的就是建立公正、严格、富有包容精神的学校，使教师在新的德育和公平教育的框架下，在各级各类教育中贯彻共和国的价值观。

新西兰从 2007 年开始实施新课程标准，特别强调价值观教育的重要性，提出必须将基础价值观教育融入到学校各门课程的教学当中，并明确指出，新西兰的学校应教育学生具有追求卓越、创新与好奇、多样化、尊重他人等八种价值观。

尽管各国倡导的价值观的取向并不一定相同，但将价值观教育作为教育的首要功能则越来越趋于一致。

从知识授受到创新精神培养

学习型组织倡导者彼得·圣吉说："婴儿学走路，是在跌倒、爬起、再跌倒、再爬起的过程中学会的。"学生思维能力的发展就像婴儿学走路一样，要经过一个想错—再想—再错—再想的过程。学生的每一个错误都意味着成长，教师要有"祝贺失败"的修养。

各国教学模式的改变几乎都朝着通过探究式学习、实践式学习和合作式学习来培养学生的创新精神与创新能力的方向发展。

联合国教科文组织 2012 年可持续发展教育报告《塑造明天的教育》指出，"学习"是指：学习以批判的方式提出问题；学习阐述本人的价值观；学习设想更加光明和可持续的未来；学习有条理地思考问题；学习如何通过实践知识来作出应对；学习如何探索传统和创新之间的辩证关系。

部分美国教育专家列出以下五种美国未来的教育趋势：一是智慧型的教学方法。很多一线教育工作者会根据专家们的研究成果，寻找出学生最佳的学习方式作为实际教学时的方针。比如教师应以学生努力的程度为奖励目标而非学习成果，要把传授学习策略、帮助学生找出最有效率的学习方式作为主要教学任务等。二是以游戏为基础的学习。哈佛大学、麻省理工学院和威斯康星大学的一些专家提出了游戏可帮助学生学习并增进学习成效的研究成果。三是磨炼不屈不挠、努力不懈的精神。认为失败是儿童成长的最佳机会，让他们学习从失败中得到教训并改进，这项能力会让儿童终身受用。四是家庭作业被质疑。是否真的有必要为了完成这些作业而剥夺儿童游戏玩耍和家庭欢聚的时间？家庭社交活动和情绪发展与在学校的课堂学习，对儿童来说同等重要。全美已有许多教师及校长支持"没有作业的晚上"（no homework nights），或以某项目标取代家庭作业。五是培养创造能力。应该通过科学、科技、工程、数学学科与人文设计学科的整合，来激发儿童的好奇心和创意。很多学校开始尝试以"项目"为基础的学习。

印度提出将"高级思维技能"培养贯穿在中学所有学科中，包括理解技能和批判性思维。强调以应用为基础的问题解决，反对机械学习，目标是使学生能够建构知识体系，并且在真实的情境中运用所学知识。

2013 年 8 月，新加坡教育部在勾勒该国未来所面对的挑战时强调，面对科技和经济形势的改变，下一代不但要拥有良好的知识基础和技能，还要懂得创造新的知识，并以创新的手法寻找问题的解决方案。

从信息工具的使用到教学模式的改变

2011 年 9 月，美国联邦教育部部长邓肯重复提出著名的"乔布斯之问"：为什么在教育领域信息技术的投入很大，却没有产生像在生产和流通领域那样的效果呢？邓肯认为，原因在于"教育没有发生结构性的改变"。信息技术在教育领域的应用可分为三个阶段：工具与技术的改变、教学模式的改变、学校形态的改变。

2013 年《地平线报告》认为，在近期发展阶段，"云计算"和"移动学习"技术将进入基础教育的主流应用；在中期发展阶段，"学习分析"和"开放内容"预期将会在 20% 以上的教育机构得到应用；在远期发展阶段，"3D 打印"和"虚拟远程实验室"将应用于基础教育。

最近，经济合作与发展组织（OECD）公布了一项针对 15 岁学生数字化阅读技能的调查报告，这篇报告测试了 15 岁的学生在互联网上寻找信息、解读信息、理解及评估电脑图表等能力。16 个 OECD 成员国以及 3 个非成员经济体的学生参加测试，结果显示：韩国学生在这方面名列第一。这说明 OECD 国家十分关注学生的信息素养。

法国特别提出，让教师、学生和家长能够轻松在网络上找到自己需要的教育资源，真正掌握多媒体。2013 年新学期开始，法国的学校为学生提供 11 项必要的数字化服务。

为了让 iPad 走进学校，印度发布了一款 7 英寸的平板电脑，出售给学生的政府补贴价仅为 120 元人民币左右，这让更多人可以应用它。目前，印度在 250 所大学已有 1.5 万名教师接受了这种平板电脑应用于教学的培训。

信息技术应用于教育可能产生的教学模式甚至学校形态的改变，将会成为本世纪教育的最大变革，这一动向已经为许多国家所关注。

从单一测评到综合评价

OECD 发布的报告《为促进更好学习：评价与评估的国际视角》中称，全球教育系统正将对教师和学校绩效的评估作为帮助学生更好学习以及提高成绩的重要推动力。

教育质量评估关注评估标准、评估体系和评估政策的建设。报告指出，OECD 各成员国在学校是否以及如何测试"成绩"两个方面的看法均存在巨大差异。但报告建议，评估要采取全面综合的方法，使其与教育目标保持一致。评估的重点应放在改进课堂实践，确保所有利益相关者尽早参与以及将学生置于核心。

OECD 目前已开发出新的测试工具，被称作"OECD 面向学校的测试"，是基于国际学生评估项目（PISA）测评开发而不同于 PISA 的面向学校的测试，旨在测评学校 15 岁学生的阅读、数学和科学能力的情况，以帮助学校改进教育教学工作。

综观世界各国，美国联邦政府已投资 3.5 亿美元支持各州创立更加综合复杂的评估体系，不仅用于发现问题，更用于为教师提供及时准确的信息，帮助他们改善教学，提高学生学业成就。英国从 2011 年 3 月 31 日开始，每所中学的学业水平考试（GCSE 考试）结果要向社会公布，让家长了解学校的总体学科表现和学校教学状况，同时也为孩子选择更适合的学校提供参考。

综上所述，提高质量是全球教育共同的话题，而关注点相对聚焦：以全民学习为重点——教育质量，以学生为中心——教育理念，以价值观为导向——教育目标，培养创新精神——教育方法，信息技术的应用——教育模式，教育质量的评估——教育结果。这些都对我们实现国家《教育规划纲要》提出的"树立以提高质量为核心的教育发展观，注重教育内涵发展，鼓励学校办出特色、办出水平，出名师，育英才"的目标提供了借鉴。

（作者系国家教育咨询委员会委员、教育部总督学顾问、联合国教科文组织协会世界联合会副会长、亚太地区联合国教科文组织协会联合会名誉主席、中国联合国教科文组织协会联合会主席、中国民办教育协会名誉会长、中国教育学会顾问）

（本文原载于《人民教育》2014 年第 7 期）

让知识的学习变得"有意义"

季　苹

　　曾到一所初中了解学生厌学的原因。没想到，他们吐露的心声是，不知道学习这些知识有什么用。不少学生说，在飞快的"水过地皮湿"的学习中，他们感受不到收获。很多学生告诉我，学习成了"应试的需要"，但他们渴望的是能够感受到自己成长的学习，他们希望了解知识的形成过程而不仅仅是知识的结论，渴望自己能经历探究的过程，在学习知识的同时能力也能得到发展。

　　当然，也有学生从更实用的层面认为学习知识无用。我曾经在一个集市上遇到一些学生兜售东西，上前询问他们为什么不上学，学生的回答是学习的知识对生活没有用。

　　还有的学生说，在现在的学习中他们看不到未来。他们不知道自己的理想是什么，不知道现在的知识学习与未来的理想有什么关系。换句话说，知识学习没有在帮助学生构建自我的理想上发挥真正的作用。

　　这可能与我们的知识教学缺乏对知识的意义和价值的挖掘有关。一方面，我们的知识教学主要是概念和原理的教学，而学生更关心的是知识的意义和价值。另一方面，我们的教育教学过于强调"有效"和"高效"，为了追求效率，天长日久，环节成了重要的，关于环节的意义却没有了追问。这种站在完成教学任务和教学进度立场上对"量"的追求，因为将形式置于意义之上、将"量"置于"质"之上，从而成为一种教育教学的"GDP"模式。

学生的呼声告诉我们，应该从"GDP"模式走向内涵模式，走向对知识意义和价值的追问。因为只有意义和价值才能使得知识与自我之间建立起生命的联系，才能转化为自我的需要、自我的理想。

"有意义学习"并不是一件新鲜事

教育家对"有意义学习"已有不少论述。其中，较有代表性的有美国教育心理学家奥苏贝尔、美国人本主义心理学家罗杰斯和美国心理学家、教育学家布鲁纳。

奥苏贝尔的"有意义学习"与我们日常生活中所理解的"有意义"是不一样的。在日常生活中，"有意义"可能指对生活有意义或者对自我有意义，其含义可能指向"有用"，基本含义至少与主观感受有关。但奥苏贝尔的"有意义"则是学习者能够在知识之间建立起"非任意的""本质的"联系。"本质的"联系就是知识间客观存在的关系，"非任意的"就是非主观的，即客观的。也就是说，奥苏贝尔的"有意义学习"是学习者能够在知识之间建立起客观的而非主观的联系。如果学生能够建立起这样的联系，外在动机对学生的意义就不大了（我们知道，机械学习常常需要外在动机的推动）。简要地说，奥苏贝尔是以"认知"作为意义的内涵。

布鲁纳提出了"发现学习"。表面上看，"发现学习"是在问题解决中获得知识，使知识成为自己的，并由此而发展智力，但布鲁纳更关注的是，在发现过程中学生形成"态度"。布鲁纳始终将态度放在第一位，那么他所说的态度是什么呢？表面上是学生发现的兴奋感，本质则是对自我的信心，是自我的态度。他说："'发现教学'所包含的，与其说是引导学生去发现'那里发生'的事情的过程，不如说是他们发现自己头脑里的想法的过程。它包含鼓励他们去说，'让我停一停再考虑那个''让我运用自己的头脑想想看''让我设身处地试试'。"也就是说，"发现学习"的意义不仅在于学生可以发现事情或者知识，更重要的是学生发现自己能够独立思考，能够解决问题。

而在罗杰斯看来，"有意义学习"是指能够使人的态度、个性以及行为都发生重大变化的学习。因此，他认为"有意义学习"要有这样几个特征：（1）学习是自我发起的。（2）学习是整个人的投入，既有认知也有情感。（3）学习的效果是渗透性的，它会使学生的态度、个性乃至行为都产生变化，也就是整个人的变化。（4）最后，学习效果是由学生自我评价的，学生最清楚这种学习是否引起了自身真正的变化。

我从总体上同意罗杰斯的看法，应该从人的整体发展理解和把握意义。但罗杰斯的"人的整体的发展"主要是从心理学的角度赋予内涵的：人整体发展的方式是自我发起和知、情、意、行的整体投入。但是，自我是怎样发起的呢？或者说，学生何以能够自我发起呢？自我发起的基础和动力是什么？其中涉及人的本质和根本诉求是什么的理解，这是关于人的哲学问题。

知识学习中，知、情、意、行之间的相互转化应该是以学习材料即知识为媒介的。那么，知识与知、情、意、行的转化有着怎样的关系？从理论上说，只有当我们对知识的理解与对人的理解形成一种相对应的契合的有机的关系时，知识才能成为促进人发展的媒介。更上一层，知识总体上对人的发展有怎样的意义？怎么理解用教材教？这些是知识论的问题。

因此，我试图从哲学、知识论和心理学的综合视角，联系学生知识学习状态，进一步解释如何实现有意义的学习。

对"有意义学习"的再理解

美国哲学家杜威提出"教育即经验的不断生长"。这是因为经验是意义的唯一载体。知识学习对于人的发展有没有意义，最终要看知识能否转化为经验。只有当知识转化为个人经验的一部分，知识才算是融入了生命，才真正实现了内化。

在杜威看来，知识就是总结概括出来的理论，而对于经验的界定则是"在主动的方面，经验就是尝试——这个意义，用实验这个术语来表达就清楚了。在被动的方面，经验就是承受结果。我们对事物有所作为，然后它回过头来对我们有所影响，这就是一种特殊的结合"。也就是说，经验就是一种身心投入的尝试错误，其中特别强调身和心的同时投入，这与罗杰斯的整个人的投入是一致的。因此在知识与经验的关系上，杜威旗帜鲜明地认为经验是更有意义的，知识只有在经验中才能产生意义。

不过，自从杜威针对知识教学的弊端提出"教育即经验的不断生长"之后，一个基本的两难选择就摆在了教育工作者面前。一方面，如果坚持"经验的生长"，面对的问题就是，知识转化为经验需要很长的过程，短时间内看不出显的成效。但另一方面，如果直接进行知识的教学，而不将知识转化为经验，知识学习又处于隔离的、没有生命意义的状态。

在这个两难选择中，西方国家更多考虑了"经验生长"并逐渐形成一套相应的课程和教学模式，其中的代表即"做中学"。在这种学习方式中，学生有足够的时间让知识转化为经验，从而在知识世界与经验世界之间进行沟通，并通过这两个世界的沟通而获得学习的意义。

与西方相比，我们国家主要选择的是"直接传授知识"，同样也形成了一套课程和教学模式。随着国际间教育的广泛交流，中国教育工作者逐渐意识到"做中学"的价值，并不断向西方学习。但是，我们已经习惯的对学习效率的追求总是阻碍着我们的学习，尽管新课程开始强调学生经验的获得，开设综合实践活动课程等，但毋庸置疑，中国的课程总体上还是直接传授知识的课程，与西方整个采用"做中学"的课程还是不一样的。

要实现从直接获取知识到经验生长的变革，这个过程可以是革命性的，也可以是渐变的、改良的。对于我们来说，实现这种转变要注意以下方面。

1. 努力使师生头脑中的多重世界变成真正的精神世界，让师生过上真正的精神生活

师生头脑中是有四重世界的:(1)每个人都有一个生活世界;(2)在知识学习时，直接面对具体知识的世界;(3)要理解这些具体知识需要进行思维，从而进入思维的世界;(4)还有一个意义的世界，意义的世界也就是经验的世界。

事实上，学生的经历、知识和思维要转化为经验，成为生命的内容，需要一个条件，就是意义。没有意义，具体知识就是一堆没有生气的符号

材料；没有意义，思维的运行就是被迫的、干枯的。过去，在知识教学中教师直接关注知识，现在越来越多的老师关注学生的思维。但是关注思维还不够，还需要关注学生意义感的获得。意义和情感是思维的推动力，认知是在情感的推动下发生的。从事没有意义感、没有情感的思维活动的人，只是一部思维机器。这样的学生是无法过上真正的精神生活的。

2. 要让师生共同发展自己的意义世界，从而实现自我发展和行为的改变

学生是否具有意义世界及其意义世界的大小，决定着学生的意义感和生命的质量，也决定着"有意义学习"能否最终成立。

"有意义学习"的根本任务是拓展学生的意义世界，其实质是要引发他们的各种精神需要。小学生最初可能只有兴趣的需要，教师要让他们在学校和家庭中发展情感和爱的需要以及理想的需要等。有了这些需要，学生的精神世界将更加丰富。引发、丰富和发展自我的需要还不够，还需要发展满足需要的方法或者机制。只有机制与需要同步发展，学生才能实现自我发展，并进而形成行为的改变。

改变知识观是实现有意义学习的前提

前面提到，从理论上说，只有当我们对知识的理解与对人的理解形成一种相对应的契合的有机的关系时，知识才能成为促进人发展的媒介。那么，我们需要怎样的知识观与有意义学习相匹配呢？

1. 改变狭义的知识观

通常，我们认为"知识"主要是指概念和原理，乍看上去没有什么问题。但从形式上说，概念和原理都是一些语言符号，如果它们不和生活世界的事实相对应，就成了没有指称的符号；如果不知道它们是怎么提出来的以及经过了一个怎样的思维过程，学生也就不能真的理解这些知识。所以，如果教师仅仅讲概念和原理，而不涉及其他，或偶尔涉及其他，这位

教师所持的知识观就是狭义的知识观。这种狭义知识观下的学习，让学生没有意义感，让他们感到痛苦。

要使知识学习有意义，就要自觉地将知识与事实、价值、思维相联系。可是，这种联系不是随意的。课程改革提出的三维目标实际上已经明确了教学应该建立这种联系，但在实践中，这种联系并不让人满意，常常是随意的甚至贴标签式的。其根本原因在于，我们没有清楚地认识到具体知识所蕴含的价值和思维方法是特定的。也就是说，概念原理与价值、方法和事实之间的联系是有机的。这种有机性说明概念原理只是知识点的一部分而已，即概念原理是知识，相应的事实、方法和价值也应该被视为知识。所以我们有必要扩大知识的范畴，让狭义的知识变成广义的知识。

为此，我提出了知识的四个层面：任何具体的知识点在客观上都存在事实性知识、概念性知识、方法性知识和价值性知识四个层面，而且这四个层面之间是有机互动的。没有事实、方法和价值，概念只是一种臆断的符号，没有任何意义。没有概念、方法和价值的支撑，事实就不存在了，我们只能停留在现象上，而现象不是事实。事实、概念、方法、价值都是一个知识点在不同层面的存在形式，它们之间存在着被决定和决定的有机关系，但并不是水平或层次关系。例如，学习函数，如果仅仅学习函数的定义和表达式，而不清楚函数是怎样提出来的、具有什么意义，不和生活相联系，这些定义和表达式就只是符号。定义、表达式、函数的提出、生活中的函数问题，缺一不可，这就是知识四个层面的有机性。

知识的四个层面与师生头脑中的四重世界对应：概念原理对应的是具体知识世界，也就是语言符号的世界；事实对应的是经验的世界，也就是生活的世界；方法性知识对应的是思维的世界；知识的价值对应的是意义的世界。知识四个层面的有机性在客观上使得师生在知识学习中能够实现头脑中四重世界的沟通和意义世界的整体的形成。

2. 改变知识教学观，强调知识的启示意义，非匀速地安排教学进度

也许有人会问，要讲清楚知识的四个层面，这要花费多少时间？如果这样的话，是不是选择一个重要的知识点来学习更好？但哪个知识点更重

要呢？这涉及知识教学观的问题。

随着知识的爆炸，我们知道不能把所有知识教给学生。于是，我们开始不断权衡什么知识更有用，但这种权衡仍然无法使我们从知识的汪洋大海中解脱出来。此时，我们必须进一步改变知识教学观，建立"任何知识都具有启示意义"的观念。"启示"中的"启"是开导启发的意思，是为学生打开一扇门，"示"是把东西给人看的意思。在知识教学中给学生看的是知识中的价值、思维、知识与经验世界的关系以及四个层面之间的关系。学生学会了对知识的整体理解，就学会了如何学习知识，其中形成的学习方式即整体理解知识的方式就能够迁移到其他知识的学习上。知识的启示意义就在于学习了一个知识点后就会学习其他知识点了。"启示"对应的是"领悟"。任何人都不会需要有人将所有的知识都教给自己，需要的是深刻的领悟。

深刻领悟就是要将知识教学的"质感"置于"效率"的量的感觉之上。过去，老师们习惯于匀速运动的教学安排，也就是将时间平均分配给所有的知识点，但深刻的理解需要花费更多时间，要求的是非匀速运动。就像一位语文教师带着学生深入理解一首诗歌，花了几节课的时间，但在学习后面诗歌的时候，学生就有了自学的能力，能够很快完成学习任务。

那么，到底在哪个知识点上花费更多时间才更值得呢？实际上，任何学科都是一个整体，无论从哪个具体知识点入手都可能触及整体。因此，选择任何一个知识点都可以。这就可以把老师从选择中解放出来，将更多的时间放在知识的启示意义上。

如何实现有意义的学习？

1. 了解学生的"第一意义"，甚至允许学生无关的自我卷入，让学生自我建构，获得自我的意义

"意义对于每个生命是不同的。"这里的意义指的是自我的需要。有的学生需要从意义开始学习，不清楚意义就无法开始自己的学习。这样的学

生往往智力水平不低，但他们对情感和意义的要求高于认知和智力的要求。我见过这样的学生，他们一直在问学习有什么用，也一直抱怨学习无用，并真的停止了学习。有的学生则不同，他们可以不清楚意义，就可以在认知的兴趣中徜徉，觉得有兴趣就是有意义的。有的学生认为学习就是读书，而有的学生觉得学习就是要行动。有的学生会关注生活的丰富性，觉得丰富性就是意义……我们要尊重学生的"第一意义"，而不是说"你不要管这些，先学吧"，这样说常常是无效的。尊重要从了解开始，我们可以设计一些开放性的问题询问学生：你的问题是什么？兴趣在哪里？最触动你的是什么？等等。通过这些询问，也可以带着这些问题去观察、了解学生的"第一意义"。

现在，我们的课堂常常环环相扣，非常严谨，从而大大减少了学生自我发展的空间。自我发展需要学生自我卷入。这里的自我卷入有两方面内涵：一是罗杰斯所说的整个人的投入，投入到对当下知识的理解中；二是要允许学生有一些看似与当下具体知识无关的经验或体验的表达。教师要善于从这些表达中找到与具体知识的内在关系，从而帮助学生建立起知识与生命世界的意义联系。具体来说，如果课堂上有的学生激动起来，教师可以放下知识进度而将时间用在倾听学生的内心世界上。这才是在根本上尊重生命，将生命置于知识之上。

既然每个学生对同一个知识内容的意义的理解是不同的，知识的学习过程就应该是每个学生自己建构知识意义的过程，而不是教师理解和建构了知识的意义之后再教给学生。正是在这个意义上，布鲁纳认为发现学习才是最有意义的。"意义对于每个生命是不同的"意味着学习是学生每个人自己的事情，谁也无法取代谁。所以我们要学会尊重学生在学习同一知识时可能出现的不同的兴趣点，并允许他们从自己的兴趣点出发探索知识和构建知识。

2. 通过情节连续剧的创设，在整体中讲述、理解部分，帮助学生建构意义

教学至少要在知识世界与经验世界之间进行沟通，很多教师接受了这

种观点，于是在讲知识的时候会举很多例子。但是，这些例子是零散的，只能说明知识的某一个局部，不能说明知识的结构，而知识结构的理解是最难的。因此，我们不能停留在"举例教学"上，而要创设"情节连续剧"，让学生在任务驱动中嵌入式地学习知识。这是受到了布鲁纳的"学习情节"的启发："一个学习情节，时间可长可短，包含的观念可多可少。学习者愿意一个情节持续多久，这取决于此人期望从他的努力中获得什么，是为了获取像等第这样的外部事物，还是为了提高理解能力。"情节就像是电视连续剧的情节，里面有矛盾冲突及其化解。在环环相扣的问题解决中，学生嵌入式地获得的知识就能够转化为经验，获得意义。创设情节连续剧是教师教学设计的难点，也是教师专业知识成果的重要内容。

很多教师在教学时，习惯于采取"分—总"模式，即先讲知识点，再进行总结。但我们认为，这样的做法不尽合理。知识教学需要在整体中讲述和理解部分，才能更有意义。布鲁纳曾批评当时的美国教材"详细而正确"却"缺乏足够深入的理解"，认为教材上的正确主要是"部分正确"。那什么才是整体的正确呢？就是从基本概念出发，在整个知识结构中讲述部分，才是整体的正确，才可能有深入的理解。没有知识结构，学生学习了详细的内容却不知道这些内容应该附着在什么地方，所拥有的知识是零散的，在整体上的意义几乎"等于零"。

所以，要实现"有意义学习"，就要在整体中理解局部、在局部中理解整体，而且整体最终面向的是经验，因为只有经验的整体才是真正有机的整体。

（作者单位系北京教育学院）

（本文原载于《人民教育》2014年第12期）

变革时代的教育创新

——先进教室、数字教师、未来教育

杨宗凯

人类进入 21 世纪后，信息化、国际化、知识经济、可持续发展等均对教育提出更高的要求，教育因此面临着空前挑战。我国把信息化作为重大发展战略，党的十八大提出了"新四化"，即中国特色新型工业化、信息化、城镇化和农业现代化。按理说，不管农业现代化、工业现代化还是城镇化，都离不开信息技术，都包含了信息化，把信息化专门列出来，充分表明其重要性——它是整个社会转型中一个必然的进程。

如今，信息总量呈指数级增长态势，与之相随的就是知识爆炸时代的来临。现在的学生，从小就浸染在数字世界里，他们被称为"数字原生代"。学生在学校——无论中小学还是大学学到的知识远远无法满足知识爆炸时代的需求。今天所学的知识可能三年后就没有用了，这就是现实。

那么，我们应该教给学生什么？应该怎么培养学生？是传授知识还是培养能力？二者应怎么结合？这些问题非常现实而紧迫地摆在教育者面前。

信息时代呼唤教育变革

美国非常有影响力的《地平线报告》，由全球 300 多个机构的专家在网上合作完成，每年介绍信息和通信技术的发展趋势及其对教育产生的影响。他们 2009 年的报告提出，云计算、移动技术、电子书、平板电脑可能对教育产生重大影响；2013 年又提出，MOOC 课程、3D 打印机以及物联网将对我们的生活包括教育产生巨大影响。下面举例说明。

——云计算。云计算将带来新的 IT 变革，特别是它与互联网、物联网、移动互联网相结合以后，会加快整个信息化的进程，使我们能够在任何时间、任何地点对任何人的感知和知识获取产生积极作用。

云是一个什么概念呢？它最早只是一种商业计算模型，将大量分散的存储资源、计算资源、通信资源通过管理协议整合在一起，用户可按照需要获取计算存储空间和信息服务，而这一切都是廉价的。

计算机发展已经历三次革命——第一次从主机到微机，第二次从微机到互联网，第三次从互联网到云计算。云计算对信息化的影响非常大。比如，大大提高了利用率。在信息化建设初期，每个学校都要建计算机网络中心，要投入设备、人员、场地，但数据中心的 CPU 利用率一般只有 5% 左右，95% 都浪费了，效率很低。云计算有效避免了这种浪费。又比如节约了成本。以往各学校网络中心的资源是一个个"信息孤岛"，无法实现资源整合。云计算可实现无 IT 基础设施的信息化，学校不需要建任何信息基础设施，只要购买服务就可以。如今的信息化都在"往云端走"。另外，云计算技术降低了信息化的门槛，使更多学校充分享受信息化的便利成为可能。

——电子课本。电子课本依赖于移动计算技术提供的高计算能力、存储能力和网络访问能力。如今的电子课本集成度很高，可以按照教育规律将各种文字、声音、图像组织在一起，还可以跟"云"结合在一起来实现内容自动更新。电子课本的特点是富媒体形式的内容呈现，不仅可以看，还可以非常灵活地互动，而且具备教学所需的一系列必要功能，如笔记、作业、评价、管理等功能。

电子课本应用非常广泛。韩国宣布于 2015 年在全国中小学中淘汰纸质课本，全部使用电子课本。最近去了美国加州的学校，我们也看到他们对于电子课本的使用非常普遍，学生几乎人手一本。

——3D 打印。3D 打印带来的革命是，人类将彻底从工业标准化生产、批量生产时代进入个性化时代，而当今整个时代的重要特征就是尊重人的个性化。

第二次工业革命最重要的特征是标准化、流水线，一个流水线上生产出来的是同样的产品。与此相适应，我们的教育也呈现"标准化"特征，统一上课、统一做作业，答案统一、标准统一、教材统一，最后考试统一，这样培养出来的人才，同质化问题非常严重。但21世纪最需要的是个性化的创新人才，流水线式的人才培养模式显然已不能适应新形势的需要。

3D打印对我们还有一个很大的挑战——很多的人才将会失去工作机会。比如，美国已经试图将其40%以上的产业从中国"拿回去"。这一行为的潜台词就是：尽管你劳动力便宜，但当打印不同的东西跟打印相同的东西是一样时间、一样成本的时候，我就不需要你的廉价劳动力了。

——MOOC课程。MOOC课程跟视频公开课最大的区别在于，它涵盖所有的教学课程，而且从学习、作业提交、讨论到考试，整个过程都在网上进行，最后还能发课程认证证书。MOOC课程现在在美国比较风行，如今我国清华大学、北京大学等知名高校也加入MOOC课程行列。

这对于教育教学无疑是一场革命。学生在网上学习MOOC课程，一个个课程证书拿到手后，积累到一定程度就有可能在将来修到学位。因此，教育者一定要清醒：并不是学生身处你的校园中，仅仅学习校园里的课程，他们有更多的选择。现在，中国教育科研计算机网相当一部分流量都是由访问公开课和MOOC课程产生的，可见它对我们的高等教育及其他类教育的影响非常大。

面对时代和技术的挑战，我们的教育显得很滞后。IT技术无论对政治、经济、军事还是文化，影响都很大，比如我们看的大片跟IT紧密结合。在教育领域，却大多限于使用投影仪，或者建一个计算机室，把技术当成工具开展浅层次的表面应用，停滞于这样的水平。

面对这一形势，各国都非常重视教育信息化的发展，都在制定自己的战略规划。特别是美国在这方面比较领先。美国每4～5年就会制定一个"国家教育技术发展规划"。起初，只是用信息技术"辅助教学"，后来做在线教育、远程教育等等。2010年，美国提出"以信息化驱动美国教育的变革"计划（NETP2010），主要包含学习方式变革、评价方式变革、教学方式变革以及基础设施升级，最终目标是整个教育体系的变革。日本、韩国也出台了相应计划，都值得我们认真研究，积极应对。

总之，"教育信息化"的关键在于"化"。"化"就是重组和流程再造，就是要打破工业社会中标准化、流水线的生产方式，更重要的是要进行个性化和差异化的教学，培养 21 世纪所需要的创新型人才。

我国教育信息化存在的问题及对策

我国的教育信息化在 20 世纪 90 年代中期以前是以电化教育为主，随着中国教育和科研计算机网组建、高校现代远程教育试点启动，到国家实施一系列工程推进教育信息化，历经十多年时间，信息化建设已经初见成效。在基础教育领域，我们先后实施了校校通、农村远程教育工程、教师教育技术能力培训等一系列重大项目，成效显著，但面临的问题也比较明显。主要存在如下问题。

一是认识问题。我们对教育信息化的核心作用和革命性影响认识不足，这是一个总的判断。现在有所改观。2012 年，教育部出台《教育信息化十年发展规划（2011—2020 年）》，这是对我国教育信息化发展具有里程碑意义的一份重要文件，并召开了首次全国教育信息化电视电话工作会议。这表明我们已经开始重视教育信息化，并将教育信息化提到了战略的高度。

二是机制问题。主要表现为多头管理。多个机构都涉及教育信息化的职能范围，部门职能相互交叉，但又互不隶属，造成一定程度上的发展困难。应该整合管理职能，逐步统一机构，理顺机制。

三是经费问题。最大的问题不是投入少，而在于采取"脉冲式、运动式、工程式"的投入方式，缺乏可持续投入的机制。信息化投入不是一次性的，前期投入之后，后续还要维护、更新、运营，但很多地方只投资建设，后续没有投入或很少投入，中小学没有这笔钱，导致设备一旦出现故障往往得不到及时维护，特别是边远贫困地区学校，一旦发生问题就很难及时处理，造成很多设备坏了，就扔在那里，成了摆设。

四是队伍问题。我国的教育信息化专职人员队伍建设力度不够。我们到国外大学考察时了解到，原来"学校计算机信息中心"只是一个辅助部门，现在成为重要部门，多则几百人，少则上百人。其职能包括设备维护、业务指导、教学设计指导，还包括培训、教学资源制作等，都需要专职化队伍。而我们现在基本上还停留在工业化的传统教学模式阶段，信息化专职人员严重不足。

教育信息化本身就是一个过程。联合国教科文组织把教育信息化分为四个阶段。最早是起步阶段（即建设阶段），第二是应用阶段，第三是融合阶段，最后是创新阶段。在建设阶段，只要有钱，多媒体教室、网络以及信息中心等，三个月到一年就可以建成。应用阶段，从"不会用"到"会用"，再到"用好"，需要一年至三年时间。融合阶段，至少要五年时间才能取得一定成效。而要达到创新阶段，至少需要五年至十年时间。在创新阶段，信息技术的"革命性影响"才能够真正发挥出来，我们的教学会变成"另外一种全新的教学"。

《教育信息化十年发展规划（2011—2020年）》指出，信息技术对教育发展具有"革命性影响"，必须予以高度重视。什么是"革命性影响"？就是要变革传统的、工业时代的教育教学方法、教育教学组织方式，包括教师发展模式。规划提出用十年时间初步建成具有中国特色的教育信息化体系，整体接近国际先进水平。

国家实施"五大行动计划"推进规划的落实。其中包括基础设施、基础能力的建设，包括信息资源共享平台、信息管理系统的建设，包括在此基础上实施学校信息化能力提升的行动。另外还有可持续能力的发展计划，包括能力培训、标准、研究支持和后备人才等等。该行动一期试点已经部署，全国范围内共吸纳1600所试点学校、100个实验区来推动。

全国教育信息化工作会议中提出"一个核心""两个抓手"的推进思路。"一个核心"是怎么让信息技术与教育进行深度融合。并不是会用多媒体，会用PPT、PDF、WORD，你就信息化了，而是要进行"深度融合"。"两个抓手"就是应用驱动和机制创新。

信息化如何改变教育？一定要应用驱动，一定要创新体制机制。不能再像过去那样，政府做预算，这个学校花多少钱建一个数据中心，那个学校花多少钱买白板，不能再延续这样的思路。

具体有七项工作重点，即"三通两平台"、教师培训以及教学点数字资源全覆盖。所谓"三通"，一是宽带校校通，对外百兆、千兆宽带要连到学校；对内要全覆盖到桌面，要连到教室里，这跟过去的概念大不一样；而且还要将资源、工具配备到位，确保教师能够拥有基本的信息化教学条件。

二是资源班班通，资源可以到每个班级，深入到教学的每个过程，师生可以按需获取资源。比如语文教师，可以在"云"上找到、用到他需要的资源。三是网络学习空间人人通，教师有教师的空间，学生有学生的空间，每个空间可以打通，管理、服务、教学、学习、教研、交流都可以依托网络空间进行。所谓"两平台"，一个是以资源为核心的教学平台，一个是管理平台。对学校而言，最重要的是教学和管理，而且信息化能够真正发挥作用。

信息化的领导力、教师信息技术应用能力、专业人员的支持力，以及师生和家长对信息化应用的满意度，是衡量教育信息化应用水平的几个重要评估指标。值得强调的是，教育信息化的根本目标，是个性化学习和差异化教学，而不是同质化的教学。

以信息化促进教育创新

这主要包含了五个方面的创新。

第一，教育环境创新。环境创新就是搭建信息化环境，包含电子书包、电子课本、互动显示设备、交互学习终端、网络服务、云资源等要素的新型课堂教学环境建设和应用。今后的教室是一种"三通两平台"实现后、基于"云"的学习环境，而不再是传统意义上的教室。它支持个性化学习、差异化教学，支持以学为主的互动式、研讨式教学。

比如我们主导研发的"电子双板"就是一种典型的信息化教学终端。现在很多的解决方案就是把黑板变成白板和投影，这是应用的初级阶段。我们知道，投影、PPT本身不是为教育而研发的，但我们把它们搬到了教育中来。教师为什么有使用的积极性呢？因为PPT可以重复使用，而且图文并茂，这是它的好处；其坏处在于，讲授的知识没有时间滞留，数学等学科的推导过程难以呈现，而且PPT一旦做好可以反复使用，给教师提供了"偷懒"的便利。我们现在要改造它，把它真正变成"教育的PPT"，让它跟"云"连在一起。

未来的教室不仅仅是空间环境，不仅仅是我们的双板、我们的"云"、我们的基础设施，更重要的是要跟资源连在一起，跟学习空间连在一起，跟教室的教学空间连在一起，还要跟户外的很多学习环境连在一起。所以教室、课堂的概念已经突破了传统的课桌、黑板、粉笔、教材的局限性。

第二，教育模式创新。未来的教学模式，我们称为 SOF 模式，S 表示学校，O 表示户外，F 就是家庭或宿舍，我们通过"云"将三者连起来，形成更大的课堂，促进连接教育，形成泛在学习环境。

"户外"最重要的是博物馆、图书馆、植物园等各种教育基地和资源。通过物联网，我们可将户外大量的实景资源连到学校来。在美国，这种情境教学用得非常多。

在"云"上，我们将课前、课中、课后全过程的活动整合在一起。教师端有控制器，教师端的内容可按照教师的控制自动进入个人空间。信息化的本质是个性化，不仅对学生要个性化，对教师也要个性化。教师的板书乃至整个教学过程，都会进入学生的空间中去；学生在老师讲义上所做的笔记直接进入学生的空间中去。课后提交作业、复习，都在这个空间中完成。另外空间跟空间会产生互动——除了跟老师学，还有同学之间的学习，可以成立各种小组进行协作学习——这将是产生重要变革的学习方式。

第三，教育内容创新。我国的教育信息化现在基本处于应用阶段，教师要么拍个视频，要么在网上获取一些资源，或自己制作一些资源。而教育与信息化的融合，强调信息技术跟教学法、学科内容本身的融合，它不是看你会不会用 PPT、WORD，而更看重你怎么利用信息技术手段改变教育教学方法，提高学生的学习效果和效率。我们现有的资源有一种结构性短缺，大量的资源都是授课视频、说课视频等，为教师提供的小粒度、易重构的、专门服务于教学的资源不足。过去我们总认为一位名师的精品课程、课堂录像就是最好的资源，其实未必。我们提倡个性化，这意味着对于不同类型、不同层面学生的最适用的资源就是最好的资源。现在的一些"名师资源"对高水平的学生适用，对基础弱的学生未必适用。所以，我们需要聚集大量资源，所有教师要参与整个资源的组合、建设和应用。资源的服务对象是多样化的，资源的来源渠道也必须是多元化的。

这里的"资源"有两个特点：它是一个一个模块化的"知识点"，而不是整堂课的教学视频录像；它是按学科规律生成的资源，是活的资源，而不是静态资源。它后面有学科的工具和强大的云计算作支撑。因此，资源建设的主体应该是所有教师，每个教师都是资源的开发者，人人要参与资源建设。出版社可以做电子课本，教师也可以做电子课本（生成性资源）。我们需要成千上万个版本的"电子课本"，这样才能突出差异化、个性化。而且，电子课本一定是能够互动的，有文字，有图片，可视化程度非常高，互动性非常强，与学科内容和知识点的结合非常紧密。其优势非常明显，比如讲原理，教师过去讲40分钟学生都未必能听懂，现在5分钟就可以学得清清楚楚。

第四，教育方法创新。以教师为中心的，标准化、流程化的传统教学模式，不可能培养出21世纪所需要的个性化、创新型人才。所以，教材、课标都必须从"一刀切"的传统教学模式走出来，以教师为中心的教学也要逐步转到以学生为主体，以教师为主导的个性化、数字化学习。

在过去，这些都难以做到，现在有了信息技术，有了"云"，我们拥有了实现变革的技术力量。互联网上，人类所有的知识都在上面，如何组织起来进行个性化和差异化的教学，这是未来老师面临的挑战。所以，未来教师更应该是一个组织者、协调者、参与者、导学者，因为学生很可能比教师知道得还多——知识就在指尖上，学生一点鼠标就无所不知。

在传统的面对面教学、在线学习、混合式学习三者之中，最有效的就是混合式学习。在中小学中我不太提倡在线学习，即便要做，也大多在预习、复习中使用，因为学生毕竟不是成人。师生面对面时，进行问题为导向的教学——主要解决学生的疑惑，而不再是知识传授。知识传授部分可以拍成视频课件，在网上进行。现在发达国家包括国内一些学校已开始"翻转课堂"——把传统意义上教师要传授的知识放到课堂之外，把课外的拿到课堂之内。知识内化的过程放在课堂上完成，这就是方法的创新。

第五，教育评价创新。学生个体能力有差异，每个学生都有自己的优点，也有不足。不足是什么？能不能诊断出来，然后给他必要的帮助？信息化为更有针对性的个性评价提供了可能。时下，高考改革成为比较热门的话题。没有信息化就不可能实现一年多考，因为组织一次高考，成本非常高。但信息化可以大大降低成本，且便于组织。

素质教育不能总是停留于"抱怨"的阶段，一定要有方法。说到底它离不开评价体系的变革。现行评价的弊端在于"只看分数而不看能力"。美国早就在看能力了，他们最新的评价方法是：建立电子学习档案。从幼儿园到大学，要记录学生整个学习过程和培养过程。这个过程不只是记录学生中考多少分、高考多少分、大学考试多少分，而是记录学生整个的学习和成长过程。

21世纪的人才最重要的是什么？能力。合作能力、协同能力、团队精神等等，这些能力怎么评价？关键在于建立完整有效的评价体系，离开信息化显然不可能做到。比如美国非常著名的21世纪之桥——彩虹桥，比较清晰地说明21世纪的学习者应具备什么样的知识和能力。主要有四点：一是基础课程，其蕴含的价值观是最重要、最核心的内容；二是生活与就业的能力；三是学习与创新的技能，世界变化太快，知识爆炸，学生必须有终身学习的能力；四是信息素养，21世纪的新文盲，就是缺乏信息素养的人。

教育要达成这样的育人目标，需要建立新的学习环境，教师要专业发展，要有个性化的课程与教学，要建立新的课程标准与评估体系。这些是支撑体系，也是教育改革亟待解决的问题。

教育信息化的未来

先进教室、数字教师、未来教育，代表着教育发展的大趋势，我相信也将是不太遥远的现实。

——先进教室。这指的不是传统意义上的教室，而是一种环境，即云教育环境。建设信息化的课堂，提供泛在学习支持，支撑"连接教育"和个性化学习的云教育环境，是我们努力的方向。

——数字教师。这意味着教师要从传统的"传道、授业、解惑者"变成学习活动的组织引导者、课程开发者、教育创新者以及终身学习者。"连接教育"不再以教师为中心，教师要把有效的教育资源组合、整合在一起，组织学生进行差异化的学习。教师是学习的引导者——你并不是"标准"，不是"知识的固守者"，不能再让学生什么都遵从你。教师是学习的引导者、课程的开发者——要为不同的学生开发更加个性化的资源。教师更是研究者、创新者——这是一个变革的时代，很多东西都是空白的，你要研究。令人担心的是，很多教师如果不学习、不培训、不注重专业发展，很难在新的环境下继续当教师。

美国教育技术协会建立了新的教育技术能力标准（简称"数字教师标准"），来促进新教师的培养。教师要具备五大能力。第一是引发学生学习与创意的能力；第二是设计开发信息时代的学习经验和评估准则；第三是工作模式；第四是学习模式；第五是培养学生信息化公民责任和意识的能力。我们国家前期也出台了试行的教育技术能力标准，但离新的形势需求还有距离。

今后，信息技术应用能力培训是我国教师专业发展的"重中之重"。目前，针对中小学教师的信息技术培训模式正在研究之中，从内容、方法到自主性等方面都要加强。特别是要制定教师专业能力发展的进阶培训标准——不是培训一次就完了，要从"会用"到"融合"，直到成为一名真正的"数字教师"。

——未来教育。要致力于建立一个开放的、云教育时代的生态系统。建立适应 21 世纪人才培养要求的、开放的教育生态系统，仅靠单个的实体单位很困难，需要政府、企业、高校 / 研究机构和中小学校四者间协同合作，建立"企业搭平台、政府买服务、人人都参与"的机制。高等院校和研究机构要进行学科建设、理论研究、战略研究、人才培养，提供研究服务和智力支持；中小学校是"运动员"、实践者，要践行教学模式和管理机制的改革创新，要将重点放在"育人"上；政府要进行宏观指导、经费投入、绩效评估，做好"裁判员"；企业要积极参与教育信息化事业，提供技术产品、内容服务、运营服务等，为学校做好产品和服务支撑。只有各方协同创新，推进专业化协作，才有可能构建起未来的教育。

〔作者系华中师范大学教授、博士生导师、校长，国家数字化学习工程技术研究中心主任，教育部教育信息化战略研究基地（华中）主任，教育部教育技术学科教学指导委员会主任委员，教育部《教育信息化十年发展规划（2011—2020 年）》编制专家组组长〕

（本文原载于《人民教育》2014 年第 12 期）

图书在版编目（CIP）数据

还可以怎样学习 / 邢星编 . —上海：华东师范大学出版社，2019
（《人民教育》精品文丛）
ISBN 978 - 7 - 5675 - 8728 - 1

Ⅰ.①还 ... Ⅱ.①邢 ... Ⅲ.①学习方法—研究 Ⅳ.① G442

中国版本图书馆 CIP 数据核字（2019）第 021023 号

大夏书系·《人民教育》精品文丛

还可以怎样学习

总 主 编	余慧娟
副总主编	赖配根
本册主编	邢 星
策划编辑	李永梅　程晓云
审读编辑	万丽丽
封面设计	奇文云海·设计顾问

出版发行	华东师范大学出版社
社　　址	上海市中山北路 3663 号　邮编　200062
网　　址	www.ecnupress.com.cn
电　　话	021 - 60821666　行政传真　021 - 62572105
客服电话	021 - 62865537
邮购电话	021 - 62869887　地址　上海市中山北路 3663 号华东师范大学校内先锋路口
网　　店	http：//hdsdcbs.tmall.com

印 刷 者	北京密兴印刷有限公司
开　　本	700×1000　16 开
插　　页	1
印　　张	16.5
字　　数	252 千字
版　　次	2019 年 4 月第一版
印　　次	2019 年 4 月第一次
印　　数	6 100
书　　号	ISBN 978 - 7 - 5675 - 8728 - 1/G·11786
定　　价	58.00 元

出 版 人	王 焰

（如发现本版图书有印订质量问题，请寄回本社市场部调换或电话 021-62865537 联系）